HISTORY of MARIE ANTOINETEE

玛丽·安托瓦内特王后、法国大革命与波旁王朝的覆灭

［美］约翰·S.C.阿伯特——著　熊睿——译

人民东方出版传媒
People's Oriental Publishing & Media
東方出版社
The Oriental Press

图书在版编目（CIP）数据

玛丽·安托瓦内特王后、法国大革命与波旁王朝的覆灭 / (美) 约翰 S.C.阿伯特 (John S.C.Abbott) 著；熊睿译. —北京：东方出版社, 2021.3

ISBN 978-7-5207-1876-9

Ⅰ. ①玛… Ⅱ. ①约… ②熊… Ⅲ. ①法国—近代史 Ⅳ. ①K565.41

中国版本图书馆CIP数据核字(2020)第261155号

玛丽·安托瓦内特王后、法国大革命与波旁王朝的覆灭

（MALI ANTUOWANEITE WANGHOU FAGUO DAGEMING YU BOPANG WANGCHAO DE FUMIE）

作　　者：[美] 约翰 S.C.阿伯特
译　　者：熊　睿
责任编辑：辛春来
出　　版：东方出版社
发　　行：人民东方出版传媒有限公司
地　　址：北京市西城区北三环中路6号
邮　　编：100120
印　　刷：北京兰星球彩色印刷有限公司
版　　次：2021年3月第1版
印　　次：2021年3月第1次印刷
开　　本：710毫米×1000毫米　1 / 16
印　　张：24.75
字　　数：293千字
书　　号：ISBN 978-7-5207-1876-9
定　　价：96.00元
发行电话：（010）85924663　85924664　85924641

1767 年的玛丽·安托瓦内特

1771 年的玛丽·安托瓦内特

1778 年的玛丽·安托瓦内特

玛丽·安托瓦内特、路易十六与马克西米兰·弗朗索瓦大公

1781 年的法兰西王室

玛丽·安托瓦内特与玛丽－特蕾沙·夏洛特、士储路易

玛丽·安托瓦内特与玛丽－特蕾莎·夏洛特、路易·查理（怀里）、王储路易

漫画：法兰西王室逃亡

1777 年的路易十六

1779 年的路易十六

1789 年的三级会议

网球场宣言

1792 年 6 月 20 日，路易十六与叛乱分子对峙

监狱里的玛丽·安托瓦内特

玛丽·安托瓦内特与儿子王储路易分离

临行前，路易十六与家人拥抱诀别

路易十六恋恋不舍地离开家人

序言

在《玛丽·安托瓦内特王后、法国大革命与波旁王朝的覆灭》一书中，我竭尽全力还原事实原貌，展现历史灵魂。虽然这段痛彻心扉的悲剧鲜有观众，但对后世意义非凡。智慧与伦理是国家财富和人民幸福的根基，但《玛丽·安托瓦内特王后、法国大革命与波旁王朝的覆灭》既有的伦理和作者的反思恰恰削弱了其教育意义。

目 录

第 1 章

玛丽亚·特雷莎与奥地利王位继承战争

精彩看点

玛丽亚·特雷莎登基引发的内外矛盾——奥地利军队溃败与维也纳陷落——玛丽亚·特雷莎逃离维也纳——玛丽亚·特雷莎召集匈牙利贵族——玛丽亚·特雷莎的演讲——玛丽亚·特雷莎的赢得胜利——玛丽亚·特雷莎的丈夫成为神圣罗马帝国皇帝——瓜分波兰——玛丽亚·特雷莎的冷峻与固执——玛丽·安托瓦内特出生——玛丽·安托瓦内特为什么不再提起父亲——玛丽·安托瓦内特的无知与波旁王朝覆灭的关系——为玛丽·安托瓦内特选择法兰西教师——阿贝·德·佛蒙德对玛丽·安托瓦内特的教育——玛丽·安托瓦内特与法兰西王储路易订婚

1740年，神圣罗马帝国皇帝查理六世驾崩。他年仅二十三岁的女儿玛丽亚·特蕾莎继位 。此时，玛丽亚·特蕾莎与洛林公爵弗朗茨结婚已有四年。查理六世驾崩后第二天，玛丽亚·特蕾莎登基。当时，奥地利王国国库空虚，人民怨声载道。奥地利有几位王位继承人强烈反对玛丽亚·特蕾莎继位。法兰西王国、西班牙王国、神圣罗马帝国、巴伐利亚王国也在奥地利的新政权建立之际抢夺奥地利的土地，扩张自己的领土。

神圣罗马帝国皇帝查理六世

洛林公爵弗朗茨

玛丽亚·特蕾莎时代的维也纳

年轻的女大公玛丽亚·特蕾莎痛苦不堪，几乎无力支撑。奥地利军队全线溃败，四处逃窜，侵略者乘胜长驱直入，直抵奥地利首都维也纳，如入无人之境。侵略者陶醉在轻而易举获得的成功的狂喜中，幻想着瓜分奥地利。他们决定将奥地利王国从欧洲的版图上抹去，将组成奥地利王国的各民族分割殆尽。

当法兰西王国和巴伐利亚王国的刺刀在出现在首都周围的小山丘上时，玛丽亚·特蕾莎决定从首都撤退。她和几个沮丧的追随者乘着夜色逃亡，放眼望去天边全是法兰西和巴伐利亚军队露营的点点灯光。侵略者占据了奥地利王国的重要据点，要求奥地利人投降。抵抗是无用的。全欧洲都认为奥地利王国必将灭亡。玛丽亚·特蕾莎逃离被俘的险境，来到匈牙利的荒野。当黑暗的时刻来临，当不幸的乌云笼罩在整个奥地利王国的上空，当每一个人都失去希望的时候，玛丽亚·特蕾莎依旧坚毅、果敢，仿佛胜利会听从自己的意愿降临，侵略者也会陷入失望，灰飞烟灭。她不愿听到妥协的字眼，也未曾想过将从父辈手中继承的任何一寸土地拱手相让。她沉着、冷静、坚定，将好战的匈牙利贵族们从郊野外、从城堡中召集到自己身边。战马嘶鸣，旌旗飘扬，身着铁甲的贵族们佩戴原始而华丽的装备聚集在英雄女王的身边。在这些最冷酷的人们心中，古老骑士的精神仍闪耀着光芒。他们心怀敬意，虔诚地望着这位心怀悲痛地逃到荒原向勇士们寻求帮助的年轻女王。

玛丽亚·特蕾莎见到了贵族们。数千位贵族身着戎装聚集在她身边。在这些严肃的奥地利贵族面前，玛丽亚·特蕾莎身着丧服，头戴祖先留下的王冠，右手握着奥地利国王的剑柄，左手牵着小女儿玛丽·安托瓦内特。她苍白忧郁的面容流露出刚毅的神情；她崇高的精神震慑着曾生活在浪漫国度的勇士们。玛丽亚·特蕾莎用拉丁语在匈牙利贵族面前发表了一次感人至深的演讲，并在演讲中

成为匈牙利女王的玛丽亚·特蕾莎

忠实地讲述了自己的悲惨境遇。她向匈牙利贵族求助，请求他们保护她和她的孩子们，并恳请他们赶走或彻底歼灭侵略者。玛丽亚·特蕾莎的请求唤醒了匈牙利贵族心中的狂怒，她的青春、美貌和经历过的灾难激发了这些好战贵族心中深埋的骑士精神。匈牙利贵族拔出佩剑在头顶挥舞，异口同声地喊着："我们愿为女王而死，玛丽亚·特蕾莎""让我们为女王玛丽亚·特蕾莎而战"。

在这之前，玛丽亚·特蕾莎还保持着平静、高贵的仪态，而此时，自己的矜持在贵族的热情面前已完全败下阵来，她情不自禁地痛哭起来。玛丽亚·特蕾莎对自己流露女性情感感到愧疚，很快恢复了往日的镇静，展现出女王不曲不挠的

大不列颠王国军队与法军大战

精神。战斗的号角在匈牙利响起，贵族和封臣集结在玛丽亚·特蕾莎的旗帜下。玛丽亚·特蕾莎亲自检阅并率领军队。她的精神鼓舞着士兵，士兵带着破釜沉舟的决心扑向侵略者。经历了数次浴血奋战，玛丽亚·特蕾莎的军队赢得了胜利。大不列颠王国和荷兰共和国意识到，如果没有奥地利王国，欧洲平衡的局面将被打破。这些国家看到奥地利的反击取得了胜利，无比欣喜地开始援救英雄玛丽亚·特蕾莎。战局开始扭转，法兰西王国、普鲁士王国和西班牙王国的军队开始从奥地利的领土撤退。玛丽亚·特蕾莎一鼓作气，获得了更多胜利，赶走了在奥地利境内的所有侵略者。整个欧洲都开始传颂玛丽亚·特蕾莎的丰功伟业，而玛丽亚·特蕾莎的名字也将永垂青史。

在玛丽亚·特蕾莎强有力的统治下，濒临分裂的奥地利王国获得前所未有的荣耀与势力。玛丽亚·特蕾莎在不断的斗争与胜利中变得傲慢专横，她的女性魅力也在辉煌的军事成果中消失殆尽。世间又少了一位女子，多了一位自负的君主。可以想象，在玛丽亚·特蕾莎的心中再也不会有感情的位置，她再也不会表现出软弱的一面，她像男人一样勇敢。玛丽亚·特蕾莎的确爱过她的丈夫，但这种感情与其他野心勃勃的丈夫对待妻子的感情是一样的。她欣赏、保护、照顾、尊敬自己的丈夫。玛丽亚·特蕾莎的丈夫是一位温柔、和善、对他人毫不设

玛丽亚·特蕾莎与丈夫弗朗茨一世

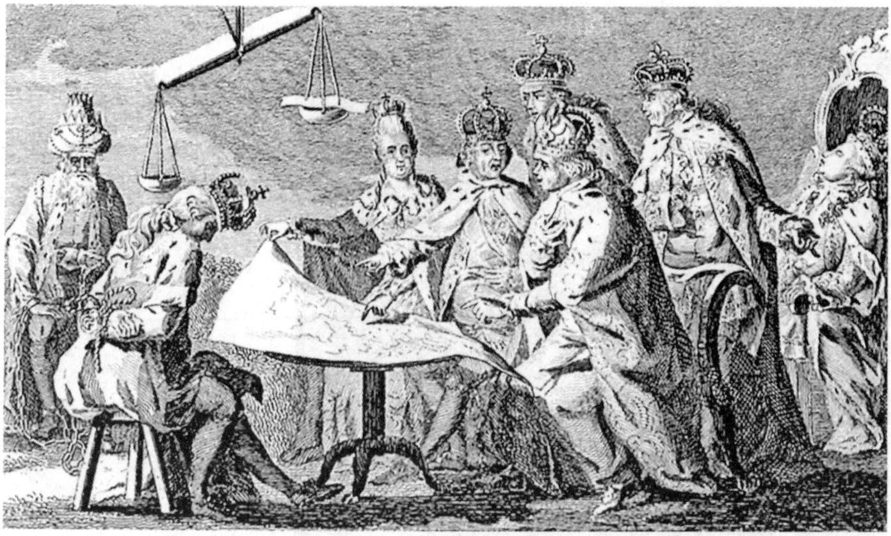

玛丽亚·特蕾莎联合俄罗斯帝国和普鲁士王国无耻地瓜分了波兰

防的人，他本可以找一位可爱的妻子；而玛丽亚·特蕾莎是一位野心勃勃、无所畏惧、居高临下的女人，本应该有一位尊贵的丈夫。事实上，这正是他们二人的关系。玛丽亚·特蕾莎统治国家，弗朗索瓦热爱并照料孩子们。玛丽亚·特蕾莎利用军队和政治影响，成功地将丈夫弗朗索瓦推上神圣罗马帝国皇帝的宝座。她站在露台上，俯视着壮观的典礼，听人们呼喊着："神圣罗马帝国皇帝弗朗茨一世万岁！"玛丽亚·特蕾莎才是皇帝的缔造者，她作为欧洲著名的女王名垂千史，奥地利王国也在走向它的巅峰。虽然玛丽亚·特蕾莎是十六个孩子的母亲，但在执政期间，她全心全力地投身于王国的扩张中：她联合俄罗斯帝国和普鲁士王国，一同无耻地瓜分了波兰。在这次强盗一般的行动中，她为自己赢得了二万七千平方英里土地和五十万人口。了解玛丽亚·特蕾莎的性格后，读者就不难看出，玛丽亚·特蕾莎留给孩子的印象是严厉而非温情。事实上，这位母亲作为女王献身于王国事业的时候，对她的孩子而言，她几乎是陌生人。她的孩子们只是认识母亲，却不曾获得母爱。玛丽亚·特蕾莎的孩子从出生起就由保姆和家庭教师照料。每隔八到十天，女王会安排一个小时去孩子们的房间巡查。这与她检查国立医院和军队学校并无二致。

那不勒斯国王斐迪南四世

接下来的事件证实了玛丽亚·特蕾莎的冷峻和固执。玛丽亚·特蕾莎的儿媳死于天花，遗体安置在王家陵园的地下室。不久，玛丽亚·特蕾莎的女儿玛丽亚·约瑟夫将嫁给那不勒斯国王斐迪南四世，大家都在为这桩婚事做准备。玛丽亚·约瑟夫在即将离开维也纳成为那不勒斯王后的时候收到母亲的命令：根据习俗，玛丽亚·约瑟夫必须在祖先的棺柩前道别。年轻的玛丽亚·约瑟夫公主在痛苦和惊愕中接受了这个残忍的要求，她不敢违背母亲的意愿。玛丽亚·约瑟夫搂着自己最疼爱的妹妹玛丽·安托瓦内特，痛哭流涕地向她告别。玛丽亚·约瑟夫告诉玛丽·安托瓦内特，自己会染上天花，不幸死去。她颤抖着走进存放历代国王灵柩的黑暗墓室，匆匆做完祷告，在极度焦虑中返回宫殿，伤心地躺在床上。玛丽亚·约瑟夫的忧惧最终应验，天花成功地侵入了她的身体并证明了自己的毒性。玛丽亚·约瑟夫挣扎多日后一命呜呼，而她的尸体也被安置在一样的墓室里。玛丽亚·特蕾莎以身作则，要求自己的孩子完成应尽的义务。她跟随死去的玛丽亚·约瑟夫来到墓室，却不准许自己有丝毫悔意。她安慰自己，玛丽亚·约瑟夫只是在履行责任。

1765年，神圣罗马帝国皇帝弗朗茨一世驾崩。寡居的玛丽亚·特蕾莎依旧美丽且精力充沛。她的三位顾问想与这位杰出的女王分享王权，于是达成协议——如果有人与女王结婚，这个人应该帮助其他二人获得更多的权力。玛丽亚·特蕾莎得知了这一消息。在一次内阁会议结束后，高贵的女王借机平静地告诉顾问

玛丽亚·约瑟夫

七岁时的玛丽·安托瓦内特

们，她无意再次步入婚姻，即使未来改变了想法，也一定选择毫无政治野心、不会干涉国家事务的人。她如果未来与某位大臣结婚，会免除他的官职。觊觎权力的顾问们听到这些话，立即放弃了与玛丽亚·特蕾莎结婚的念头。这样做的代价太大了。

本书的主角玛丽·安托瓦内特出生于1755年11月2日。在这个世界上，很少有人像她一样出身显赫、前程似锦、生活幸福。玛丽是·安托瓦内特一个美丽、活泼、快乐、积极阳光的孩子。她性格直率、待人诚恳、充满热情，具有极高的天赋。她嘲笑皇室繁琐的礼仪。她待人宽厚，对人信赖，因此获得许多人的爱戴。玛丽·安托瓦内特对身为女王的母亲知之甚少。她对母亲玛丽亚·特蕾莎没有尊重和敬畏之外的其他感情。温和亲切的父亲取代了她心中母亲的地位。玛丽·安托瓦内特总是深情地依偎在父亲身边。在她十岁时的一天，她的父亲神圣罗马帝国皇帝弗朗茨一世要去因斯布鲁克办事。皇家卫队已在宫廷集合，神圣罗马帝国皇帝弗朗茨一世在随从的陪同下走进马车。正要出发时，他命令马车夫停车，要求侍者将最小的女儿玛丽·安托瓦内特带过来。侍者将一个漂亮的孩子从育婴室带出来，她淡黄色的卷发垂至肩膀。她走近自己的父亲，搂着他的脖子；而父亲则将她揽入怀中，将她紧贴心口说道："再见了，我亲爱的女儿，父亲真希望把你放在我的心上。"神圣罗马帝国皇帝弗朗茨一世再也不曾与他的孩子相见。他在因斯布鲁克身患重病，没过几天就驾崩了。玛丽·安托瓦内特伤心

十三岁时的玛丽·安托瓦内特

弗朗茨一世驾崩后的玛丽亚·特蕾莎与子女们

欲绝。幼时的泪痕很容易擦干，但分别时的场景却在她心中留下了不可磨灭的印记。从此，玛丽·安托瓦内特不再提及父亲。玛丽亚·特蕾莎意识到自己未能完美地扮演母亲这一角色，却希望别人认为她从未忽视孩子，是世界上最好的母亲和最著名的统治者。因此当其他国家的显贵拜访维也纳时，玛丽亚·特蕾莎就安排自己的十六个孩子围坐在餐桌旁，她则高高在上，带着女王的威严俯视孩子们。玛丽亚·特蕾莎希望大家认为这些孩子是受她照料的幸运儿。然而，对孩子们来说，与母亲的相处是冰冷的义务，他们感受不到温暖的爱。玛丽亚·特蕾莎女王的责任左右着她的一举一动。她坚信自己在忠诚地履行母亲的职责。家庭医生每天为玛丽亚·特蕾莎的孩子们体检并向玛丽亚·特蕾莎做简要的汇报。这份报告完全符合玛丽亚·特蕾莎心中对母爱的理解。如果用现在最低的标准衡量玛丽亚·特蕾莎对孩子感情，她或许算是合格的母亲。每周或每十天，玛丽亚·特蕾莎会看望孩子们，与他们交流。被女王弃之不顾的教师和女家庭教师不愿违背孩子们当时的愿望，从不敦促他们努力学习提升能力。下文关于玛丽·安托瓦内特的奇闻轶事描述了她如何使用诡计避开女王的监视。将家庭女教师的书法作品呈给玛丽亚·特蕾莎女王，证明玛丽·安托瓦内特的进步：女教师先用炭笔写好，孩子们用鹅毛笔描一遍。将他人的作品通过精心处理，当做体现玛丽·安托瓦内特杰出绘画水平的作品，尽管玛丽·安托瓦内特连画笔都没碰过。虽然玛丽·安托瓦内特可以用简短的拉丁语同外国显贵打招呼，但她其实不会使用拉丁语。她的意大利语老师阿贝·梅塔斯特西奥工作尽心尽责，因此玛丽·安托瓦内特可以熟练地使用意大利语。育婴室的保姆讲法语，因此玛丽·安托瓦内特可以用法语做流利的口语交流，但无法做书面的工作。令人难以置信的是法语成了玛丽·安托瓦内特的母语，而德语却被她完全忽略，玛丽·安托瓦内特完全不会德语。多年后，玛丽·安托瓦内特对这些错误感到万分懊恼，决心重拾德语时，又遇到了所有外语学习者都会遇到的困难，这些困难耗费了她所有的耐心。坚持六周后，玛丽·安托瓦内特在失落中放弃了母语学习。玛丽·安托瓦内特非常热爱音乐，但没有人教她弹奏乐器。不会乐器成为她日后窘迫的原因之一。

玛丽·安托瓦内特羞于承认自己不会乐器。在欧洲宫廷，乐器是受良好教育的人的必备技能。有外人在场时，玛丽·安托瓦内特不敢坐在乐器前。当以王妃的身份来到法兰西时，她为自己接受的失败教育感到羞愧。玛丽·安托瓦内特立即找到教师开始了三个月的秘密学习。她在这段时间中学习非常努力，仅用三个月时间就取得了惊人的进步。玛丽·安托瓦内特不曾涉猎历史、科学和文学。她的思想越活跃、越积极，学识的匮乏越让她觉得屈辱。即使有王室的光芒笼罩，玛丽·安托瓦内特依旧时常为过去不可挽回的遗憾而哭泣。巴黎的才子们认为知识匮乏的人即使取得了一点进步，那也只能说明智力低下。玛丽亚·特蕾莎的女儿，神圣罗马帝国皇帝的后裔成了沙龙和咖啡馆里取笑逗乐的题材。虽然玛丽·安托瓦内特美丽、优雅、近乎完美，但在有学识的人面前，她依旧因无知而

玛丽·安托瓦内特成为法兰西王后前的巴黎

遭人轻视，被人愚弄。这也是后来导致玛丽·安托瓦内特走向死亡、波旁王朝被颠覆、欧洲数年血雨腥风的主要原因之一。玛丽亚·特蕾莎派人在巴黎寻找两位法兰西教师教授女儿法兰西文学，法兰西是玛丽·安托瓦内特即将统治的国家。两个热衷享受都市生活的戏剧演员被任命负责玛丽·安托瓦内特的教育，其中一人风流成性。这两位戏剧演员成为玛丽·安托瓦内特和法兰西王储路易的联系人。凡尔赛宫的权贵对这个并不妥当的任命感到焦虑，要求法兰西驻维也纳大使劝说玛丽亚·特蕾莎女王解雇这些讨厌的教师，另请他人。玛丽亚·特蕾莎

当即准许。路易十五的大臣舒瓦瑟尔公爵为玛丽·安托瓦内特选择了一位凡尔赛宫廷认可的教师。舒瓦瑟尔公爵很快找到各方都能接受的阿贝·德·佛蒙德。虚荣、野心勃勃但意志软弱的佛蒙德巧言令色间获得了玛丽亚·特蕾莎的赏识。他给这位年轻学生的心智带来了深远、致命的影响。法兰西和奥地利两国决定将玛丽·安托瓦内特嫁给法兰西王储路易。阿贝·德·佛蒙德以未来法兰西王后的心智导师自居，恬不知耻地利用他人的信任追求权势，并用权势实现自己的野心。阿贝·德·佛蒙德极力维持玛丽·安托瓦内特的无知，并将她带入困境，让她不得不一次次地求助自己。

凡尔赛宫

阿贝·德·佛蒙德从来不为玛丽·安托瓦内特的未来筹划，他的目标似乎就是培养玛丽·安托瓦内特无法感知快乐，让她学习杜伊勒里宫、凡尔赛宫和圣克劳宫里盛行的浮夸、带有仪式感的东西。当时的法兰西宫廷推崇礼仪，要求每一个词、每一个姿势、每一件衣服都要合乎礼节。只有严格执行庄严的仪式，才能彰显道德，摒弃恶习。违背礼仪规定的人就犯下了最不道德的罪行。维也纳宫廷里则恰恰相反，不尊崇礼仪就是礼仪。傲慢的奥地利贵族随心所欲，藐视法兰西贵族做作的态度和浮夸的服饰。法兰西贵族喜欢花边、缎带、仪式，鄙视奥地利贵族粗野的习惯。阿贝·德·佛蒙德迎合奥地利宫廷的品位，竭力培养玛丽·安托瓦内特藐视法兰西人的习惯。像所有的皈依者一样，阿贝·德·佛蒙德为了证明自己的坚定，以极大的热情带领玛丽·安托瓦内特走向极端。玛丽·安托瓦内特是一个漂亮、开朗、热爱自由的孩子，和其他孩子一样不喜欢约束。她的老师阿贝·德·佛蒙德无情地嘲笑法兰西宫廷的礼仪。在老师的影响下，成为法兰西王后的玛丽·安托瓦内特也对法兰西人推崇的礼仪倍加仇视。在这样的教导下，玛丽·安托瓦内特淳朴、坦率、自由自在，犹如乡间少女一般，喜怒哀乐都写在脸上：遇到喜欢的人，她热情对待；遇到厌恶的人，她高傲疏远。遇到开心或伤心的事情时，她从不掩饰自己的感情。玛丽·安托瓦内特不会做自己认为错误的事情，不在乎别人如何看待她的行为。她毫不在乎别人的看法，并因此感到自豪。玛丽·安托瓦内特由此遭受无端指责，惹来无谓的麻烦。她真是个高傲的孩子。她的缺点就是过于慷慨、大度。她继承了母亲特有的经历，但父亲温柔、深情的性格也影响了她。她所接受的教育让她带着贵族的傲气，轻视地位低下的人，天真地认为整个世界都是为国王和王后的巨大利益而存在的。她心中的善念让她慷慨友好，可以轻易赢得所有熟识她的人的爱戴。从出生到死亡，她的出身、教育和遭遇造就了她的缺点，而她的美德与生俱来：率真、对人无条件的信任和宽容。

总之，玛丽·安托瓦内特和其他孩子一样度过了快乐的童年。她虽然不知道什么是母爱，但从未感到缺少爱。世界上几乎没有比奥地利王宫更具魅力的地方：森林、果园、花园、荒野、小溪，这些美景交相辉映，令人赏心悦目。豪华的美泉宫在凉亭、花园的簇拥下举世瞩目。玛丽·安托瓦内特在这里度过了快乐的童年。她在砂砾小径上散步、捉蝴蝶、采花，与姐姐哥哥做游戏；她在榆树荫

美泉宫

阿方斯·德·拉马丁

下的鹅卵石小路上骑马，身后跟着一小队骑手。二轮马车驰骋在各式各样的道路上。秋天，黄叶在空中飘舞，洒在孩子们的头上。他们坐着装有锦缎坐垫、真丝遮篷的船在湖面上泛舟，船员抡着强壮的肩膀划着小船，带他们来到沙滩、海角、溪流、海湾。各色水鸟在他们身边游弋。就这样，玛丽·安托瓦内特度过了生命最初的十四年。她的任何奢华的要求都能得到满足。一个法兰西人见到这种情景，不禁惊呼："命运呀！命运！除了年轻、富有、美丽，你还是女大公。哎呀！哎呀！"

阿方斯·德·拉马丁[①]这样描述长成少女的玛丽·安托瓦内特："她倾国倾

① 阿方斯·德·拉马丁（Alphonse de Lamartine，1790—1869），法国著名作家、诗人和政治家。——译者注

城、身姿曼妙，真是提洛尔①的女儿。她威严，却丝毫不损举止的优雅。玉颈生香、高贵美丽，让人一见倾心。她地位尊贵，仅次于女王。难能可贵的是她虽居高位，但内心善良、温柔。浅棕色的长发如丝般顺滑。额头饱满、圆润，前额的曲线非常优美，令人浮想联翩。蓝色的明眸犹如北方的天空、多瑙河的河水。玉鼻如锥，鼻尖微翘诉说着情感和勇气；丹唇逐笑，奥地利人典型的美唇饱满而精致。肤若凝脂，巧笑倩兮，美目盼兮，倾国之容，尽不能名状。在阳光下，秋波频转，恰似染色的氤氲让人倍感温暖。眉目摄魂，美目有神，让面容熠熠生辉。美貌之下是一颗飘忽不定渴望安宁的心。脸上泛着忧郁而智慧的笑意。这就是少女玛丽·安托瓦内特。”

玛丽·安托瓦内特十四岁与法兰西王储路易订婚。法兰西王储路易是路易十五的孙子，法兰西王位的继承人。玛丽·安托瓦内特与法兰西王储路易从未见

法王路易十五

① 提洛尔，历史地名，1919年分为两部分，西部并入奥地利，北部并入意大利。——译者注

过面，对这桩婚事浑然不知。维也纳和凡尔赛的内阁都认为两人联姻可以增进两国的友好关系。玛丽·安托瓦内特从不质疑母亲的安排，也从未考虑过自己的喜好。她毫无保留地臣服于母亲的权威。怀有赤子之心的玛丽·安托瓦内特一定会满足凡尔赛宫和圣克劳德宫的殷切期待。但她离开童年的环境后，步入的却是世间最险恶的境地。与母亲的分离并没有让玛丽·安托瓦内特特别痛苦。对她而言，母亲永远至高无上，只能尊敬和顺从，但绝不可能与她心灵相通。玛丽·安托瓦内特更爱兄长和长姐。她很依恋那个快乐的家，在维也纳的所有童年往事都让她感到温暖。站在高地上回顾维也纳，她竟热泪盈眶。她此后再也不曾踏足维也纳。

第 2 章

杜巴利伯爵夫人让娜·贝库与玛丽·安托瓦内特之争

精彩看点

法兰西王储路易的性格——路易十五——路易十五的情人杜巴利伯爵夫人让娜·贝库——卢西恩公馆——法国大革命爆发与杜巴利伯爵夫人让娜·贝库出逃——杜巴利伯爵夫人让娜·贝库被捕、受辱与死亡——玛丽亚·特雷莎写给未来女婿的信——玛丽·安托瓦内特大婚——杜巴利伯爵夫人让娜·贝库与玛丽·安托瓦内特之争——玛丽·安托瓦内特的女官安妮·德·诺阿耶伯爵夫人——康庞夫人记载的轶事——玛丽·安托瓦内特的社交圈——玛丽·安托瓦内特在凡尔赛宫如何失去人心的玛丽·安托瓦内特十五岁，稚气未脱，是一个快乐、热情、美丽的女孩。她与法兰西王储的婚礼引来奥地利乃至整个欧洲的瞩目。法兰西老国王路易十五仍在位。路易十五的长子路易十年前薨逝，留下一个十二岁的男孩路易。这个男孩将继承本属于他父亲的王位。路易待人温柔、敦厚，同时死板、木讷、毫无热情，但他的行为无可指摘。或许是因为他身体羸弱，或许是由于他冷漠、迟钝、无欲无求的性格，路易消极地接受了这桩婚事。即使与全欧洲最美丽迷人的公

法王路易十五的长子路易薨逝

小时候的路易

杜巴利伯爵夫人让娜・贝库

主结婚，他也未曾流露丝毫喜悦或厌恶。路易对女性的魅力麻木不仁，似乎感觉不到爱。

路易十五是一个会享乐、爱风流的人。他在掌权期间纵情声色，生活奢华无度。他极尽挥霍且臭名远扬的情人杜巴利伯爵夫人让娜·贝库牢牢地抓着他的心。虽然杜巴利伯爵夫人让娜·贝库和路易十五声名狼藉，受世人诟病，但她从国王路易十五那里得到了无尽的荣华，可以在路易十五的餐桌前与他会面。杜巴利伯爵夫人让娜·贝库享尽尊宠，她的亲信们也在宫廷里大行其道。宫廷中的嫉妒和争斗比比皆是。当一方想讨好玛丽·安托瓦内特，为自己争取更多权利时，另一方就会用怀疑和敌对的态度对待玛丽·安托瓦内特，用各种利器伤害她。在法兰西王国的宫廷中，邪祟大行其道，道德与信仰却无处安身。路易十五的孩子们在修道院接受教育，效果并不尽如人意。路易丝·伊丽莎白公主在十二岁时还不认识自己名字里的字母。孩子们一犯错，修女便将她们赶进漆黑、潮湿的墓穴，让她们为自己的错误忏悔。墓穴中有修女们正在腐烂的尸体，胆小而迷信的孩子们对此非常惧怕。小维多利亚·路易丝·玛丽·特蕾莎公主非常胆小，时常在遭遇这种处罚后惊厥。这给她的神经系统带来了不可逆转的伤害。恐慌和惊厥如阴云般笼罩着小维多利亚·路易丝·玛丽·特蕾莎公主的一生。

一天，国王路易十五收到一扎信件。杜巴利伯爵夫人让娜·贝库怀疑其中一封信来自自己的宿敌。她仗着路易十五的宠爱从他手中夺过信件。路易十五绕

维多利亚·路易丝·玛丽·特蕾莎公主

1773 年驾崩前的路易十五

着房子中间的桌子追了两三圈，想将信件要回，但杜巴利伯爵夫人让娜·贝库拒不服从。路易十五被激怒。情急之下，杜巴利伯爵夫人让娜·贝库将信件扔进壁炉，炉火瞬间将它们烧成了灰烬。路易十五终于忍无可忍，抓着杜巴利伯爵夫人让娜·贝库的胳膊将她推出房间。不过几个小时，懦弱的路易十五又拜访了杜巴利伯爵夫人让娜·贝库。杜巴利伯爵夫人让娜·贝库害怕失去宠爱和财富，泪流满面地跪在路易十五面前。他们就这样和好如初。

我们将详细描述这位显赫女人不同寻常的一生。杜巴利伯爵夫人让娜·贝库惊人的美貌激发了路易十五的热情。她牢牢抓住了路易十五的心。国王倾“国”所有，只为博伊人一笑。世风日下的法兰西王国拜倒在杜巴利伯爵夫人让娜·贝库脚下，教士、贵族和哲学家更不必说。杜巴利伯爵夫人让娜·贝库才是国王路易十五的偶像，是权力和荣誉的分配者。路易十五驾崩时，杜巴利伯爵夫人让娜·贝库依然年轻美丽，光彩照人。为了复出，她在修道院里待了几个月，之后便重新步入绚丽多彩的社交生活。

对习惯骄奢淫逸的路易十五而言，杜巴利伯爵夫人让娜·贝库具有无穷的魅力。她利用这一点获取了大量的财富，在巴黎附近的圣日耳曼区修建了美丽的卢西恩公馆，气势堪比国王的宫殿。杜巴利伯爵夫人让娜·贝库与一直仰慕她的路易·赫尔克里·蒂莫莱翁·德·科塞–布里萨克伯爵在这里苟且。法兰西王国贵族阶层的极度腐败是法国大革命爆发的重要因素之一。虽然杜巴利伯爵夫人让娜·贝库被路易十六和玛丽·安托瓦内特赶出了王宫，但她的沙龙里从未缺少过财富、官衔和权力。仰慕权势的人络绎不绝。法国大革命的阴云密布，愤怒的民众开始向王室和贵族们复仇。革命风起云涌，杜巴利伯爵夫人让娜·贝库在恐

路易 · 赫尔克里 · 蒂莫莱翁 · 德 · 科塞 – 布里萨克伯爵

惧中决定逃离法兰西王国。她在英国投资了很多基金。在一个漆黑的夜晚，杜巴利伯爵夫人让娜·贝库和路易·赫尔克里·蒂莫莱翁·德·科塞–布里萨克伯爵手持灯笼，借着昏暗的灯光将带不走的珠宝埋在树下。杜巴利伯爵夫人让娜·贝库乔装改扮，乘船渡过英吉利海峡登陆英格兰。她在英格兰花费巨资接济每天从法兰西逃出来的同胞。路易·赫尔克里·蒂莫莱翁·德·科塞–布里萨克伯爵是法兰西国王皇家警卫队的指挥官。凡尔赛宫发生骚乱时他也在场。人们在一个小时内袭击并杀了他，砍下他长满白发的头颅，将它悬挂在宫殿门前的栅栏上，

路易·赫尔克里·蒂莫莱翁·德·科塞–布里萨克伯爵被杀

杜巴利伯爵夫人让娜·贝库被押赴刑场

警告想要维护法兰西国王利益的人。于是，杜巴利伯爵夫人让娜·贝库成了唯一知晓珠宝的下落的人。为了拿回珠宝，她决定铤而走险，再次乔装改扮回到法兰西。一个曾经得宠的黑人仆人看到杜巴利伯爵夫人让娜·贝库后，告发了自己的女主人。杜巴利伯爵夫人让娜·贝库曾经像母亲一样爱抚过她。当画师给自己画肖像的时候，杜巴利伯爵夫人让娜·贝库让这个仆人站在自己的身旁。人们抓住了杜巴利伯爵夫人，将她带到卢西恩的革命法庭，并判定她是保皇党，让她与其他罪犯一起乘马车前往断头台。途中，杜巴利伯爵夫人让娜·贝库饱受人们的诅咒和嘲笑。锋利的剃刀剃去了她的头发，只留下一撮长发像面纱一样盖住她娇美的脸颊和袒露的酥胸。人群发出的怒吼和嘲笑声响彻了天空。人们围着这个贵族妓女载歌载舞。杜巴利伯爵夫人让娜·贝库虽然不再畏惧死亡，但面对拿自己的死亡取乐的妇女，仍然忍不住颤栗。人们无所不用其极地嘲笑、羞辱、冒犯杜巴利伯爵夫人让娜·贝库，从她的痛苦和恐惧中取乐。揶揄之声不绝于耳。人群向行刑的断头台致敬。杜巴利伯爵夫人让娜·贝库一边挣扎，一边喊叫着登上断头台。当喊叫声戛然而止时，一个鲜血淋漓的脑袋落入竹篮中，杜巴利伯爵夫人让娜·贝库的灵魂终于得到安息。多么可怜的女人！谴责是多么容易的事情，心生怜悯却难能可贵。这个生于乱世，得到国王宠爱的的绝世美女倒下了。当我们哀叹其不幸时，请谨记悼文："请指引我们远离诱惑。"

在这样的局势下，美丽、天真的玛丽·安托瓦内特在十五岁时，遵照两国王室的安排来到法兰西王国。当玛丽·安托瓦内特离开维也纳王宫，即将面对杜伊勒里宫和凡尔赛宫的诱惑时，玛丽亚·特蕾莎给未来的女婿写了一封信，内容如下：你的新娘即玛丽·安托瓦内特来与我告别。一直以来她都让我开心。同样她也会为你带去快乐。她将成为你生命中的伴侣。我教导她能与你身心相融，呵护你的点点滴滴。取悦你是她的天职。此外我教导她虔诚地对待上帝。我相信没有上帝的宠爱，我们和依赖我们的民众都无法获得幸福，上帝会依照自己的意愿打碎王权，推翻王室的统治。"

奥地利人与法兰西人长期交战，因此奥地利人痛恨法兰西人，极力反对这次联姻。在王室马队集结完毕，准备护送玛丽·安托瓦内特公主出嫁的早晨，维也纳的民众，不分男女老幼，聚集在马车前流泪恸哭。民众心怀对国家的难以言喻的忠诚，在感情的驱使下冲向马车，砍断缰绳，想阻止玛丽·安托瓦内特公主离开，希望将挚爱的公主从险境中救出。士兵们领命，暴力驱赶深情的民众。当豪华的车队和马匹穿城而过时，整个城市沉浸在悲伤中，人们默默无语，心情沮丧地回到了家，好像他们看到的不是心爱公主的婚礼，而是她的葬礼。

华丽的车队来到法兰西和奥地利边界的凯尔。这里早已建起一座宏伟的驿站。驿站的大厅分成两间：一间供维也纳宫廷的绅士和女士使用，另一间则供迎娶公主的法兰西人使用。两国宫廷在这里进行着财富和影响力的角逐。这样的场合自然少不了法兰西礼仪：新娘一定要身着巴黎礼服，礼服上不能留其他任何国家的东西。玛丽·安托瓦内特在奥地利人的房间里脱去了所有的衣服，只留下内衣和袜子。当房门打开时，美丽的公主红着脸狼狈不堪地走进大厅。法兰西的女士们一拥而上，赶来观看玛丽·安托瓦内特。玛丽·安托瓦内特扑进安妮·德·诺阿耶伯爵夫人的怀里放声痛哭。她的美丽让法兰西人感到惊艳。她拥有与生俱来的高贵的头和肩膀，足以证明她是神圣罗马帝国皇帝的后裔。随后，玛丽·安托瓦内特来到法兰西人的房间，脱去全部衣服，换上法兰西宫廷中最华美的礼服，然后坐上豪华的马车。周围是充满敬意的人民。在人群和军队的随从下，欢快的乐队让行进中的马车充满了生机。奥地利的朋友们向玛丽·安托瓦

安妮·德·诺阿耶伯爵夫人

内特道别后返回维也纳。夜里的篝火照亮了地平线，也照亮了每一座山丘。教堂里响起了喜悦的钟声，灯饰和焰火的光芒在城市中洋溢。女士们列队两侧，歌唱着欢迎玛丽·安托瓦内特的乐曲，并在她要经过的路上撒下玫瑰。场面壮观到足以唤醒陷入最严肃的沉思的人，让他们头晕目眩。热情又多情的玛丽·安托瓦内特刚离开与世隔绝的宫廷育婴室，就感受到如梦般的浪漫。这一切都让她不知所措。

迎接新娘的队伍包括来自巴黎的二十岁左右的路易、他的祖父路易十五和从遥远的贡比涅赶来的侍从。不受柔情所扰、不知爱为何物的路易总是对陌生人敬而远之。他不曾想过为玛丽·安托瓦内特抚平心灵的创伤，也不曾想过与她建立超越其他宫廷女士的亲密关系。路易的冷漠深深伤害了热情亲切的玛丽·安托瓦内特。出于自尊，玛丽·安托瓦内特从未在公开场合流露自己的心声。她只在私下里向挚友倾诉。新娘和冷淡、木讷的新郎同往凡尔赛宫。1770年5月16日，婚礼正式举行，场面极尽奢华。欧洲各国贵族蜂拥前往凡尔赛宫，喜气洋

玛丽·安托瓦内特与路易的婚礼

洋。每个人的内心都充满了喜悦，除了新婚夫妻。路易心情平静，对这样的安排也很满意。他既不痴迷，也不排斥新娘。他从不与新娘同住，始终与她保持一定的距离，这也是路易与宫廷中其他年轻女性的距离。当新娘在自己房间时，路易从不进入。玛丽·安托瓦内特只是路易名义上的妻子。全法兰西人民都在称赞玛丽·安托瓦内特的美貌，只有她的丈夫无动于衷。参加婚礼的宾客在凉亭和喷泉围绕的凡尔赛宫度过了几天快乐的时光。新婚的路易夫妇出发前往位于巴黎的杜伊勒里宫，那里将上演世间少有的悲剧。

当美丽的玛丽·安托瓦内特来到巴黎时，整个城市都沸腾了。凯旋门也在欢迎她的到来。人们欢呼雀跃。记者们穷尽言语来描绘玛丽·安托瓦内特的美貌，诗人为玛丽·安托瓦内特吟唱赞美诗，画家们争相描绘玛丽·安托瓦内特的美丽。当玛丽·安托瓦内特在杜伊勒里宫的宴会厅出席婚礼招待会的时候，人群的呼声穿过花园直达宴会厅。玛丽·安托瓦内特最终只得来到阳台上与众人见面。她出现在阳台的那一刻，所有人的目光都聚集在这位佳人的身上，顿时掌声雷鸣。玛丽·安托瓦内特俯视着路易十五宫殿花园里的人海，不禁惊呼："多么壮观的集会！"巴黎市长此时说："夫人，请允许我说句冒犯王储的话，这里有许多人是您的仰慕者。"在法兰西，王位的继承人被称为王储。老国王路易十五世去世前，路易和玛丽·安托瓦内特被称为王储和王妃。面对他人对自己妻子的赞美和敬意，路易十六表现得很漠然。他生性寡淡，退居书屋与书为伴，几乎听不到响彻巴黎的欢呼声。为了庆祝这次联姻，路易十五在自己的宫殿举办了盛大的烟火表演。成千上万喜欢热闹的市民涌入王宫。人们在王宫的每一条街道上摩肩接踵，宫中人声鼎沸。偌大的宫殿已是人山人海：屋顶上、阳台上、窗洞里挤满了人；蜿蜒曲折的宫道上行人如织，各式马车、马匹阻滞，水泄不通。与此同时，举行庆典的宫殿中央却上演了人间惨剧：焰火表演在支起的断头台上开始进行，场面宏伟，世间少有。突然，一束强光闪过，一声惨叫传来，整个断头台竟意外起火，火势瞬间蔓延。接下来发生的事情悲惨至极，令人不忍用语言描述。这场大火将快乐的信使变成了死亡使者。无数火箭射向空中，如闪电一般射向哭喊、挣扎着的恐惧的人群。火舌比传说中的恶龙更可怕、更致命，它们在空中嘶鸣，溅

赫拉克勒斯

落在女士的长裙上，瞬间将她们吞噬，化为焦骨。火药在马蹄下爆炸，将死亡和毁灭填充到每一个角落。火焰如暴风雨般从空中落下，砸在无法逃脱的人群身上。死伤者的哀嚎声撕破了天空。人潮如赫拉克勒斯①一样来回摆动，却无法逃脱。受惊的马匹四处狂奔，在摔倒的人身上踩踏。新娘玛丽·安托瓦内特同一位随从乘马车赶往宫殿，想观看这场期待已久的盛会。刚抵达宫殿时，她就惊恐地发现空气中充满了死亡的呼喊，身边全是骚乱。玛丽·安托瓦内特命令马车调转车头，以最快的速度离开这人间地狱，但伤者垂死挣扎的声音始终萦绕在

① 赫拉克勒斯（Herculean）是罗马的英雄和神，因为力大和富有冒险经历而著名。——译者注

她的耳边。过了很长时间，这场惨剧留下的恐怖印象才从玛丽·安托瓦内特的脑海中消失。在这次事故中，五十三人丧生，三百多人受重伤。王储和王妃立即将当年收入悉数送给在火灾中蒙难的亲戚们。

老国王路易十五很喜欢美丽的玛丽·安托瓦内特，也喜欢她率直热情的性格。路易十五为玛丽·安托瓦内特准备了许多礼物，其中有一条珍珠项链，由奥地利的安妮带来法兰西。项链上最小的珍珠也有核桃一般大。路易十五对玛丽·安托瓦内特的称赞和奖赏立即引来他的情人杜巴利伯爵夫人让娜·贝库的嫉妒。最终，杜巴利伯爵夫人让娜·贝库和她的亲信成了玛丽·安托瓦内特的反对者。杜巴利伯爵夫人让娜·贝库利用一切机会中伤玛丽·安托瓦内特。她

奥地利的安妮

玛丽·安托瓦内特与路易十六有夫妻之名无夫妻之实

四处散播谣言，说玛丽·安托瓦内特痛恨法兰西人，骨子里还是奥地利人；她说玛丽·安托瓦内特性格率直、不拘礼仪是因为她的精神邪恶堕落。杜巴利伯爵夫人让娜·贝库言过其实地夸大玛丽·安托瓦内特的奢华。她含沙射影地污蔑玛丽·安托瓦内特，说玛丽·安托瓦内特犯了女人最不该犯的罪行。很快这位年轻、不谙世事的王妃就发现自己身陷窘境。她找不到人倾诉，而路易十六依旧疏远自己。日复一日，年复一年。整整八年过去，路易十六都未曾亲近过他的妻子。在玛丽·安托瓦内特面前，路易十六没有感情，也并不自信。他像对待自己的母亲、姐妹一样对待玛丽·安托瓦内特。玛丽·安托瓦内特只是他名义上的妻子。她从未使用过路易十六的房间和床。这种令人费解的关系深深地伤害了玛丽·安托瓦内特，但她极少与密友提及。她用长吁短叹、泪流满面宣告自己内心的苦楚。

玛丽·安托瓦内特初次抵达法兰西时，安妮·德·诺阿耶伯爵夫人被任命为她的女官。安妮·德·诺阿耶伯爵夫人年长并且傲慢，但崇尚礼仪，是重视礼仪的法兰西宫廷的礼仪教师。她负责教导玛丽·安托瓦内特王妃遵守各种繁文缛节。在安妮·德·诺阿耶伯爵夫人看来，礼仪远比德行更重要。康庞夫人记述的一件轶事就足以证明法兰西宫廷对礼仪的尊崇严重到何种滑稽的地步。一个

康庞夫人

冬夜，玛丽·安托瓦内特脱去所有的衣裙，正要穿上睡袍时，她身边的女官走了进来，成了玛丽·安托瓦内特身边地位最高的人，因此理应由女官亲手将睡袍递给玛丽·安托瓦内特。女官于是立即脱去手套，接过睡袍。此时门外传来沙沙声，奥尔良公爵夫人走了进来，她又成为传递睡袍的人。但宫廷礼仪规定女官不能直接将睡袍递给奥尔良公爵夫人，睡袍必须由玛丽·安托瓦内特旁边的贵妇按品阶的高低传递，最终传给品阶最低的侍女，再由这位侍女交给奥尔良公爵夫人。就在睡袍即将到达玛丽·安托瓦内特手中时，来自法兰西的普罗旺斯伯爵夫人走了进来，现在轮到普罗旺斯女伯爵将睡袍递给玛丽·安托瓦内特了。此时，玛丽·安托瓦内特用双手抱着自己，已经冻得发抖。普罗旺斯伯爵夫人察觉到玛丽·安托瓦内特的窘境，来不及褪去手套，迅速将睡袍披在玛丽·安托瓦内特身上。她难以抑制地喊到："太麻烦了！太无聊了！"

另一件轶事更能说明安妮·德·诺阿耶夫人的性格。对玛丽·安托瓦内特的命运产生巨大影响的安妮·德·诺阿耶夫人是一位严肃的女性。礼仪是她呼吸的空气，也是她存在的理由。她无法忍受哪怕对礼仪最轻微的违背。康庞夫人说："有一次，我无意间给这个可怜的人带来了莫大的痛苦。当时，王后[①]正在接见几位我不认识的人。几位寝宫侍女站在王后的身后。我和两位当值女官紧靠王座。接见如常进行——至少我这样认为。突然，我发现安妮·德·诺阿耶伯爵夫人正朝我看。她点了点头，抬了抬眉，又低了低眉，接着又抬了抬眉，之后又用手势想暗示什么。我看着这个哑剧，明白有事情是不对的。我环视四周，希望找到让安妮·德·诺阿耶伯爵夫人生气的端倪。王后将这一切尽收眼底。她看着我微微一笑。我走上前去。王后低声对我说：'请垂下裙子上的装饰，否则伯爵夫人会抓狂。'原来所有的不悦都来自两个不幸的夹子。我用两个夹子固定了裙子上的装饰，而服饰礼仪要求裙子上的装饰必须自然下垂。"

不难想象，玛丽·安托瓦内特这样一个自小在无拘无束的奥地利王宫生活的人会如何看待这些繁文缛节。她总是用善意的玩笑调侃它们，因此冒犯了这

① 此处引文来自康庞夫人的回忆录。这里的王后指玛丽·安托瓦内特，虽然当时玛丽·安托瓦内特未加冕成为王后。——原注

玛丽·安托瓦内特衣着宽松被贵妇们视为失礼

些以古板著称的年长女士们。这些年长的女士们终其一生用宗教般的狂热研究礼仪。玛丽·安托瓦内特称安妮·德·诺阿耶伯爵夫人为爱提库特夫人，这让一些廷臣欢喜，让另一些廷臣愤怒。这位热衷玩乐的王后做出的轻率行为越来越使古板严肃的妇女们感到震惊。一次，几位贵妇觐见玛丽·安托瓦内特。她们身份尊贵却衣着滑稽，竟然用巨大的羽毛作为黑色软帽的装饰。怪异的裙子和装饰惹得玛丽·安托瓦内特几乎忍不住要当场大笑。按照规定，一位侯爵夫人必须一直站在玛丽·安托瓦内特身后。这位年轻、风趣、幽默的侯爵夫人很快厌倦了典礼，坐在了地板上，贵妇们巨大的裙摆成了她眼前的一道藩篱。侯爵夫人开始用裙摆出演一幕幕恶作剧。看着侯爵夫人童真稚气的脸，再看看老气横秋贵妇们，玛丽·安托瓦内特虽然极力控制，却依然忍不住露出笑容。老贵妇们终于被激怒，她们控诉玛丽·安托瓦内特嘲笑自己，言行不端庄；她们宣称再也不会踏入玛丽·安托瓦内特的的宫殿。第二天，一首讽刺歌谣传遍巴黎，歌词如下：

小小王后，年方二十，
年轻气盛，莽撞无状；
错用廷臣，前途堪忧，
层层障碍，将她环绕。

一方面，安妮·德·诺阿耶夫人用死板的规矩苛刻地折磨着玛丽·安托瓦内特。另一方面，阿贝·德·佛蒙德利用强大的影响力教唆玛丽·安托瓦内特藐视并公然对抗礼仪。玛丽·安托瓦内特骨子里崇尚独立，宁愿像其他女性一样过上普通的生活。即使要履行王后职责，她也毫不掩饰这点。她会不带随从独自在维也纳的街道上骑马驰骋，也会在普通的场合卸下王室的浮华和光彩。她的天性和所受的教育让她遵从奥地利祖先的习俗，而法兰西宫廷的影响让她痛苦不已。玛丽·安托瓦内特的离经叛道、随心所欲让傲慢的法兰西贵妇越来越讨厌她。

玛丽·安托瓦内特最无法容忍的是公开展示每天的进餐过程。美国的读者无法理解巴黎竟会有这样的风俗，但这是事实。法兰西王室在不同的房间里进餐——国王、王后和地位相当的人物在同一间，王储和王妃在另一间，其他的王室则在别处。为了方便参观，宫殿像法院、警察局和动物园一样被隔成小间。参观完动物园的狮子、老虎和猴子后，虔诚、老实的乡下人就赶往王宫观看国王和王后喝酒。看到国王路易十五用叉子轻轻一敲就去掉了蛋壳的上半部，乡下人非常开心。观看王室吃饭是王室给予三千万法兰西人民的福祉，也是值得民众荣耀一生的事情。衣着得体的平民从未被拒之门外。风俗发展到最后，每到饭点都会有长长的队伍涌入宫廷。后面的人群推搡着前面的人群缓慢前进，人们的目光都聚焦在吃饭的王室成员身上。法兰西王室自幼便“享受”这种待遇，因此他们对此习以为常；但对玛丽·安托瓦内特而言，这简直无法忍受。她在王妃时

凡尔赛宫的喷泉

期不得不照做。但当她加冕成为王后之后，便不再履行这项义务了。民众认为自己与生俱来的权利被剥夺了，便越来越生气，对这个革新的奥地利人有了越来越多的不满。

路易十六和玛丽·安托瓦内特大部分时间都居住在凡尔赛宫。这座举世瞩目的宫殿坐落在广袤的平原中部，距离巴黎十英里。直到17世纪中叶，这里还是一个小村庄。路易十四决定在这里修建一座彰显自己功勋的宫殿。仅建造宫殿及宫殿周围的花园和公园就耗时七年。这里汇聚着水库、喷泉、花园、果林、瀑布以及不计其数的装饰品和娱乐设施。这座宫殿让其他王室的宫殿黯然失色。大殿的地势略高，殿前和侧翼都用抛光的石头修建，用雕像作装饰。大厅长约二百二十英尺，用大理石、绘画和镀金材料装饰。其他的房间也有类似的尺寸，具备同样庄严的气势。这座美丽的建筑物连着三条绿荫大道，分别通往巴黎、圣克劳德和凡尔赛。在这座宏伟的宫殿中，大殿正面长约八百英尺，与之相连的是十五座由圆柱和方柱组成的柱廊。这些建筑群构成了一座城市。其中有一条装满塑像、绘画和其他装饰的走廊，长约二百三十二英尺，宽三十英尺，高三十七英尺，配有十七扇大窗。金碧辉煌的宴会厅被作为沙龙使用，深夜各国国王在这里声色犬马。凡尔赛宫还设有一间剧院和小教堂，立柱支撑的美丽穹顶

玛丽·安托瓦内特与贵族们的沙龙

大特里亚农宫

让每一位仰望者神往。这座宏伟的宫殿让世间其他建筑黯然失色。气势磅礴的宫殿周围是花园。花园的气魄丝毫不逊于宫殿，囊括了世间所有的享乐设施。法兰西的历代国王挥霍放纵，享乐其间，丝毫不担心受到惩罚。维护和装饰这座宫殿的费用无法计算。我们不应忘记，这些钱是从身居陋室、吃糠咽菜的民众身上搜刮得来的。自负而放纵的统治者们在宫殿中夜夜笙歌，挥霍无度。这座宫殿成了十五岁的新娘，美丽的玛丽·安托瓦内特的家。这座充满了诱惑的宫殿开启了玛丽·安托瓦内特黑暗阴郁的人生序幕。这仅仅是玛丽·安托瓦内特的一所行宫，她在凡尔赛还有其他宫殿。当国家税收靡费在建造宫殿上，坐在这里的国王已经藐视了上帝的旨意，忘却了高高在上的众王之王——上帝的存在。

公园旁边有两个面积略小的宫殿，即大特里亚农宫和小特里亚农宫。在微型图中又被称为皇室宅邸。它们是国王和王后对国家和头衔心生倦意时的住所。小特里亚农宫是一座美丽的宫殿，面积约六千四百平方英尺，合约六百平方米，是路易十五为杜巴利伯爵夫人建造的罗马式风格建筑。小特里亚农宫由英法艺术品装饰的花园环绕，花园里建有神殿、木屋和小型瀑布。这是玛丽·安托瓦内特最中意的寓所，是她称为家的地方。她在这里度过了一段幸福时光。虽然生活中满是嫉妒，宫廷充斥着阴谋和争吵，心中遍布丈夫忽视自己的伤痛，但年轻的灵魂让她战胜了阴郁。玛丽·安托瓦内特也为每一道亮丽的风景注入了活力。她缺乏教养，只知道为数不多的几种消遣方式。无聊恰恰是时尚达人的宿敌。学识不多的玛丽·安托瓦内特只得将所有的热情投入到宴会、歌剧、戏剧和化妆舞会中。秉性高尚的玛丽·安托瓦内特在合适的文化氛围中或许会接受世间所有美丽、崇高的景象和思想。她喜爱在小特里亚农宫的生活，这里与世隔绝。她可以远离王室的种种束缚。在这里，玛丽·安托瓦内特可以与几位闺蜜享受自由时光，撇开随从在花丛中漫步；皓月当空的夜里，玛丽·安托瓦内特躺在密友的臂弯凝望星空。她同其他贵妇一样在静谧中满心欢喜地漫步花丛时，忘却了自己作为王后的身份。朝臣的闲言碎语让她不得不放弃这一爱好，转向其他兴趣。

玛丽·安托瓦内特的社交圈里到处是思想睿智、心思缜密的女士。她时常痛哭流涕：她贫瘠的知识和教养让她自惭形秽，极端自卑。她只得找品味低下的人共处。玛丽·安托瓦内特曾惊呼："与有智慧的人在一起真是灾难。每一个人都应有自己的伴侣，都能找到自己期望的社交圈子。"在小特里亚农宫时，玛丽·安托瓦内特数次尝试努力学习，想弥补童年失去的时光，然而最终还是失败了，一切都太迟了。有几天，玛丽·安托瓦内特怀着巨大的热情走入图书馆与书为伴。时光一去不复返，身为法兰西王后，重新学习的想法注定失败。不计其数的干扰让玛丽·安托瓦内特的努力功亏一篑。她在遗憾和失望中被迫放弃了尝试。我们无从知晓有多少大事小情被延误。如果这位法兰西王后高度自律、熟悉历史、拥有智慧并赢得尊重，她很可能在平静中度过一生。只有当玛丽·安托瓦内特像乡村女孩一般，流连于小特里亚农宫的花园、忘却王后身份时，幸福时光才会降临在她身上。

玛丽·安托瓦内特的反对者在法兰西大肆散播谣言，宣称她仍旧心向奥地利，只爱着自己的祖国，对为她加冕成为王后的国家毫无感情。他们恶毒地制造谣言，称玛丽·安托瓦内特已经将小特里亚农宫改为小维也纳。流言迅速传开，引发了大众的不满。玛丽·安托瓦内特对此愤怒不已，极力否认，但人们不相信她的辩解。越来越多的人站在了她的对立面。

另一件事情让玛丽·安托瓦内特在凡尔赛宫更加不得人心。她愚蠢而自负的弟弟马克西米利安大公竟用假名和假身份拜访了身处凡尔赛宫的姐姐。出于种种原因，使用假名字和假身份的做法当时在王子中间非常普遍。这位年轻的奥地利王子坚信自己在法兰西也应该享受王子的待遇。然而法兰西人认为，既然马克西米利安大公没有以真实的姓名和身份拜访法兰西，那么法兰西人理所应当将他看成他自己宣称的那个人。马克西米利安大公以低于王子的身份出现，法兰西人就有理由不支付他第一次出访法兰西的费用。争论持续升温。在

马克西米利安大公

阿贝·德·佛蒙德的支持下，玛丽·安托瓦内特站在了弟弟这边。这件事极大地冒犯了法兰西的高等贵族吗，很快演变成充满怨恨的家庭纷争。无数人用最恶毒的言语指责玛丽·安托瓦内特。到处都能听见玷污她的下流歌曲。玛丽·安托瓦内特开始变得忧郁，她眉头紧锁，心中充满了懊悔。玛丽·安托瓦内特生性高傲，无法忍受别人对自己的中伤，内心又过于敏感，因此诽谤的言语给她带来了深深的伤害。丈夫路易十六视自己如路人，每次见到她都会礼貌地鞠躬致意，但从未使用过温存的言语或表情。路易十六从未表示愿意与玛丽·安托瓦内特独处。一天傍晚，在小特里亚农宫散步时，路易十六向玛丽·安托瓦内特伸出了手臂。这一举动震惊了侍从，感动了玛丽·安托瓦内特。这就是路易十六国王对玛丽·安托瓦内特做过最深情的动作。以上便是玛丽·安托瓦内特的新婚生活。

第 3 章

美国独立战争与法兰西人“也可以不要国王”

精彩看点

路易十五驾崩——路易十五的情人对法兰西王国的危害——路易十五与法国大革命爆发之间的关系——玛丽·安托瓦内特成为法兰西王后——“白鹭羽毛”的传言——洛赞公爵阿曼德·路易·德·贡特——上流社会无聊的生活——叶卡捷琳娜大帝写给玛丽·安托瓦内特的信

1774年，玛丽·安托瓦内特与路易十六结婚的第四年，凡尔赛宫的路易十五在近臣的陪伴下因纵欲病倒。很快，疾病转化成恶性天花。医生知道感染天花等于死亡，于是他们向路易十五隐瞒了病情。

路易十五问："这些疙瘩是什么？我身上到处都是。"

医生回答："那只是些小脓包，第三天成型，第六天化脓，到了第九天就自动消退了。"

很快，国王患有重症的消息在宫廷中不胫而走。大家唯恐避之不及，如鸟兽散。子民憎恨、近臣鄙视的路易十五在自己编织的牢笼中痛苦地呻吟，孤独地死去。一条遭人憎恨的生命终于结束了。

路易十五的罪行为法国大革命埋下伏笔。两个臭名昭著的放荡女子轮流统治着国王和王国。路易十五的第一个情人蓬帕杜侯爵夫人珍妮·安托瓦内特·普瓦松是个贪婪、精明、野心勃勃、毫无原则的女人，她将路易十五玩弄于鼓掌之中。蓬帕杜侯爵夫人珍妮·安托瓦内特·普瓦松在宫廷中影响深远，导致整个王国道德败坏。路易十五为了她挥霍着整个王国的税收，仅在鹿苑的活动上就花费二千万法郎。场面极尽奢华，空前绝后。即便昭华已去，蓬帕杜侯爵夫人珍妮·安托瓦内特·普瓦松仍控制着懦弱的国王路易十五。她四十四岁时在全国人民的憎恨中离开人世。

我们在上一章中提及的杜巴利伯爵夫人让娜·贝库在蓬帕杜侯爵夫人珍

蓬帕杜侯爵夫人珍妮·安托瓦内特·普瓦松

妮·安托瓦内特·普瓦松之后成功地当上了路易十五的情人。路易十五在短短八年中为杜巴利伯爵夫人让娜·贝库挥霍了一千万法郎。他为她建造小特里亚农宫——内含公园、花园、喷泉和纵情声色的神殿。路易十五毫不关心王国的利益，只在声色犬马中度日。他肆意挥霍国家的税收。辛苦劳作的人民被视为满足主子们穷奢极欲的奴仆。人民生活贫苦，王室和朝臣的生活却奢靡无度。这最终导致了法兰西革命的爆发。革命推翻了包括玛丽·安托瓦内特在内的法兰西君主政权。路易十五挥金如土，不仅花光了自己手中的每一分钱，还给王国留下了四亿法郎的债务。债务只能由农民和工匠们偿还。而农民和工匠们的境况不比美国卡罗莱纳州、路易斯安那州的奴隶好多少。

在小特里亚农宫，路易十五在天花中垂死挣扎，朝臣们早在惊愕中离开了王宫。1774年5月10日午夜，没有侍者陪伴的法兰西国王路易十五独自与死神搏斗。隔壁房间里的两位老妇偶尔会来看他一眼。她们觊觎路易十五躺着的破旧沙发才这样做。路易十五已双目失明，舌头因肿胀而无法言语。没有人知晓或者好奇，在垂死挣扎的路易十五心中是懊悔还是恐惧。窗台上闪烁的灯盏向躲在安全地方的人们传递国王路易十五依旧活着的讯息。微弱的烛光消失意味着国王驾崩。朝臣们从远处宫殿的窗口看着午夜闪烁的烛光。如果路易十五能够康复，迎接他们的将是他的斥责，斥责他们在国王生命的紧要关头弃他于不顾；如果路易十五驾崩，他们将迫不及待地迎接新国王和新王后。朝臣们透过夜色，满怀焦虑地凝视着昏暗的烛光。时间一点点流逝，马匹和马车都已在门外备好，时间一到，朝臣们将刻不容缓地冲向新国王，迎接新王朝。

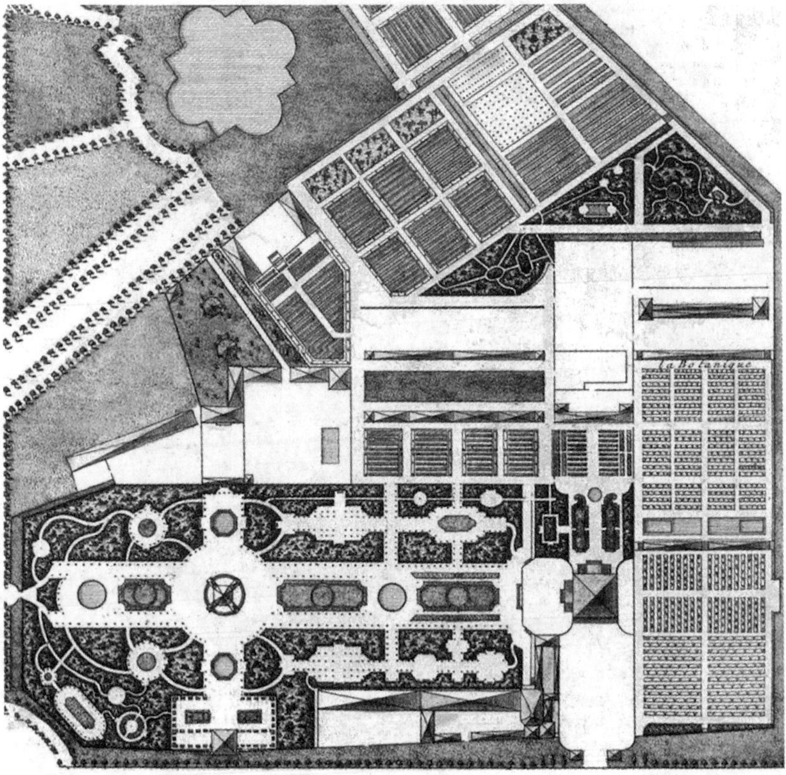

小特里亚农宫

当钟声敲响十二下的时候，烛光终于熄灭，痛苦的路易十五终于停止了呼吸。没有人描述或记录接下来发生的事情。朝臣们将法兰西的礼仪抛之脑后。他们奔向马车，以最快的速度驶向王储的府邸，马蹄声打破了夜晚的寂静。玛丽·安托瓦内特、路易十六和一些挚友在等待路易十五驾崩的消息。他们虽然对这位放荡的老国王毫无感情，但心中不免悲哀。路易十六可能是所有人中最恐惧死亡的人，现在却要从悲痛中走出来。王储的府邸中突然爆出巨响，那是老国王的朝臣奔向新国王，并向他顶礼膜拜的声音。毕竟新国王才是决定如何分配财富与权利的人。这场午夜的骚乱真切地告诉玛丽·安托瓦内特和路易十六，法兰西的王冠已经戴在他们的头上。时年二十四岁的路易十六谦逊、懦弱、敏感。

青年时期的路易十六

二十一岁的玛丽·安托瓦内特

二十岁的玛丽·安托瓦内特性格开朗，举止轻率，毫无责任感。二人不知所措地跪倒在地，泪流满面地喊道："上帝啊，请指引我们，保护我们。在治理国家的事情上，我们都太年轻。"

安妮·德·诺阿耶伯爵夫人第一个称呼玛丽·安托瓦内特为法兰西王后。路易十六和玛丽·安托瓦内特坐在私人沙龙。安妮·德·诺阿耶伯爵夫人走进沙龙，请他们移步议事厅。议事厅的王子和高官显贵们迫不及待地向新政权宣誓效忠。玛丽·安托瓦内特倚靠着丈夫的手臂，擦拭着眼中的泪水，第一次接受群臣觐见。没有人哀悼死去的国王路易十五，也没有人冒险向他的尸骨致敬。按照法兰西法律，首席外科医生需要解剖路易十五的遗体并做防腐处理。解剖时，首席侍从应抓住路易十五的头。

首席侍从对首席外科医生说："你已经对遗体做了防腐处理，对吧？"

首席外科医生回答："当然，你还握住了国王的头，对吧？"

两人说完，相互行礼后便不再说话。路易十五的尸体既没有被解剖，也没有做防腐处理，就被几个低级仆人放进盛满葡萄酒的棺材里。没有人哀悼路易十五，他的棺椁被运往陵墓。这就是路易十五的一生。他在一个小时中便已被人忘却，或者说遭人唾弃。

1774年5月10日清晨4时，年轻的国王路易十六、王后玛丽·安托瓦内特和宫廷众人乘马车离开凡尔赛宫前往舒瓦西。清晨寒冷阴暗、死气沉沉。路易十五悲惨的死亡和随之而来的亢奋让行人感到忧郁。玛丽·安托瓦内特同她的丈夫和另外一两个王室成员同乘一辆马车。他们一路默默无语。玛丽·安托瓦内特的情感触动了灵魂，她像孩子一样失声痛哭。

过了一会儿，旭日从东方升起，明媚的阳光洒在法兰西的山丘上。秀美的风景在阳光的浸染下熠熠生辉。大家心中的阴霾也在不知不觉间随黑暗散去。人们在光明的道路上继续交谈，已经忘记了忧伤的过去。路易十六的姐姐用一番逗趣的话语引来众人哄堂大笑，大家不约而同地拭去泪水，"扔掉"忧伤的表情。一队人马在山谷中快乐地驶向王冠和王权。没有人料到这条艳阳高照、鲜花盛开的道路竟引领他们奔向了牢狱和断头台。

路易十六的加冕礼

路易十六和玛丽·安托瓦内特成为法兰西国王和王后

路易十六的加冕礼在兰斯举行。仪式气势恢宏，空前绝后。一个崭新的王朝从此诞生。反复无常的法兰西人为新国王、新王后欢呼雀跃。路易十六和玛丽·安托瓦内特所到之处尽是欣喜而热情的民众。虽然宫廷里总有人利用玛丽·安托瓦内特的轻率来中伤、污蔑她，但路易十六和玛丽·安托瓦内特仍深受法兰西人民的爱戴。

玛丽·安托瓦内特的反对者们通过不懈努力，不仅成功地毁掉了玛丽·安托瓦内特，也毁掉了他们自己。玛丽·安托瓦内特的心中隐藏着最深的伤痛。结婚四年，她与丈夫形同陌路。路易十六待她彬彬有礼，尊敬有加，同时也冷漠至极，从不行合卺之礼。但玛丽·安托瓦内特却是个感情充沛，热爱孩子的人。她自己无法做母亲，就想找一个可爱的孩子做她的玩伴和朋友。一天，玛丽·安托瓦内特坐马车出行时，一个农村的男孩倒在马车前。这个五岁左右的英俊的男孩长着蓝色的大眼睛和淡黄色的头发。他毫发无损地被人扶起。男孩的祖母从农场飞奔过来打算带走男孩。玛丽·安托瓦内特向老妇人伸出手臂："这个孩子是我的，是上帝将他交给我，让我抚育。孩子的母亲可还健在？"

老妇人说："我的女儿去年死了，留下五个孩子要我照料。"

玛丽·安托瓦内特王后说："我想带走这个孩子，同时会负责其他四个孩子的开销。你同意我我这样做吗？"

老妇人开心地说："当然了，夫人。他们太幸运了，我只是担心杰米不跟您，他实在太任性了。"

车夫抱起杰米交给马车里的玛丽·安托瓦内特。玛丽·安托瓦内特将他放在脚边，命令车夫尽快回王宫。此次乘车出行绝对算不上愉快。粗野的男孩在旅途中一直在拼命地嘶叫、踢打。回宫后，男孩换上白袍，腰间束着玫瑰色镶有银边的腰带，头带羽毛装饰的帽子。他实在太英俊了。玛丽·安托瓦内特王后如获珍宝，欣喜万分。

顺便提一句，这个被玛丽·安托瓦内特宠爱的孩子长大后竟成了一个忘恩负义的怪物，成为恐怖事件中最血腥的演员。人们以为玛丽·安托瓦内特的反对者很难利用这件事伤害她。反对者们无耻地宣称这个孩子是玛丽·安托瓦内特的私生子。玛丽·安托瓦内特隐瞒了男孩可耻的身世，她的反对者就编造了事件的来龙去脉——玛丽·安托瓦内特自导自演，想不遭人怀疑地得到自己的孩子。谣言像长着翅膀的风传遍整个欧洲，被谣言中伤的玛丽·安托瓦内特王后只得默默承受。

另外一件微不足道的事情也被放大成了严重的罪行。一天晚上，洛赞公爵阿曼德·路易·德·贡特戴着一顶白鹭羽毛装饰的帽子出席社交活动。玛丽·安托瓦内特王后漫不经心地说喜欢这顶帽子上的羽毛。一位女士立即向洛赞公爵阿曼德·路易·德·贡特传达了玛丽·安托瓦内特王后的称赞，并坚称玛丽·安托瓦内特王后如果能收到这样一件礼物，会十分感激。第二天洛赞公爵阿曼德·路易·德·贡特将羽毛送给玛丽·安托瓦内特王后时，玛丽·安托瓦内特王后十分尴尬。她想把羽毛退回，可又担心让公爵难堪，于是她留下了羽毛。玛丽·安托瓦内特王后只佩戴带了一次，就将羽毛收了起来。她非常谨慎地处理了这件事，但这件小事依旧演化成"白鹭羽毛"的传言。整个巴黎都在盛传玛丽·安托瓦内特王后接受了情人的礼物。"白鹭羽毛"就这样成了讽刺的词汇，堂而皇之地出现在散文和诗歌中。隐形的手挥舞着无数利剑，扎进了玛丽·安托瓦内特的内心。而放荡且名声在外的洛赞公爵阿曼德·路易·德·贡特竟成了玛丽·安托瓦内特王后日后最无情的敌对者。洛赞公爵阿曼德·路易·德·贡特跟随拉法耶特侯爵吉尔伯特·德·莫蒂来到美国，之后重返法兰西，带着喜悦投入人民斗争的漩涡中。他在党派斗争中成为受害者，被判死刑后关押在康西尔热里监狱。洛赞公爵阿曼德·路易斯·德·贡特深受无神论的影响，走进牢房时还唱着小曲，说着笑话。在行刑前一小时，他还为犯人准备了丰盛的饭菜，邀请狱卒一起就餐。行刑前，他微笑着招呼刽子手：“先生们，我很开心见到你们。请准许我享用这些可爱的牡蛎。”随即礼貌地举起酒杯：“先生们，请允许我们共享美酒。这样，你们今天执行任务时也会带着香气。”之后，他轻快地登上马车，说着漫不经心的笑

康西尔热里监狱

洛赞公爵阿曼德·路易·德·贡特

话，愉快地前往断头台。洛赞公爵阿曼德·路易·德·贡特快步走上台阶，面带微笑地将自己的脑袋放在枕木上，不停地与刽子手调笑。直到铡刀落下，他才停止说话。如此肮脏的灵魂必然沦落到未知世界的死亡中。

针对玛丽·安托瓦内特王后的不公正行为远未结束。玛丽·安托瓦内特王后受周围的影响，非常喜欢服饰和娱乐，并且乐此不疲。她的生活中找不到其他目标。她的身影整夜地出现在游园会、舞会、歌剧院和化妆舞会上，这是她生活的全部。相反，国王路易十六对这些娱乐毫无兴趣。他不能陪伴玛丽·安托瓦内特王后娱乐，又对这些场合感到厌倦，索性躲进书房或在自己的手工作坊为孩子们制作装饰品。国王路易十六在十一点准时休息，留下王后玛丽·安托瓦内特独自享乐。“没有丈夫陪伴”使玛丽·安托瓦内特成了谣言的靶子。她自己少不更事，身边也没有良臣为他出谋划策。

一天，玛丽·安托瓦内特乘马车返回住处时天色已晚，不巧她的马车坏在了巴黎城外。玛丽·安托瓦内特和贵妇戴着面具走进邻近的店铺，以为没人认识他们，便叫了一辆出租马车。大家坐上马车驶向剧院。王后乘坐出租马车是一件非常荒唐的事情。就像一位纽约女郎坐着手推车或独轮车前往百老汇。这次异想天开的冒险让玩心大起的玛丽·安托瓦内特王后感到非常开心。她抑制不住自

登基后的路易十六

无从辩驳的玛丽·安托瓦内特

己的兴奋，一进剧院就向自己的挚友们嚷着："想想吧！我今天坐着出租马车来的。你说好笑吗？"

玛丽·安托瓦内特王后言行失检的消息四处散播，整个巴黎都在讨论这件事情。谣言口耳相传，在众人口中变得更加离奇。坊间盛传玛丽·安托瓦内特王后被路易十六国王轻视，只得乔装打扮后同风流男子私会。王后的尊严和脆弱让玛丽·安托瓦内特无法为自己辩驳。

没有什么比上流社会的无聊更令人厌倦。宫廷的生活日复一日，年复一年地重复着。生活的热情褪去后就成了负担。著名的凡尔赛宫是路易十四为自己建造的人间天堂。凡尔赛宫坐落在山坡延伸的地方，有各种艺术珍品做装饰。这座宫殿美轮美奂，任何方面都可以与伊甸园媲美。精美的凉亭是山的王冠，鲜花、树木、精巧的小径、精美的雕像、喷泉、湖泊和白色大理石上奔涌的瀑布构成了一幅幅美景。自然与艺术之美相互交汇，实现了路易十四壮丽奢华的梦想。享乐是这里唯一的信仰。和所有信奉虚假之神的人一样，信奉享乐之神的人只会感到厌烦和反感。

玛丽·安托瓦内特王后和华丽的随扈每月都会光临这些宫殿和庭院。他们从音乐、灯光和舞蹈中获取快乐，忘我地陶醉其中。这里有喧嚣的广场，耀眼的钻

路易十四在凡尔赛花园行乐

石和奢华的装饰。王公贵族在林荫道和华丽的舞会中穿梭。舞池里的年轻人全身贯注地跳舞，心在得失交错中跌宕起伏；老年人则对游戏更加热情和痴迷，他们在游戏中忘记了时间流逝，忽略死亡将至，这实在令人费解。玛丽·安托瓦内特很快便厌倦了这种与情感无关的快乐。每一次成功的拜访都变得无聊。玛丽·安托瓦内特对这种看似时尚，实则是无谓消耗的娱乐感到难以言说的厌倦。最终，她宣布从此不再凡尔赛宫花园。可是总要找点事情做。如何才能打发度日如年的时光呢？

马尔利花园

一个宫廷侍女小心翼翼地问玛丽·安托瓦内特："王后，您看过日出吗？"

玛丽·安托瓦内特王后情不自禁地叫道："日出！没有，那该是多么美丽的景致！多么浪漫的经历！我们明早就出发。"

这个计划很快付诸实施。冷漠的国王自然不会加入，他宁愿躺在床上睡觉。清晨，玛丽·安托瓦内特王后和几位男士、女士兴高采烈地坐上马车离开宫殿，向马尔利花园后面的高地出发，打算观看壮丽的日出景观。平民已经早起并开始了一天的劳作。当一队豪华马车在进行新奇之旅时经过他们身边，他们会觉得远足是一件非常奇怪、诡异和离谱的事情。这件发生在凌晨的离经叛道的事情很快成了民众议论的话题。他们认为在壮观出行的背后一定隐藏着不为人知的阴谋。人们纷纷聚集在街道议论："为什么王后独自一人出来快活？"没过几天，针对王后的恶毒指责便编成了歌谣，在市面上被居心叵测的人们传唱。玛丽·安托瓦内特的确轻率，轻率之极。而轻率也是她唯一的罪过。

不管怎样，玛丽·安托瓦内特王后还是需要消遣。她已对游行和聚会失去了兴趣，因此需要找些简单、新颖的乐趣。在小特里亚农宫，玛丽·安托瓦内特王后带一名仆从走在林荫路上，她身着白袍，头戴草帽，手持细鞭，赤裸双脚。她像农家女孩一样自由自在地在小路上追逐蝴蝶，采摘花朵。当农家女挤奶时，她会从篱笆上探出头与她们交谈。维也纳的宫廷里没有约束，自由就是礼仪。然而，在凡尔赛的宫廷里，这一切却被视为野蛮的行径。凡尔赛的朝臣们惊讶地发现王后行为野蛮，没有王后该有的样子；连深受仪式之苦的寡妇们也感到震惊。巴黎、法兰西乃至全欧洲到处都流传着玛丽·安托瓦内特王后如何怪诞、任性、不检点的故事。抱怨的声音如潮水般连绵不绝地涌向玛丽亚·特蕾莎的耳朵。她不得不派特使充当间谍，乔装打扮前往巴黎监视女儿。特使回报："玛丽·安托瓦内特王后只是举止轻率，仅此而已。"

在一个不寻常的寒冬，大雪降临。这在凡尔赛宫非常罕见。玛丽·安托瓦内特王后回想起儿时在北方的家中滑雪橇的快乐场景。她想再玩一次。她只在马厩里找到一辆陈旧的雪橇，于是命人赶制新雪橇。新的雪橇优雅美观，拉雪橇的骏马装饰着低垂的羽毛、华丽的鞍辔和叮当作响的铃铛。雪橇载着身着裘皮的男男女女出现在大街上，惊呆了走在香榭丽舍大道上的巴黎人民。这可是新的娱乐方式，是创新。人们心怀嫉妒，气愤地叫嚷着："这个奥地利人还是怀着一颗奥地利人的心，她竟然将维也纳的习惯带到了巴黎。"玛丽·安托瓦内特王后听到这些刻薄的抱怨后立即停止了这项活动。

玛丽·安托瓦内特王后仍然觉得无聊，如何能够消磨时光呢？宫廷中的娱乐再也无法激起她的兴趣，她需要新奇的方式。玛丽·安托瓦内特王后来到小特里亚农宫，在幽静的房间里玩起捉迷藏、狐狸与鹅之类的游戏。她满心欢喜，乐此不疲。“王后竟然在玩捉迷藏！”人们开始窃窃私语：“王后是个傻子啊！这个世上到处都是傻子！”他们惊恐地举起了手，抬起了眼。为了打发时间、排遣寂寞，玛丽·安托瓦内特王后组织了私人剧团。她在剧中扮演一个农家女孩，那是她熟悉的角色。她的天赋引来了许多人的赞赏。玛丽·安托瓦内特王后每日重复着这种娱乐并陶醉其中。无论是悲剧还是喜剧，任何角色她都能游刃有余。剧场的观众逐渐多了起来。即使只有最亲密的朋友在场，路易十六也不愿自己的王后成为戏子。他在迎接这位王室女演员的阵阵掌声中半真半假地发出嘘声。大家认为玛丽·安托瓦内特王后的这一爱好会极大地破坏她的尊严。流言蜚语再次在巴黎传开。

玛丽·安托瓦内特王后结婚已八年，仍然只是路易十六名义上的妻子。她仍是一位少女，因为路易十六从未亲近过她，也从未亲近过宫中的任何一个女人。但路易十六慢慢地对她温柔起来，他开始爱上玛丽·安托瓦内特。玛丽·安托瓦内特王后带着喜悦的泪水告诉朋友路易十六身上发生的巨大变化。各种各样的麻烦和窘迫开始在他们身上降临，这让他们前行的道路变得黑暗，也加深了他们对彼此的同情。不怀好意的人使出浑身解数激起路易十六的嫉妒，想离间国王路易十六和王后玛丽·安托瓦内特。这些人指责玛丽·安托瓦内特王后道德沦丧，对她的中伤也悄悄地流入国王耳朵。

一日清晨，康庞夫人走进王后的寝宫。玛丽·安托瓦内特正躺在床上，哭得伤心极了。她的身边是几封已经拆阅的信。她手捂着红肿的眼睛嚷道：“啊！我真希望我死了！我真希望我死了！卑鄙小人！禽兽！我究竟做了什么？你们要这样待我还不如现在杀了我。”叫嚷之后，玛丽·安托瓦内特伸出胳膊搂住康庞夫人的脖颈，哭得更厉害了。所有的安慰都无济于事。玛丽·安托瓦内特不愿吐露伤心的缘由。过了一会儿，玛丽·安托瓦内特恢复平静，挤出一丝笑意对康庞夫人说：“今天早上我让你难受了。我必须让你可怜的心恢复平静。你肯定见过黑色乌云在晴朗的夏日突然出现，威胁着要降落世间，摧毁人世。可轻风却吹散了乌云。蓝色的天空，明朗的天气重现了。这就是今早发生在我身上的画面。”

玛丽·特蕾莎与路易·查理

流言四起，国王路易十六对王后玛丽·安托瓦内特的迷恋却与日俱增。路易十六身处困境时，会感觉到精力充沛的玛丽·安托瓦内特正在支持他。他越来越信任玛丽·安托瓦内特的忠告。结婚第九年，他们的第一个孩子出生，另外三个孩子紧随其后。可惜其中一儿一女早夭，仅留下玛丽·特蕾莎和路易·查理同他们分担紧随其后的家族灾难。

在路易十六和玛丽·安托瓦内特的统治初期，凡尔赛宫是他们最钟情、居住时间最长的地方。有时来自欧洲其他国家的君主也会来拜访他们。国王和王后尽其所能款待他们。篝火和烛光将宫殿的树林和花园映成白昼。数以千计的人都享受过路易十六国王和玛丽·安托瓦内特王后热情、奢华的招待。同时，不计其数的钱财也消耗在各国国王、王后、贵族的奢侈和放纵上。而那些辛苦劳作，负担整个王国开销的穷苦民众却只能卑微地站在远处，看着这群锦衣玉食的贵族在大道上悠闲地漫步，或坐在马车上疾驰。有一些在穷苦中挣扎的人会不时地自言自语："为什么我们要辛苦劳作来伺候这些飞扬跋扈的贵族，让他们享受奢侈的生活？为什么我们就得吃黑面包、穿粗布衣，而这些人可以穿金戴银，光彩照人？为什么我的儿女就要如奴如婢劳苦终身，而贵胄的孩子可以锦衣玉食？"但一旦看到王室怒目而视，众人便不知所措了。玛丽·安托瓦内特王后坐着华丽的马车经过时，总有愠怒的渔妇一边领着自己衣衫褴褛、半饥半饱的孩子，一边在口中低声咒骂着"奥地利人"。不满和咒骂很快传播开来，让路易十六、玛丽·安托瓦内特和廷臣始料不及。

有些人听说了美国，那里有自由和平等。美国为穷人谋福祉，还具有超凡的能力。拉法耶特侯爵吉尔伯特·德·莫蒂已前往美国，帮助共和党颠覆王权。作为美国大使的本杰明·富兰克林来到法兰西。他衣着简朴、举止得体，谦逊得如

拉法耶特侯爵吉尔伯特·德·莫蒂与乔治·华盛顿在美国弗农山

富兰克林·本杰明

同最卑微的市民。巴黎人民都用钦佩的目光注视着富兰克林·本杰明。几个胆大的人开始低语："我们也可以不要国王。"法兰西的火山正在酝酿，即将爆发。是时候将腐朽的制度扔进尘埃了。王室的铺张、奢侈为这把火拾柴添薪。人们开始计算篝火、宫殿、装备、王冠珠宝以及朝臣的花销。玛丽·安托瓦内特王后宣布了自己的想法——计算王室开销是个无理的事情，因为人们根本无权干涉与他们不相关的事情。奴隶无权质问主子的言行。玛丽·安托瓦内特接受的可怜的教育和周围的影响让她坚信国王和王后是为奢华生活而生的。当人民的不满越来越强烈，王权遭受越来越多质疑的时候，俄国女皇叶卡捷琳娜大帝在给玛丽·安托瓦内特王后的一封信中写道：“国王和王后理应按照自己的想法行事，无需在意人民的呼声。正如月亮不因狗吠而改变自己的轨迹。”这就是王室的想法。

玛丽·安托瓦内特王后的前途变得越来越黑暗。更多的阴谋正在酝酿，她遇到的困难也越来越多。人们本能地感觉到暴风雨即将来临，死神已步入王宫。它

俄国女皇叶卡捷琳娜大帝

不停地折磨玛丽·安托瓦内特王后的长子，扭曲了他的模样，最终将他拖入坟墓；它又带走了玛丽·安托瓦内特王后的小女儿。玛丽·安托瓦内特王后看着承载折磨和死亡的寝处，心中满是痛苦。一颗母亲的炙热的心在玛丽·安托瓦内特王后的胸膛中跳动。玛丽·安托瓦内特王后不再有空虚的追求，她的心早已让位给母爱。在年仅二十三岁的玛丽·安托瓦内特身上再也看不到快乐。

第 4 章

“钻石项链事件”

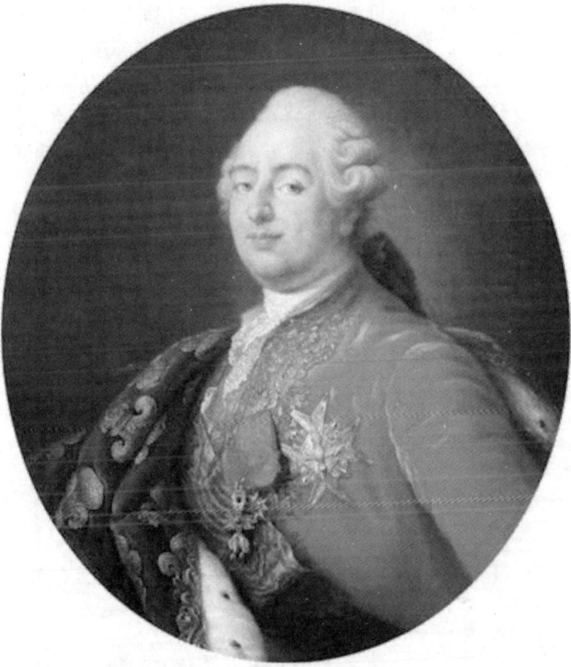

精彩看点

枢机主教德·罗昂——御用珠宝商夏尔·奥古斯特·博默尔的钻石项链——康庞夫人的明智建议——枢机主教德·罗昂对“钻石项链事件”的解释——枢机主教德·罗昂的仆人奉命焚烧信件——枢机主教德·罗昂受审——拉莫特伯爵夫人珍妮·德·瓦卢瓦-圣雷米与“钻石项链事件”

1786年发生了一件看似微不足道却影响深远的事情。一个行为不检点的人假借玛丽·安托瓦内特王后的名义买了一条项链。这件事撼动了整个法兰西，在整个欧洲风靡一时，令全欧洲议论纷纷。夏尔·莫里斯·德·塔列朗·佩里戈尔说："可以想象，如果法兰西王权因项链事件被推翻，我丝毫不会感到意外。"要详细地了解这则奇闻，就必须提到与此事相关的两个重要人物。

枢机主教德·罗昂既是教会中的显要人物，也在朝中身居要职。他轻率、虚荣、奢靡，喜卖弄和炫耀，常常入不敷出。他曾是法兰西驻维也纳大使，身边环

夏尔·莫里斯·德·塔列朗·佩里戈尔

枢机主教德·罗昂

绕着一群挥霍无度的绅士。他极力想让奥地利的首都惊叹自己的奢华，在短短几个月内花了六七十万法郎，很快便身陷窘境，负债累累。走投无路的枢机主教德·罗昂开始利用自己的官职走私。他肆无忌惮地以公谋私，奥地利首都很快被法兰西货淹没。玛丽亚·特蕾莎震怒，毫不留情地当面斥责枢机主教德·罗昂："无论是作为神父还是身为大臣，你都很失职。" 枢机主教德·罗昂只能被召回。他感到既失望，又羞耻。回到凡尔赛的枢机主教德·罗昂备受冷遇。他多么渴望重获王室的宠幸。但无论他如何努力，玛丽·安托瓦内特王后依然厌恶他。这次的丑闻深深地伤害了枢机主教德·罗昂的自尊心。他决定孤注一掷，挽回自己的声誉。此时,美丽的女士拉莫特伯爵夫人珍妮·德·瓦卢瓦-圣-雷米出现了，她是法兰西王室的后裔，凭借美色跻身上流社会。她痴迷于名利，毫不知耻地追名逐利，最终自食苦果。拉莫特伯爵夫人珍妮·德·瓦卢瓦-圣-雷米虽然声名狼藉，但在凡尔赛王宫有一批仰慕者。玛丽·安托瓦内特对她则一无所知。这种人在凡尔赛宫比比皆是,他们总在特殊的场合吸引特殊的人。

玛丽·安托瓦内特王后早年酷爱服饰，尤其是奢华的珠宝。她从维也纳带来大量珍珠和钻石。路易十五在女儿去世后，将女儿的珠宝全部赠予玛丽·安托瓦内特。其中有一条珍珠项链，项链上最小的珍珠也同榛子一样大。玛丽·安托瓦内特王后的丈夫路易十六不久前还送给她一套红宝石、几颗顶级钻石和一对价值四万法郎的手镯。法兰西宫廷御用珠宝商夏尔·奥古斯特·伯默尔曾斥巨资收集了六颗梨形的大钻石。这几颗钻石形状相似，光泽度高。夏尔·奥古斯特·伯默尔将钻石做成耳坠，开价八万法郎向玛丽·安托瓦内特出售。年轻的新娘玛丽·安托瓦内特经不住诱惑，很想购入。她做了非常划算的调整，用自己的钻石替换了钻石群中的两颗。夏尔·奥古斯特·伯默尔同意了这样的安排，并将价格降至七万二千法郎。玛丽·安托瓦内特王后用自己的钱分期支付，共计五年。她每次看到这件多余的珠宝都觉得心神不宁，开始听到批评她奢侈无度的传言。很快，玛丽·安托瓦内特王后像小孩抛弃了玩具一般，厌倦了珠宝带来的快乐。她对这些昂贵的珠宝再没有丝毫兴趣，开始在简约的衣饰和朴素的乡村生活中寻找新的快乐。玛丽·安托瓦内特王后将华丽的衣服束之高阁，不再问津。那些闪烁着纯洁光芒的珠宝都被封存在黑色的盒子里。玛丽·安托瓦内特王后成为母亲后，将自己倾注在华服美饰上的热情和情感都转移到孩子身上。她迎来了一个新的时代。她的天性促使她寻找并致力于值得耗费精力的事情。玛丽·安托瓦内特王后很快便摸索着离开了享乐、纵欲的黑暗人生，开始从慷慨和奉献中重拾真实、高尚的快乐。

御用珠宝商夏尔·奥古斯特·伯默尔却对玛丽·安托瓦内特王后的变化浑然不知，仍然热衷于打造全欧洲最华丽的项链。几年下来，夏尔·奥古斯特·伯默

玛丽·安托瓦内特与孩子们

尔搜集到最昂贵的钻石，打算用它们编成一条项链。他认为玛丽·安托瓦内特王后一定会为这条项链买单。夏尔·奥古斯特·伯默尔为了这条项链债台高筑，偿还债务的唯一希望就是将项链卖给玛丽·安托瓦内特王后。他请求康庞夫人将这条项链的事情转告玛丽·安托瓦内特王后，希望玛丽·安托瓦内特王后可以赏光看一看。但康庞夫人不愿让玛丽·安托瓦内特王后在一条闪闪发亮的链子上花费三十二万法郎，因此拒绝了夏尔·奥古斯特·伯默尔的请求。夏尔·奥古斯特·伯默尔尝试了很多次都无法让玛丽·安托瓦内特王后看到这条项链。最终，他说服一个高级廷臣将项链呈给国王路易十六。深爱玛丽·安托瓦内特的路易十六也希望妻子戴上这条举世无双的项链，于是将项链拿给玛丽·安托瓦内特过目。玛丽·安托瓦内特回复路易十六，她已经有许多美丽的钻石，在宫廷中也极少佩戴，因此斥巨资购置珠宝并不明智，将钱财用来装备军队更合适。路

钻石项链事件后的路易十六

易十六对玛丽·安托瓦内特王后的观点表示赞同。他将项链还给夏尔·奥古斯特·伯默尔，并且说："我们要的是军舰，不是珠宝。"夏尔·奥古斯特·伯默尔被这条项链套牢，不知所措。他用一年时间在欧洲的各个宫廷间辗转，希望说服王室买下这条项链，但无一成功。夏尔·奥古斯特·伯默尔几近绝望地返回凡尔赛宫，建议路易十六用年薪支付一部分，另一部分以分期付款的方式买下项链。路易十六再次同玛丽·安托瓦内特提及此事，玛丽·安托瓦内特王后回复道，如果路易十六想买下项链送给女儿，那他可以这样做，但她不会佩戴这条项链，因为这样会坐实居心叵测的人强加在她身上的奢靡罪名。

夏尔·奥古斯特·伯默尔四处抱怨着自己的不幸。这条项链在全欧洲都展示过，因此夏尔·奥古斯特·伯默尔的困境成为了大众的话题。经历了几个月的窘困和焦虑后，夏尔·奥古斯特·伯默尔终于获得一次觐见玛丽·安托瓦内特王后的机会。他激动得双膝跪地，紧握双拳，热泪盈眶地喊道："王后，如果你不买我的项链，我就真完了。我无法承受这样的打击。我回去就投河自尽。"

玛丽·安托瓦内特王后面色不虞地说："起来，伯默尔！我受不了这种煽情。诚实的人不会跪在地上乞求别人。作为你曾经的客户，我对你想要自尽的念头表示遗憾，但我不会对你的不幸负责。让你承受损失的订单不是我下的，而且当你提及搜集钻石的时候，我就明确地告诉过你，除了现有的四颗钻石，我不需要更多。我告诉过你我不会买这条项链。国王希望将它买来送给我，我也以同样的方式拒绝了。再不要提及此事。将它拆开，然后一颗颗地卖掉。不要投河自杀。在我和孩子面前做出可怜的样子，这实在令人气愤。不要再让我看到你这副德性，走开！"

夏尔·奥古斯特·伯默尔感到既疲惫又困惑。玛丽·安托瓦内特忙于宫廷事务，好几个月不再提起夏尔·奥古斯特·伯默尔和他的钻石。一天，她无精打采地躺在沙发上，身边是康庞夫人和几位侍女。玛丽·安托瓦内特王后突然问康庞夫人："你知道可怜的伯默尔怎么处置了那条项链吗？"康庞夫人回答道："虽然我经常见到他，但自从上次他离开王宫，我就没有再听到关于项链的任何消息了。"

土耳其帝国苏丹阿卜杜勒·哈米德一世

玛丽·安托瓦内特说："我很想知道这个不幸的人是怎样摆脱困境的。下次你见到他，问他怎样处理了，装作是你自己感兴趣的样子，可别扯上我。"

几天后，康庞夫人遇见夏尔·奥古斯特·伯默尔，向他打听项链的去向。夏尔·奥古斯特·伯默尔告诉康庞夫人，土耳其帝国苏丹阿卜杜勒·哈米德一世买下了项链并送给了自己的女眷。玛丽·安托瓦内特对苏丹在巴黎购买珠宝感到疑惑，但一想到夏尔·奥古斯特·伯默尔解决了问题，她还是很开心。事情在为王后的幼子路易·查理洗礼时发生了变化。路易十六向夏尔·奥古斯特·伯默尔订购了一对肩章和搭扣送给爱子，并嘱咐夏尔·奥古斯特·伯默尔直接交给玛丽·安托瓦内特。夏尔·奥古斯特·伯默尔在交付订单时悄悄塞给玛丽·安托瓦内特一封信。信中满是恳求的言语：

我为王后拥有全欧洲最好的钻石而欣慰。我恳请王后不要忘记我。

玛丽·安托瓦内特大声地读出这些奇怪的文字，一遍遍地喊道："这个人什么意思？他一定是疯了！"她一边用身旁的蜡烛点燃字条，一边默念："这张字条没有必要存在。"后来，玛丽·安托瓦内特回想到谜一般的通信，便后悔自己没有保留这张字条。将整件事情思索再三后，玛丽·安托瓦内特对康庞夫人说："下次你见到伯默尔，请转告他，王后对钻石不感兴趣，在王后的有生之年不会再买任何珠宝。如果王后真有闲钱的话，会用来扩大圣克劳宫的地盘。"

几天后，康庞夫人与夏尔·奥古斯特·伯默尔在她的乡下别墅会面。夏尔·奥古斯特·伯默尔没有收到玛丽·安托瓦内特王后的回信，非常焦虑。他询问康庞夫人是否从玛丽·安托瓦内特王后处带来了委任。康庞夫人一五一十地将玛丽·安托瓦内特王后交代的话转述给夏尔·奥古斯特·伯默尔。

夏尔·奥古斯特·伯默尔答道："可是，这就是那张字条的答复？这就是我能得到的？"

"对啊，王后亲自烧了你的字条，她甚至没有理解字条的意思。"

夏尔·奥古斯特·伯默尔激动地说："啊，夫人！绝对不可能。王后知道还欠我钱。"

康庞夫人回答："钱？伯默尔先生！王后很早以前就结清了与你的账目！"

夏尔·奥古斯特·伯默尔接着说："你还不知道这件事？王后欠我三十万法郎，她要是不给我钱，我就彻底完了。"

康庞夫人愕然惊呼道："三十万法郎！你，你一定是疯了！王后怎么会欠你那么多钱？"

夏尔·奥古斯特·伯默尔回答道："是买那条项链的钱，夫人。"他此时脸色苍白、浑身发抖，以为自己被骗了。

康庞夫人说："又是项链。关于那条项链，王后还要被糊弄多久？不是你自己告诉我你已经在君士坦丁堡卖了那条项链吗？"

夏尔·奥古斯特·伯默尔说："是王后嘱咐我，让我对那些打听项链的人这么说的。她不想让世人知道她想买下那条项链。她决定购入，还委托枢机主教德·罗昂以她的名义买下项链。"

康庞夫人说："你真的被骗了，伯默尔。王后真的不知道你的项链，王后从来不和枢机主教德·罗昂说话。没有人比王后更讨厌枢机主教德·罗昂。"

夏尔·奥古斯特·伯默尔接着说："你确定吗？女士，可能是你被骗了。王后肯定和枢机主教德·罗昂秘密会面过。王后给了枢机主教德·罗昂六千法郎作为定金，枢机主教德·罗昂将这笔钱给了我。枢机主教德·罗昂坚称他看到王后从自己寝室壁炉旁的小瓷罐里取出了这笔钱。"

康庞夫人问道："枢机主教德·罗昂向你保证过吗？"

夏尔·奥古斯特·伯默尔回答："是的，夫人。"

"这是多么可恶的阴谋！都是谎言。你真的被骗了。"

夏尔·奥古斯特·伯默尔浑身颤抖着说："我承认，枢机主教德·罗昂声称王后会在降临节那天佩戴那条项链。可是我并未见到。我出于忧虑给王后写了那封信。我该怎样做？"

"立刻回到凡尔赛宫，将这件事一五一十地告诉国王。身为王室的御用珠宝商，你竟然不从国王、王后或重臣那里接订单，你真是难辞其咎！"

倒霉的夏尔·奥古斯特·伯默尔答道："没有订单我是不会行动的。我有王后亲笔签名的订购券。靠着这些订购券，几家银行和债券人都同意延长还款时间。"

夏尔·奥古斯特·伯默尔听取了康庞夫人的明智建议，带着困惑和忧虑的心情找到枢机主教德·罗昂，将事情和盘托出。枢机主教德·罗昂显得很尴尬，问了夏尔·奥古斯特·伯默尔几个问题便不再言语。但他在备忘录上写道："1784年8月3日，伯默尔来到康庞夫人的乡下别墅，康庞夫人告诉伯默尔，王后并未拿到项链。伯默尔一定被骗了。"

夏尔·奥古斯特·伯默尔害怕极了。如果项链丢了，他将陷入万劫不复的境地。在枢机主教德·罗昂处一无所获的夏尔·奥古斯特·伯默尔匆匆赶往小特里亚农宫，说康庞夫人让自己马上觐见玛丽·安托瓦内特王后。玛丽·安托瓦内特王后对此事一无所知，便说道："那个人真是疯了，我和他没什么话可说，我也不想见他。"康庞夫人深知此事的利害，立即提醒玛丽·安托瓦内特王后并将整件事告诉了她。玛丽·安托瓦内特大惊失色，困惑不已，担心这是针对她的大阴谋。她向康庞夫人询问见面的每一个细节，要求康庞夫人重复每一句话。最后，玛丽·安托瓦内特和康庞夫人来到路易十六面前，向路易十六讲述了这件事。路易十六知道很多人在竭力中伤王后，想让她名誉扫地。他断定这是枢机主教德·罗昂为报复自己在宫廷中的冷遇而设计的阴谋，立刻派人传召枢机主教德·罗昂。枢机主教德·罗昂显然早有准备。他接到消息便穿着华丽地来到国王路易十六面前。但当他真的见到路易十六时，才发现自己竟然语塞，尴尬至极。

路易十六问道："你买了伯默尔的钻石项链？"。

枢机主教德·罗昂颤抖着说："是的，陛下。"

路易十六又问："那你是怎么处置钻石项链的？"

枢机主教德·罗昂接着说："我认为，王后已经拿到钻石项链了。"

"谁委托你买项链的？"

枢机主教德·罗昂说："拉莫特伯爵夫人珍妮·德·瓦卢瓦-圣-雷米。她交给我一封王后写的信。信上要求我为王后买下这条项链。我觉得我只能按照王后的吩咐帮王后这个忙。"

玛丽·安托瓦内特王后生气地打断了他："先生，你是怎么想的！我怎么会让你为我办事？我们八年来未曾说过一句话。我又怎么会让拉莫特伯爵夫人珍妮·德·瓦卢瓦-圣-雷米传话？真不知道你在想什么。"

枢机主教德·罗昂面对玛丽·安托瓦内特的诘问，非常焦虑，不知道该如何回复，只能说："明白了。我上当了，我来付项链的钱。我没有想到这件事是一场阴谋。我对参与了这件事情十分抱歉。"

枢机主教德·罗昂从口袋里取出了拉莫特伯爵夫人珍妮·德·瓦卢瓦-圣-

雷米交给自己的信。这是一封有王后签名的信，信上要求拉莫特伯爵夫人珍妮·德·瓦卢瓦-圣-雷米促成购买珠宝这件事。路易十六和玛丽·安托瓦内特王后读完信，立即宣布信是伪造的。路易十六从口袋中取出一封写给夏尔·奥古斯特·伯默尔的信递给枢机主教德·罗昂，问道："是你写了这封信，对吗？"枢机主教德·罗昂的脸变得铁青。他双手掩面，似乎要晕倒的样子。

路易十六和蔼地说："枢机主教大人，我希望你无罪，所以请解开这个谜团。请解释你与伯默尔之间的关系。你的保证金从何而来？你又是从哪里获得王后签名的订购券，并且交给伯默尔的？"

枢机主教德·罗昂战战兢兢地答道："陛下，我已经彻底糊涂了，不知该怎样回答您。请给我点时间，让我理一下思绪。"

路易十六说："好吧，枢机主教大人，您就定定神吧。去我的房间，那里有笔墨。将您必须告诉我的话慢慢地写出来。"

大约半小时后，枢机主教德·罗昂走出房间，手上拿着一张纸，上面满是涂改的痕迹。显然，他的文字和言语一样令人费解。路易十六叫来一位官员，命令他将枢机主教德·罗昂带走，并关押在巴士底狱。枢机主教德·罗昂在去巴士地狱前获准回家。他在回家的途中设法写了一张字条，向一名忠仆使了眼色后悄

钻石项链事件时期的巴士底狱

悄将字条塞到仆人手中。字条上的信息命令仆人尽快赶往枢机主教德·罗昂的宅邸，将他所有的私人信件付之一炬。

同时，路易十六派人去枢机主教德·罗昂的住处搜查信件。枢机主教德·罗昂的仆人竭尽全力赶在路易十六派的人之前到达枢机主教德·罗昂几里外的宅邸。仆人骑的马一进门便累倒在地。一些本可以澄清事实的重要信件被烧为灰烬。拉莫特伯爵夫人珍妮·德·瓦卢瓦-圣-雷米被逮捕并关押在较近的一处监狱，等待审判。她近来生活奢侈，出手阔绰，令人费解。一时间，此事在欧洲引起一片哗然。盛传玛丽·安托瓦内特王后与一个放荡的女人合谋，从一个珠宝商手里骗得了无价的珠宝。东窗事发后，玛丽·安托瓦内特王后便滥用王权，迫使无辜的枢机主教德·罗昂当了替罪羊，掩人耳目。由于教会一贯反对玛丽·安托瓦内特王后，支持她的政敌，因此她的敌对者自然也站在枢机主教德·罗昂一方。玛丽·安托瓦内特王后和国王路易十六认为，赦免枢机主教德·罗昂就意味着玛丽·安托瓦内特王后承认有罪。出于自卫，路易十六和玛丽·安托瓦内特决定利用自己的影响力让枢机主教德·罗昂认罪伏法。谣言和辟谣的信息纷纷传出凡尔赛宫，传出巴黎，直达欧洲大陆各个宫廷。这件事在沙龙和咖啡馆被重新编排、夸大。玛丽·安托瓦内特王后无从得知这件事是如何演变成了针对自己的谩骂和抨击。在公共场合，玛丽·安托瓦内特王后因高傲的精神和对公正的笃信，表现得坚定而平静，但她退回寝室时却难以抑制悲伤，痛哭流涕。生命中阳光不复存在，接下来的每一天都被阴暗笼罩，阴森得可怕。对枢机主教德·罗昂的审判因各种干扰时断时续，持续了一年。外界形成了支持和反对枢机主教德·罗昂的两个阵营。整个法兰西被这场无休无止的斗争搞得心烦意乱。枢机主教德·罗昂居然穿着丧服，但丧服却非常奢华。在宫廷内，路易十六和玛丽·安托瓦内特对他也礼貌有加。

第一次审判中，枢机主教德·罗昂无精打采地站在法官面前。他面色苍白，浑身发抖，双膝微屈，为避免摔倒只能倚靠着别人。四五个充满同情的声音同时响起。首席大法官说："枢机主教德·罗昂身份高贵，他有权坐下，如果他愿意。"这位高贵的犯人立即同其他人一样落座。他平静了些许后起身，带着深情和尊严反复向法官重申，他在整个事件中都是无辜的。枢机主教德·罗昂的声明持续了半个小时。这场旷世审判结束时，大多数法官宣布枢机主教德·罗昂无罪。路易十六和玛丽·安托瓦内特对这个结果非常气愤。审判中出现许多针对玛丽·安托瓦内特的含沙射影的话语。玛丽·安托瓦内特竟无法澄清。审判结束后，玛丽·安托瓦内特的朋友来寝室看望她，“过来，为王后哭泣吧，阴谋和冤情已经深深地伤害了她。”此时，路易十六也来了，他说：“你看啊，王后的痛苦不是没有原因。枢机主教的支持者利用这件事告诉世人，只有教会的权利最大。事实上枢机主教德·罗昂是一个贪婪的家伙。他搞了这样的阴谋，想把钱放进自己的口袋。这再简单不过，又不是什么难题。”审判结束后，枢机主教德·罗昂移居德意志，从此埋名隐姓，直到1803年去世。

拉莫特伯爵夫人珍妮·德·瓦卢瓦-圣-雷米也接受了审判，但结果完全不同。她穿着最华贵、雍容的衣服站在法官面前，风流一览无遗。拉莫特伯爵夫人珍妮·德·瓦卢瓦-圣-雷米冷静、睿智，又放肆，这让所有人都感到惊讶。证据清晰地表明她拿到项链后拆散了钻石并四处兜售，获利颇丰。拉莫特伯爵夫珍妮·德·瓦卢瓦-圣-雷米在法庭上用各种故事将别人诬陷为自己的同谋，还恬不知耻地宣称，在如此虚假的法庭上，她和枢机主教德·罗昂都不会坦白。

法院最终判处拉莫特伯爵夫人珍妮·德·瓦卢瓦-圣-雷米有罪。判决如下：背部受鞭刑，在监狱的庭院执行；双臂烙上字母V；终身监禁。路易十六和玛丽·安托瓦内特对这样的判决非常不满，因为法院对拉莫特伯爵夫人珍妮·德·瓦卢瓦-圣-雷米的处罚太过野蛮。更让他们气愤的是，法院居然赦免枢机主教德·罗昂。拉莫特伯爵夫人珍妮·德·瓦卢瓦-圣-雷米是王室后裔，这样的处罚显然是要让王室受辱。一天早上，穿着宽大的衣服的拉莫特伯爵夫人珍妮·德·瓦卢瓦-圣-雷米坐在监狱一间宽敞的房间里与朋友开心地交谈，她的身边放着各种奢华的用品。拉莫特伯爵夫人珍妮·德·瓦卢瓦-圣-雷米随一位侍者来到法官面前。她对厄运的降临浑然不觉，毫无准备。她迈着轻快的步伐走进法庭。可怕的判决一经宣读，她就被恐惧、狂怒和绝望吞噬了。这一幕恐怖得难以描述。宣判尚未结束，拉莫特伯爵夫人珍妮·德·瓦卢瓦-圣-雷米便已瘫坐在地上哭天喊地。行刑官没有理会她歇斯底里的吼叫和挣扎，将她拖到监狱的中庭。拉莫特伯爵夫人珍妮·德·瓦卢瓦-圣-雷米看到狰狞的刑具后狠狠地咬了一位行刑官，从他的胳膊上生生扯下一块肉。但最终，她还是被按在地上，扒去衣服，露出后背。鞭子毫无人性地甩在她的背上，让她的每个神经颤抖。哀嚎声撕破了早上潮湿、冷冽的空气。火红的烙铁烙上她的双臂。这个可怜的人血肉模糊，惊惧万分，最后在半死不活中被送到监狱医院。拉莫特伯爵夫人

拉莫特伯爵夫人珍妮·德·瓦卢瓦-圣-雷米

珍妮·德·瓦卢瓦-圣-雷米在九个月的监禁生活后设法逃往英国。一天早上，人们在伦敦的人行道上发现早已死去的拉莫特伯爵夫人珍妮·德·瓦卢瓦-圣-雷米。她在午夜的酒宴上被人从三层楼的窗户处推下。

拉莫特伯爵夫人珍妮·德·瓦卢瓦-圣-雷米逃往英国

玛丽·安托瓦内特在钻石项链事件中被无辜视为人面兽心之人

以上就是钻石项链事件的始末。玛丽·安托瓦内特王后在整个事件中是无辜的，这一点没有人怀疑。但她的反对者借机利用这件事对付她。不得不承认，他们成功了。玛丽·安托瓦内特的反对者宣称，拉莫特伯爵夫人珍妮·德·瓦卢瓦-圣-雷米是玛丽·安托瓦内特的同伙，她们骗取了项链，而枢机主教德·罗昂则是她们计谋的受害者。对自称王室的拉莫特伯爵夫人珍妮·德·瓦卢瓦-圣-雷米进行非人般的惩处是为了表达人们对王权的蔑视，对玛丽·安托瓦内特的憎恶。法院严惩拉莫特伯爵夫人珍妮·德·瓦卢瓦-圣-雷米，宽赦枢机主教德·罗昂，这让玛丽·安托瓦内特和路易十六愤怒不平，难以释怀。

枢机主教德·罗昂究竟是共犯还是受害者已成悬案，过去没有理清，未来也无法澄清。这个谜团将永远埋藏在当事人的心中。谜团只有在审判日才会解开。如果枢机主教德·罗昂是主谋，那么拉莫特伯爵夫人珍妮·德·瓦卢瓦-圣-雷米就是他的一枚棋子。在最后的审判日，枢机主教德·罗昂会遭受多少报应呢？

关于钻石项链事件，民间流传着三个版本：

一、玛丽·安托瓦内特王后指使拉莫特伯爵夫人珍妮·德·瓦卢瓦-圣-雷米欺骗枢机主教德·罗昂，获得项链。拉莫特伯爵夫人珍妮·德·瓦卢瓦-圣-雷米拆开项链售卖，与玛丽·安托瓦内特王后分赃，嫁祸枢机主教德·罗昂。这是玛丽·安托瓦内特的反对者的想法。持这种想法的人无一例外地支持法院赦免主教德·罗昂，严惩拉莫特伯爵夫人珍妮·德·瓦卢瓦-圣-雷米的做法。

二、枢机主教德·罗昂和拉莫特伯爵夫人珍妮·德·瓦卢瓦-圣-雷米伪造了玛丽·安托瓦内特王后的签名，欺骗了夏尔·奥古斯特·伯默尔。他们获得了三十万法郎，打算分赃后嫁祸玛丽·安托瓦内特王后。玛丽·安托瓦内特王后和国王路易十六坚信这一版本。

三、狡猾的女人拉莫特伯爵夫人珍妮·德·瓦卢瓦-圣-雷米和装扮成玛丽·安托瓦内特的同伙一起欺遍了枢机主教德·罗昂。拉莫特伯爵夫人珍妮·德·瓦卢瓦-圣-雷米深知枢机主教德·罗昂想重获王室欢心，便以此为诱饵，让枢机主教德·罗昂上钩。这是流传最广的版本。

总之，无论谁是罪犯，众人都相信玛丽·安托瓦内特王后不会完全清白。她既然会经历这件丑闻，就一定犯过更大的罪行。

第 5 章

巴黎 1789

精彩看点

巴黎形势紧张——路易十六命令军队退守凡尔赛宫——攻占巴士底狱——路易十六参加国民议会——暴民攻击凡尔赛宫——拉法耶特侯爵吉尔伯特·德·莫蒂率军保护路易十六与玛丽·安托瓦内特王后——路易十六与玛丽·安托瓦内特王后成为暴民的俘虏——王储路易·查理与父亲路易十六的对话——法兰西贵族大逃亡——暴民进攻凡尔赛宫的幕后推手

1789年的法兰西在黑暗和不祥的暴风雨中挣扎。在前文提到的事件和若干类似事件的共同作用下，法兰西王权与法兰西人民之间的关系越来越紧张。人民的力量日益壮大。几个世纪以来，一直遭受忽视、羞辱和压榨的人民站了起来，带着空前的热情推翻了腐朽的神权和专制的王权。无论是有罪还是无辜，任何人都未能从肆意的破坏中幸免。这场暴风雨旷日持久，其推动者却已长眠于地下。愤怒的人群带着朗姆酒横扫巴黎，践踏着所有的规则与法律。路易十六生性温和，强烈反对以暴制暴。而玛丽·安托瓦内特则继承了母亲英雄般的性格，意志坚定，主张武力镇压叛乱。

为了保护王室，路易十六不得不在王宫外安排驻军。整车的火炮和整建制的骑兵源源不断地穿过凡尔赛的大街小巷，赶来保护风雨飘摇的王权。看着窗外强大的驻军和凡尔赛宫沙龙里待命的将领，玛丽·安托瓦内特重新振作起来。准备镇压叛乱的军队激起了巴黎人民最深的愤怒。“拿起武器啊！拿起武器吧！路易十六的军队要杀了我们！”呐喊声在巴黎的每一条街道回荡，在最平和的市民心头唤起恐惧。愤怒的民众涌向巴黎薄弱的驻军。路易十六的军队中，一些士兵放下武器与市民和解，另一些则遵照路易十六的命令退守凡尔赛宫，增援保护王室的军队。暴民就这样控制了巴黎。他们洗劫了兵工厂和弹药库，锻造了长矛。整个巴黎仿佛在一夜之间武装起来。达官贵人们惊慌失措地逃离巴黎。凶残的暴民成群结队，带着魔鬼般的神情和力量在街道上四处劫掠。

巴黎民众攻打巴士底狱

1789年7月14日清晨,巴黎发生了令人不忍描述的恐怖事件。在巴黎市中心臭名昭著的巴士底狱,许多蒙冤的人和凶残的暴徒被处决。巴士底狱凭借铁石般的黑暗力量成为历代法兰西国王镇压反抗的利器。巴黎民众如洪水般涌向这座坚不可摧的堡垒,决意摧毁巴士底狱的围墙。“攻占巴士地狱”的呼喊声响彻塞纳河,响彻巴黎。人们不分男女,倾泻而出。街道上站满了愤怒的人群,他们手持枪支、长矛、大刀、利剑等各种武器;女战士骑着战马,战马后拖着火炮。到处都是来自地狱般的呐喊。不少人在这场短暂而血腥的战斗中流血受伤。鲜血和伤口激怒了人们。他们纷纷爬过围墙,冲过残破的堡垒。胜利的呼喊声在空中回荡。这些人俨然已成为巴士底狱的主人。反抗者的头颅挂在城墙的旗杆上,胜利的暴民在自我陶醉中寻找下一个进攻目标。1789年7月14日午夜,廷臣抵达凡尔赛宫,向路易十六和玛丽·安托瓦内特王后报告了发生在首都巴黎的恐怖暴乱。暴乱中的皇家军队没有奋力镇压叛乱,反而与暴民达成了和解。1789年7月14日晚上发生在巴黎的暴乱实在恐怖,路易十六将亲率四万军队血洗巴黎、进行报复的谣言传入每个人的耳朵。这是一个恐怖的不眠夜，是恶魔的狂欢节。暴民彻底毁了这座国际都市。到处都是醉酒、为非作歹或亵渎神灵的人。没有一幢寓所免受劫掠。街道上布满路障，人行道被严重损毁，家家户户的屋顶都垒满石头。玛丽·安托瓦内特王后决意展开声势浩大、英勇无畏的抵抗。她坚定而勇敢地鼓舞路易十六。路易十六的心中却只想退让。他公开宣布，在他执政期间，任何人都不会流一滴血。路易十六想以非凡的忍耐力证明自己被中伤。他离开凡尔赛，只身一人走进愤怒的人群，前往巴黎。正当路易十六要踏上危险的旅程时，他得到有人将在途中暗杀他的情报。这个消息丝毫没有动摇路易十六的决心。玛丽·安托瓦内特王后与路易十六告别时，想到他可能有去无回，痛苦极了。当时，国民议会在凡尔赛召开，议会由一万二千人组成。大多数与会者同情民众，但对民众引发的暴乱感到惊恐。国家也在暴乱中日益萧条。1789年7月17日早上，路易十六带着几个仆人徒步前往暴乱的首都巴黎。无数的工匠、农民带着镰刀、棍棒从周围的乡村蜂拥前来，涌上凡尔赛的街道，加入路易十六的行列。

巴黎民众攻入巴士底狱

攻占巴士底狱前的巴黎市政厅

队伍中的人越来越多，他们阻挡着路易十六，让他进退两难。从凡尔赛到巴黎城外，路易十六整整走了七个小时。他在这个过程中受尽侮辱。当他走到巴黎市政厅时，上万民众手持武器，在道路两侧举着马刀，列队组成拱门“迎接”他。路易十六只得穿过拱门走进巴黎市政厅。他咬着牙吞下了这种耻辱。路易十六前往巴黎奔赴恐怖之旅时，忧伤笼罩着寂静的凡尔赛宫。玛丽·安托瓦内特王后想到路易十六会被逮捕或者被杀害，痛苦不已。她退回寝室，泪如泉涌。她甚至计划前往国民议会乞求与会者：“先生们，现在路易十六的妻子和家人都在你们手上。请不要在人世间折磨这些即将在天堂相聚的可怜人了。”傍晚时分，路易十六安全返回后，家人的喜悦溢于言表。但听过路易十六讲述今天的冒险经历，大家又陷入了无尽的忧伤。路易十六此行并未平息法兰西首都的恐怖暴乱。他的朋友惨死街头，尸身由小火炙烤着悬挂在路灯上。他们死前的悲惨模样成了恶徒取笑的对象。恶徒的残暴已渗入帝国的每一个城市，越是有钱有权的人越早地舍弃家园逃往国外。他们认为只有这样才能避祸。

国家的局势已如此危急，在凡尔赛保护路易十六的军官还在剧场的沙龙里享受晚宴。上流社会高贵优雅的气质让沙龙熠熠生辉。在宴会上，军官们向王室效忠的骑士精神被激发，美酒让他们的忠诚更加坚定。女士们将花束和象征波旁王室的白色徽章送给军官，并向他们挥舞手帕。此时，震耳欲聋的呼喊声响起，经久不息。大家在等待路易十六和玛丽·安托瓦内特王后到来。大门开启，路易十六和玛丽·安托瓦内特王后如期而至，聚会的气氛瞬间变得狂热，大厅中响起了欢呼声。路易十六被这久违的礼遇感动得声泪俱下。人群开始痛哭："理查啊！我的王！世界抛弃了你！"军官和女士们很快被高涨的气氛所感染。

聚会的消息在添油加醋中如野火一般燃遍巴黎。大家都认为这些军官会践踏代表公众权利的三色旗，甚至有消息说这些军官已经集结完毕，宣誓要铲除国民议会，屠杀巴黎民众。军官们已经准备就绪，整装待发。巴黎城中的食物所剩无几。面包店主不再出售面包，农民不敢运输粮食。抢劫是这里的法律。愤

攻占巴士底狱后的复仇

怒而饥饿的人群在面包店前绞死了几位面包店主，但这样做也无法提高面包的供应。巴黎在饥饿中煎熬着。形容枯槁的女人捡起一面破鼓奋力地敲击，老妇人随着鼓点大喊道：“面包！我要面包！”几个男孩跟了上来，随后是若干愤怒的妇女，再之后是成千上万绝望的人。人群如潮水般涌入街道，警钟长鸣不息。

巴黎民众涌向凡尔赛宫

坚不可摧，势不可挡的暴民填满巴黎。他们早已决定要铤而走险，如今却漫无目的。大家呼喊着“去凡尔赛宫！”但没有人知道为什么要去那里。大家只知道路易十六和玛丽·安托瓦内特王后都在凡尔赛宫。人群便本能地向那里涌去。时

拉法耶特侯爵吉尔伯特·德·莫蒂

任国民自卫军司令的拉法耶特侯爵吉尔伯特·德·莫蒂茫然无措。同情民众的国民自卫军不会服从命令镇压暴乱。拉法耶特侯爵吉尔伯特·德·莫蒂只得跟在三万五千名国民自卫军身后观察事态的发展。路易十六得知暴民将至，恳求玛丽·安托瓦内特王后带孩子们逃往安全的地方。其他人也向玛丽·安托瓦内特王后提出同样的请求。玛丽·安托瓦内特王后答道："没有什么可以将我和我的丈夫分开。我知道他们想要我的命，但我是玛丽亚·特蕾莎的女儿。我早就不怕死了。"很快，从宫殿的窗口可以看到愤怒的民众不断涌入大道，直奔凡尔赛宫。窗外风雨交加，漆黑一片。人群浩浩荡荡，从四面八方赶来，喊声震天。雨越下越大，直至瓢泼。民众闯入宫殿避雨。他们调戏妇女，用易燃的东西生火，杀害了玛丽·安托瓦内特王后的几位警卫，唱着酒神节的歌曲，烤马肉果腹。漫长而恐怖的夜晚就这样一点点地过去。即使在新西兰食人族的历史中也很难找到如此可怕的暴行。失去理智的男女在巨大的凡尔赛花园里汇成狂暴的海洋，狂野和兴奋让他们无法安眠。黎明时分，彻夜未眠的玛丽·安托瓦内特王后已经疲惫不堪。拉法耶特侯爵吉尔伯特·德·莫蒂表示已经安排了卫兵保护玛丽·安托瓦内特王后，她无需担心个人安危。听到这样的保证，玛丽·安托瓦内特王后和路易十六回到了各自的寝室。两处寝室由走廊连接。两名忠实的士兵站在玛丽·安托瓦内特王后的门前保护她。玛丽·安托瓦内特王后还未躺下就听见楼梯上可怕

法兰西国民自卫军

暴民的长矛上挂着士兵血淋淋的头颅

的喧闹声。那是枪支射击、兵器碰撞的声音。人群已涌入宫殿，来到玛丽·安托瓦内特王后的门前。忠心耿耿的士兵浴血奋战。时间紧迫，他们“跑！快逃命！”的话音刚落，人就倒下了。玛丽·安托瓦内特王后从床上一跃而起，奔向通往路易十六寝室的房门。意外的是，房门紧锁，钥匙在房门的另一侧。玛丽·安托瓦内特王后在绝望中奋力拍门，大声呼救。幸好房门的另一侧有人，他开门救了玛丽·安托瓦内特王后。玛丽·安托瓦内特王后闪身进门，刚刚落锁，愤怒的人群就高喊着各种誓言和诅咒闯了进来。人们用军刀反复戳刺玛丽·安托瓦内特王后的床铺。玛丽·安托瓦内特王后如果在这次暴乱中死去，会幸福很多。随后等待她的将是长久的折磨和更恐怖的遭遇。效忠王室的国民自卫军聚集在王室周围。不久，拉法耶特侯爵吉尔伯特·德·莫蒂也赶来保护路易十六和玛丽·安托瓦内特王后。但他们无力阻挡盛怒的人群，唯有在暴乱中沦陷。凡尔赛宫内已被暴民洗劫一空。长矛上挂着士兵血淋淋的头颅，立在路易十六寝室的窗前。暴民将士兵的头颅当做战利品，用来挑衅、恐吓王室。恐怖的夜晚终于结束，黎明到来，但白天依旧阴郁可怖。1789年10月8日，阴雨密布，雾霭朦朦，在风中摇曳的树枝宣告着暴风雨的来临。街道上大雨如注，无数醉酒的流氓张狂而迷茫地包围着凡尔赛宫。这是民众向世代压迫他们的贵族讨债的时候，他们为此感到狂喜。暴民铤而走险，已将手中的步枪上好膛，将弹药从窗口递进宫殿。玛丽·安托瓦内特不愧是王后，她在险境中表现得十分英勇、果敢和冷静。她看到庭院中的暴民要杀害被俘的护卫，不顾流弹的危险，站在窗边探出头为他们求情。玛丽·安托瓦内特王后的朋友卢泽恩先生站在她身前，想用身躯为她抵挡子弹。但玛丽·安托瓦内特王后轻柔而决绝地推开卢泽恩先生，说："路易十六不能失去您这样的忠仆。"

人群躁动起来："是王后！是玛丽·安托瓦内特王后！"人们要求玛丽·安托瓦内特王后去阳台，玛丽·安托瓦内特王后便立即带孩子来到阳台。她或许想借自己作为母亲的身份打动众人。对玛丽·安托瓦内特王后有诸多憎恨和诅咒

卢泽恩先生

路易十六和玛丽·安托瓦内特王后带着孩子们来到阳台，拉法耶特侯爵吉尔伯特·德·莫蒂亲吻了王后的手

的人们被这一幕打动。他们虽然冷酷无情，但绝不会伤害无辜的孩子们。人群中传来声音："把孩子带走！"玛丽·安托瓦内特王后将孩子们送到寝室后回到阳台上。她将双手叠在胸前，抬头仰望天空，无所畏惧的神情像是随时准备牺牲。她英勇的气概让仇恨她的人们瞬间对她钦佩不已。阳台外没有人开枪，一片寂静。人们由衷地欢呼："玛丽·安托瓦内特王后万岁！"欢呼声震耳欲聋，直冲云霄。人们叫嚷着："去巴黎！去巴黎！"拉法耶特侯爵吉尔伯特·德·莫蒂羞愧地向路易十六禀告，他能够调遣的军队根本无法镇压暴乱。路易十六知道拉法耶特侯爵吉尔伯特·德·莫蒂同情暴民，也明白这群暴民既没有计划也没有人领导，只是一时兴起发动暴乱。他告诉暴民："我的子民们，你们希望我同你们一起前往巴黎。只要不与我的家人分开，我愿意与你们同去。"众人同意了路易十六的提议。1789年10月8日下午1时，路易十六、玛丽·安托瓦内特王后和他们的两个孩子成了暴民的俘虏。他们在暴民的看押下乘坐王室马车前往巴黎。紧随王室马车的是载着路易十六的仆从的大车，大车后面跟着载有二十五名国民

议会成员的马车。国民自卫军三万五千人紧随其后。持有各式武器的暴民汇集在马车周围叫嚣、咒骂，互相推搡着前进。人群如起伏的海浪，而马车犹如巨浪中的船只。这支色彩斑斓的队伍不停地鸣枪示威。炮弹撞击着马车上的饰物，火药散发的浓烟几乎使路易十六和玛丽·安托瓦内特王后窒息。玛丽·安托瓦内特王后寝室外的两位忠诚的护卫已经被砍下头颅，暴民将这两颗血肉模糊的头颅挂在长矛上，竖在路易十六马车的车窗外，想要侮辱和嘲笑可怜的俘虏。拉法耶

暴民将两位护卫的头颅砍下，挂在长矛上

低贱的女人混入人群

特侯爵吉尔伯特·德·莫蒂对此束手无策。他在暴乱的洪流中毫无抵抗力。低贱的女人混入人群，暴民变得更加冷酷无情。她们坐在炮筒上唱出最粗俗的歌谣。人们大声喊道："我们会有面包的。我们手上有面包师[①]，还有面包师的妻儿！"王室成员忍受着侮辱，随庞大的队伍慢慢驶向巴黎。这段旅程持续了整整七个

① "面包师"是巴黎暴民对路易十六的蔑称。——译者注

小时。当王室成员抵达巴黎市政厅时，夜幕已经降临。没有人知道接下来该做什么。巴黎市长毕恭毕敬地接待了路易十六和玛丽·安托瓦内特王后，将他们带到杜伊勒里宫，而他对王室的敬意竟引来众人嘲笑。杜伊勒里宫是路易十六在巴黎的豪华宫殿，如今却成了囚禁王室的监狱。通往杜伊勒里宫的每一条道路都有士兵驻守。他们看似在保护王室成员，实际是要防止他们逃跑。

就在玛丽·安托瓦内特王后即将踏上屈辱的旅程时，她忍不住返回自己的寝室痛哭流涕，情绪悲伤得难以自持。但随后，她似乎从眼泪中获得了力量，鼓起勇气重新来到人群中，与往常一样，无所畏惧地出现在众人面前。玛丽·安托瓦内特王后已将自己的生死置之度外，她只为丈夫和孩子们心碎、哭泣。巴黎经历了白天的暴乱，夜晚仍充斥着骚乱和暴力。醉酒后狂野的呼喊声让人无法入眠。白天的恐怖事件让两个孩子心生胆怯，他们精疲力尽，在不安中睡了几个小时。路易十六和玛丽·安托瓦内特王后则毫无睡意。1789年10月9日早晨，四岁的王储路易·查理一醒来就听到街上的枪声和暴乱的声音。他搂着母亲玛

王室成员抵达巴黎

王储路易·查理

丽·安托瓦内特王后的脖子，在她的怀里颤抖，惊呼："啊，妈妈！今天还和昨天一样吗？"王储路易·查理在悲痛中变得早熟。他忧伤地凝视着自己的父亲路易十六。过了一会儿，他径直走向路易十六，说："亲爱的父亲，那些曾经爱戴您的子民为什么会突然憎恨您呢？您究竟做了什么激怒了他们？"路易十六回答道："亲爱的孩子，我希望我的子民快乐。我需要钱财支撑战争，因此效仿先王向议会筹措钱款。议会反对我的做法，认为只有人民有权对这件事做决定。为此，我在凡尔赛召开国民议会，邀请居民都来参加，无论他们是什么出身，有多少财富，智力如何。这些人来到凡尔赛，却要求我做出妥协。这样的要求有悖公平，不仅会冒犯我的尊严，还会侵犯你的权利，因此我不能让步。于是，一些恶毒的人教唆民众起义，引起了这几天的暴乱。”

当恐怖的场景在巴黎消失时，大多数贵族立即逃亡他国寻求庇护。暴民每晚都放火烧毁贵族的城堡。火光映红了天际。许多贵族在无情的折磨中死去，但更多人带着全部家当从边境逃往德国。逃亡的贵族在科布伦茨聚集起来，组成一支约一千五百人的军队。他们积极地向奥地利王室寻求帮助，宣称将带领精锐部队进攻法兰西，夺回自己的家园和财产，救出王室成员。逃亡贵族在科布伦茨集结军队的消息彻底激怒了巴黎的民众。由于他们的王后玛丽·安托瓦内特来自奥地利，因此他们断定是玛丽·安托瓦内特王后联系了这些逃亡贵族，并怂恿奥地利与法兰西交战，企图血洗巴黎。街道上煽情的海报和充满误导与敌意的演讲激怒了人们。渔妇给玛丽·安托瓦内特王后起了一个充满怨恨的代号：“可恶的奥地利人”。

科布伦茨

奥尔良公爵路易·菲利普·约瑟夫

据说，派间谍怂恿暴民进攻凡尔赛的是奥尔良公爵路易·菲利普·约瑟夫。这种说法并非空穴来风。奥尔良公爵路易·菲利普·约瑟夫是路易·菲利普的父亲。他希望愤怒的暴徒接近凡尔赛宫时，王室成员会跳上马车，前往科布伦茨与逃亡贵族会合。这样一来，法兰西王位虚悬，没有了国王，人们就会推举他这位民主党人的中坚力量为新君主。

这个阴谋看似可行，奥尔良公爵路易·菲利普·约瑟夫为此蓄谋已久。但路易十六早已识破这个阴谋。他拒绝将世代传袭的王位拱手让人。路易十六依旧希望玛丽·安托瓦内特王后带孩子们离开，但被玛丽·安托瓦内特王后断然拒绝。没有什么危险能让玛丽·安托瓦内特王后离开自己的丈夫。她愿意与路易十六同生共死。在那个恐怖的夜晚，奥尔良公爵路易·菲利普·约瑟夫带人极力地引导愤怒的人群，想要达到目的，但计划依旧以失败告终。奥尔良公爵路易·菲利普·约瑟夫最担心的事情发生了。民众竟心血来潮，将路易十六带到了巴黎。事态已完全脱离了奥尔良公爵路易·菲利普·约瑟夫的掌控。还有一部分人对路易十六抱有同情。他们急切地想加入营救路易十六的军队。其中包括法兰西最智慧和最富有的人。参与起义的人都担心遭受可怕的报复，因此只有路易十六带着这支军队逃亡，篡位者才敢登基。大家都以为路易十六会逃走。暴乱的领导者既不想扣押路易十六，也不想向他问罪，让他镣铐加身。事实上他们并没有计划，只能继续将路易十六当作自己的君主。人们假装不曾拘禁路易十六。他们只是礼貌、热情地邀请并陪伴路易十六来到首都巴黎。他们邀请路易十六和玛丽·安托瓦内特王后参加在剧院、歌剧院和舞厅举办的各种娱乐活动，只有这样，路易十六和玛丽·安托瓦内特王后才能体现出无意逃跑，甘心留下的决心。但同时，他们在玛丽·安托瓦内特王后和路易十六身边增派卫兵，用间谍取代了路易十六和玛丽·安托瓦内特王后的忠仆。就在路易十六和玛丽·安托瓦内特王后被掳至巴黎的第三天，即1789年10月10日，民众派代表与玛丽·安托瓦内特王后谈话，想说服她去剧院参加庆祝活动，以此证明玛丽·安托瓦内特王后愿意自主地留在首都巴黎。玛丽·安托瓦内特王后态度严肃地说："我本应愉快地接受巴黎人民的邀请。但最近发生的事让我痛苦不已。请给我一些时间恢复。两名忠心的士兵在我的寝室门前被害，头颅悬挂在我们乘坐的马车车窗外，伴随我们来到巴黎。我觉得我们以这种方式来到首都，就不必再有什么庆祝活动了。过去我们在巴黎时，人民带给我们的快乐记忆无法磨灭。衷心希望我的情绪恢复后可以再次感受这种快乐。"

随后，玛丽·安托瓦内特王后立即成为人们极力诋毁的目标。人们痛斥她向路易十六提出计划炮轰巴黎的计划，怂恿路易十六以最残酷的手段镇压暴乱。他们坚信玛丽·安托瓦内特王后与科布伦茨的逃亡贵族间保持着联系，认为玛丽·安托瓦内特王后在竭尽所能地鼓动奥地利派兵前来营救路易十六。如果玛丽·安托瓦内特王后真的为了保护丈夫、孩子和自己做了这些事情，那她甚至不配成为最普通的贵族。玛丽·安托瓦内特王后继承了母亲的睿智和果敢。路易十六如果具备玛丽·安托瓦内特王后的这些精神，早就英勇赴死了。毫无疑问，玛丽·安托瓦内特王后曾建议丈夫采取更有效的防御措施。路易十六生活骄奢淫逸，但情感冷酷至极。他漠视人民的权利，从不关心人民的疾苦。历代君主的行为早已点燃了民众痛恨王权的火苗。路易十六和玛丽·安托瓦内特王后没能控制好局势，让微弱的火苗变成了烧毁法兰西的熊熊烈火。时不利兮骓不逝——坐上王位的君主没有人比路易十六更仁慈、更正直，但路易十六和玛丽·安托瓦内特王后却不得不饮下祖辈酿下的毒酒。傲慢暴戾的路易十五将法兰西人民踩在脚下，但他能够平静地死在豪华的床上。他的继承者路易十六平和仁慈，顺从地接受了他无德的祖先们成功避开的厄运。我们对无辜的玛丽·安托瓦内特王后和路易十六表达同情时，很难记住这个时代的错误：如果民众的愤怒升级成为不顾一切的暴力，这种暴力终将毁灭这个时代。这些困惑可以由这样一句话来解释："判决总在死亡之后降临。"

第 6 章

玛丽·安托瓦内特王后
与骑坐大炮妇女的斗争

精彩看点

玛丽·安托瓦内特王后在杜伊勒里宫受到监视——玛丽·安托瓦内特王后与骑坐大炮妇女的斗争——路易十六不愿为苟活而逃亡——法夫拉斯侯爵托马斯·德·梅伊之死——迪尼斯达尔伯爵营救王室成员的计划——罗通多刺杀玛丽·安托瓦内特王后失败——路易十六两位姑姑离开法兰西事件——路易十六终于下定逃跑的决心——康庞夫人对玛丽·安托瓦内特王后的逃跑计划忧心忡忡

路易十六和玛丽·安托瓦内特王后发现杜伊勒里宫的豪华房间里满是假意的效忠，真实的侮辱。为防止他们逃跑，暴民及反对者不分昼夜地监视着他们。玛丽·安托瓦内特王后的姓名是人们诅咒、谩骂的暗号。出于高傲和自尊，她无视所有道歉和解释的借口，也不准备缓和局面。玛丽·安托瓦内特王后回到寝室休息时，听到的都是针对王室成员和相关亲友的暴力事件。即使是怀着不屈的精神的玛丽·安托瓦内特王后都由衷地感到恐惧和愤怒。客厅和寝室里的忠仆都被赶走，取而代之的是各方的间谍。玛丽·安托瓦内特王后不停地颤抖，不为她自己，而是为了她的丈夫和孩子们。街道上的每一次喧哗都会被她当作暴乱。她就这样在忧郁和感伤中度过了两年。玛丽·安托瓦内特王后具有高尚的情操和史诗般的爱情理想，但这些只会加剧她的痛苦。此时，恐怖几乎将所有贵族逐出了这个国家。王宫被遗弃。只有几位由王室任命但偏向民众的大臣会“光顾”这里。玛丽·安托瓦内特王后的所有言行举止都被周围化妆成仆人的间谍监视、记录。如果想和自己的丈夫或者为数不多的朋友们交谈，玛丽·安托瓦内特王后需要等到深夜，去隐秘的楼梯或黑暗的楼道里进行。她对亲王和贵族们在艰险的时局下逃离法兰西感到遗憾，并坚决拒绝了朋友们让她尽快离开的请求。她宣称自己不会离开丈夫和孩子，要与他们生死与共。玛丽·安托瓦内特王后认为逃往国外绝非明智之举，极力劝说移民返回法兰西。她写了一封又一封急信发给各处的移民，并在其中一封信中亲笔附言：“如果你们热爱你们的国王、宗教、

杜伊勒里宫

政府和国家，请回来。回来！回来吧！”这些贵族在紧要关头置王室于险境而不顾，这一点被许多人谴责。但当法律被践踏、暴徒肆意妄为时，贵族被杀死在马路上、被吊死在街道的灯柱上；天空每晚都会被焚烧城堡的火光照亮。作为丈夫和父亲，这些贵族带着妻儿逃离险境，无论如何都不应被谴责。阴郁的一年时光悄然逝去。在这一年里，希望一再破灭，恐惧与日俱增。逃亡贵族在圣神罗马帝国边界的科布伦茨聚集，准备组织军队进攻法兰西，恢复王权。民众担心路易十六和玛丽·安托瓦内特王后会离开法兰西与逃亡贵族会合，这会极大地鼓舞逃亡贵族的士气。而且，在国内饱受暴民的恐怖行径惊吓的民众也会聚集在国王旗帜下，加入这支军队。

路易十六生性缺乏勇气，不愿与子民为敌，仍幻想通过妥协和宽恕与不满的民众和解。在路易十六和玛丽·安托瓦内特王后抵达杜伊勒里宫的某个早上，发生了一件足以代表当时时代的事件。几天前从凡尔赛来巴黎的路上，骑坐大炮的那群浪荡的妇女在玛丽·安托瓦内特王后的窗下聚集。她们倚靠着宫殿的露台，用最恶毒的话语谩骂玛丽·安托瓦内特王后。玛丽·安托瓦内特王后闻声来带窗边。一名悍妇愤怒地要求玛丽·安托瓦内特王后遣散廷臣，因为他们毁了国王路易十六；她还要求玛丽·安托瓦内特王后热爱巴黎民众。玛丽·安托瓦内特王后回复道："我在凡尔赛宫时就热爱巴黎民众，在巴黎我仍然爱着他们。"另一个

玛丽·安托瓦内特王后在杜伊勒里宫

妇女接着说：“但你却想着围攻巴黎，炸毁它。”玛丽·安托瓦内特王后平静地答道：“我的朋友啊，别人这样说你就这样相信了。这恰恰是民众和国王路易十六不快乐的原因。”

又有一个人想用德语同玛丽·安托瓦内特王后交流。玛丽·安托瓦内特王后说：“我听不懂德语。我已经是地地道道的法兰西人了。我甚至忘记了自己的母语。”听到这里，人们忍不住鼓掌喝彩：“好极了！好极了！”她们向玛丽·安托瓦内特王后索要她帽子上的彩带和花束。玛丽·安托瓦内特王后取下这些饰物，隔着窗户将它们递给女士们。女士们如获至宝。半小时过去了，她们一直喊着“玛丽·安托瓦内特万岁！我们的王后万岁！”

玛丽·安托瓦内特王后的密友考虑数周，为玛丽·安托瓦内特王后拟定了逃跑计划，并准备付诸实施。玛丽·安托瓦内特王后具有敏锐的洞察力。她深知自己身处险境，因此在一封信中表达了她最深的谢意：“我不会离开国王和孩子们。如果公众的愤怒是因我而起，我会毫不犹豫地献上我的生命。但这一次，他们的目标是王权。抛弃国王、徒留我的性命没有任何益处。我也将为我懦弱的行为感到歉疚。”

有一位朋友写信给玛丽·安托瓦内特王后，对玛丽·安托瓦内特王后被迫离开凡尔赛宫的遭遇表示同情。在玛丽·安托瓦内特王后的回信中，我们可以看到她当时的处境和想法：“读到你充满同情的信件时，我不禁潸然泪下。你提及我的勇气。与当日可怕的情景相比，我们需要更多的勇气面对当前的痛苦和绝望。这重负令人难以承受，但我的心与我的丈夫、孩子们和朋友们的心紧紧相连。我愿意在重负下沉没。但你依旧在鼓励我，看在我们友谊的份上，我也不应该这样沉沦下去。是我给你们所有人带来了不幸，是我麻烦了大家。”

玛丽·安托瓦内特王后过了一阵子隐居生活。她早上监督儿子和女儿学习，孩子们上课时她都在场；她编织巨大的挂毯，希望自己能忘却脑海中不断涌现的恐惧场景。玛丽·安托瓦内特王后时常焦虑，心神不宁，因此无法集中精神读书。路易十六不愿为苟活而逃亡。他逃亡会导致王位空置，他将永远失去王权。路易十六总幻想事态会有转机，这个疯狂的国家将重归和谐。而玛丽·安托瓦

法夫拉斯侯爵托马斯·德·梅伊

内特王后对局势有更加清醒的认识：没有武力，和解不会达成。她竭尽全力劝说路易十六采取积极措施出逃。自从决定不抛弃丈夫和家庭苟活，她就变得十分焦虑，时常思考全家人如何能一起逃走的问题。就在此时，法夫拉斯侯爵托马斯·德·梅伊被指控密谋帮助王室成员逃跑。审判很快进行。暴民围堵法官，威胁法官说如果不将法夫拉斯侯爵托马斯·德·梅伊治罪，法官就得死。最终，法夫拉斯侯爵托马斯·德·梅伊被判处死刑并立即执行。法夫拉斯侯爵托马斯·德·梅伊在行刑过程中遭到巴黎民众的侮辱和谩骂。他死后留下遗孀和幼

法夫拉斯侯爵托马斯·德·梅伊的遗孀和幼子

子在悲痛和贫穷中生活。就在法夫拉斯侯爵托马斯·德·梅伊去世当周的周日早上，玛丽·安托瓦内特王后的一些朋友没有同她商量，就怀着对法夫拉斯侯爵托马斯·德·梅伊的家庭的同情，在杜伊勒里宫与法夫拉斯侯爵托马斯·德·梅伊的遗孀和孤儿一同哀悼逝者。法夫拉斯侯爵托马斯·德·梅伊为人父也为人夫，但他为了玛丽·安托瓦内特王后和她的家人牺牲了自己。玛丽·安托瓦内特王后非常为难。她该怎么办呢？遵从内心流露的同情和感激会激起人民更大的愤慨。民众会指责她蓄意逃跑，而逃跑就是最大的罪过。相反，屈从理智表现出冷淡和漠然又会伤害到自己的支持者。保皇党人会指责她忘恩负义。

这件事意外地让玛丽·安托瓦内特王后进退两难。她感到非常痛苦。玛丽·安托瓦内特王后看重他人的生命甚于自己，而他人却因为自己牺牲。她抛开这痛苦的记忆返回自己的寝室，瘫坐在沙发上痛哭起来："我们该死！攻击我们的聪明人未受惩戒；保护我们的善良者却对我们的状况毫不知情。在法夫拉斯侯爵的遗孀和幼子面前出现，会让我里外不是人。平心而论，我愿意收养这个孩子，将他视如己出。法夫拉斯侯爵因为我们牺牲，就让他的儿子与我和国王一起生活吧。但我们身边都是杀手，正是这些杀手杀害了法夫拉斯侯爵。我甚至不敢看这个孩子一眼。我们的支持者会认为我不关心这个孩子，会斥责我；而我们的反对者会非常愤怒，他们会认为是我安排法夫拉斯侯爵的遗孀和幼子来到这里。”第二天，玛丽·安托瓦内特王后拜托一位可信的朋友带给法夫拉斯侯爵托马斯·德·梅伊的遗孀一袋金子，并转告她，玛丽·安托瓦内特王后会照拂他们母子。

无数营救王室成员的计划被制订后又放弃。路易十六不会真的行动。他不够勇敢，不会采取激进的行动。他仍然抱有幻想，希望秉持和解的精神来赢得人心，不愿采取任何措施针对自己的反对者，更不会亲自参与实施这些措施。与路易十六相反，玛丽·安托瓦内特王后认为必须果断行动。一天晚上10时，路易

法夫拉斯侯爵托马斯·德·梅伊被处死

伊丽莎白夫人

十六和玛丽·安托瓦内特王后在杜伊勒里宫的寝室打牌消磨时间，路易十六的妹妹伊丽莎白夫人在桌旁的凳子上跪坐着观赛。忠实可靠的贵族因尼斯达尔伯爵走进寝室，低声告诉在座的人，现在有了一个成熟的营救计划，国民自卫军中有一部分人已经向王室倒戈，他们在合适的节点安排了快马在途中替换。只要路易十六同意，计划在午夜就可以执行。路易十六盯着手中的纸牌，面无表情地听迪尼斯达尔伯爵说完话，不置一词。房间里只剩下长久的沉寂。玛丽·安托瓦内特王后担心路易十六错失良机，打破了尴尬的寂静。她问路易十六："陛下，您能听到我们说话吗？”路易十六说了句“我在听”之后继续打牌。房间里又恢复了寂静。玛丽·安托瓦内特王后非常焦虑。午夜的钟声即将敲响，她终于失去了耐心，再次打破寂静：“陛下，您的回复呢？”路易十六停顿了一下，盯着纸牌说：“国王不高兴自己被带走。”这个回答既不坚决，也不豁达。玛丽·安托瓦内特王后非常失望，但依旧告诉迪尼斯达尔伯爵：“请照原话回复大家，国王不高兴自己被带走。”大家立即明白了路易十六的意思，他不愿担负密谋出逃的责任。迪尼斯达尔伯爵对这样的回复感到非常气愤。他对朋友说：“我当然理解。国王希望我们逼迫他离开，万一计划失败，他就可以将责任推给冒死营救他的人。”

1790 年的玛丽·安托瓦内特王后

玛丽·安托瓦内特王后对这个计划抱有期待。她一边收拾值钱的东西，一边整夜不睡，焦急地等待营救者的身影。但直到黎明又一次降临，杜伊勒里宫仍然如监狱一般囚禁着他们。后来，玛丽·安托瓦内特王后评价路易十六的优柔寡断时说："我们的处境一天比一天危险，只有逃离这里才能安全。没人知道骚乱会发展到什么地步。"

拉法耶特侯爵吉尔伯特·德·莫蒂曾向路易十六许诺，如果路易十六遭遇任何威胁王室成员安危的暴力或恐怖活动，他会拆下新炮台上的大炮来震慑对方。一天晚上，有人告诉路易十六他听到了枪击声。路易十六认为这是警告。他警觉地奔向玛丽·安托瓦内特王后的寝室，但没有找到她；他逐个房间地搜寻，最后在王储的房间里看到玛丽·安托瓦内特王后搂着两个孩子。路易十六对玛丽·安托瓦内特王后说："我一直在找你，我很担心你。"玛丽·安托瓦内特王后指着孩子们回答道："你在自己应该在的地方找到了我。"

几次刺杀玛丽·安托瓦内特王后的计划都以失败告终。玛丽·安托瓦内特王后知道自己的处境很危险，但没有采取任何措施，几乎在耻辱和谩骂中度日。酷夏到来时，没有人反对王室成员前往圣克劳宫。国民自卫军声称要随行保护王室成员的安全，实际上只是为了防止有人逃跑。与此同时，新的逃跑计划也在酝酿中。王室成员分别乔装改扮，在距离圣克劳宫四里格的树林集合；王室的一些非常可靠的朋友也会在那里聚集；另外还准备了一辆可以容纳所有王室成员的大马车。由于王室的马车经常在晚上9时后回来，侍者在晚上九时前一定不会起疑心。如果人们发现王室成员全体不见，会赶去巴黎召开国民议会，由议会派人追上逃亡的人，这个过程需要一段时间。逃亡的路上准备了快马替换，而且提前了六七个小时出发，路易十六和玛丽·安托瓦内特王后极有可能避开追捕。玛丽·安托瓦内特王后非常赞同这个计划，希望将它付诸实施，但不知为何，这个计划还是流产了。

偶尔也会有一些民众表示对路易十六和玛丽·安托瓦内特王后的效忠。人们这时就认为反革命行动开始了。一天，玛丽·安托瓦内特王后坐在圣克劳宫的寝室里，心情非常沮丧，她只能不停地编织挂毯来填补了无生趣的时光。下午4

圣克劳宫

时，圣克劳宫一片肃静，天地都在为可怜的玛丽·安托瓦内特王后哀伤。突然有不寻常的声音传来，像是窗下有很多人在窃窃私语。玛丽·安托瓦内特王后立即起身来到窗边。在危险的时候，需要对任何不熟悉的声音保持警惕。玛丽·安托瓦内特王后看到约五十人站在阳台下。他们从乡下赶来，穿着农民的衣服，明显身份低微。他们很想看看玛丽·安托瓦内特王后。这群人一看到玛丽·安托瓦内特王后就热情地表达了他们要效忠王室的决心。已经习惯了侮辱和轻视的玛丽·安托瓦内特王后彻底被这些善良而淳朴的言语打动，情不自禁地掩面恸哭。玛丽·安托瓦内特王后的泪水更加坚定了这些人对王室的忠心。大家反复诉说着对玛丽·安托瓦内特王后的爱，并祈祷玛丽·安托瓦内特王后安康。玛丽·安托瓦内特王后旁边一位女士知道这种场合会引来周围间谍的注意，就带玛丽·安托瓦内特王后离开了阳台。人们对玛丽·安托瓦内特王后的谨慎行为表

圣克劳宫内景

示理解，并带着祝福、泪水和祈祷离开。如此非凡的善意让玛丽·安托瓦内特王后深受感动。她瘫坐在沙发里忘情地哭泣，久久不能平静。

当时有很多人企图杀害王后，但都未能得逞。一天，一个叫罗通多的人翻过花园的院墙，藏在灌木丛中，打算在玛丽·安托瓦内特王后独自散步的时候刺杀她。玛丽·安托瓦内特王后每天按时来花园散步，但当天因为下雨没有去花园，幸免于难。虽然这个刺客最终被发现并逮捕，但公众出于对王室的仇恨袒护刺客，让他免受惩罚。路易十六和玛丽·安托瓦内特王后偶尔会在午夜与秘密赶来的朋友在玛丽·安托瓦内特王后的寝室交谈。大家压低声音，唯恐被圣克劳宫中的间谍听到。大家为玛丽·安托瓦内特王后的安全担忧，也会讨论各种营救计划。有的人建议路易十六尽可能地集合身边效忠他的力量，用武力解决问题；也有人建议路易十六和解，希望以更大的让步重获失去的民心，重建飘摇的王权；还有人建议王室成员立即逃离巴黎，远离政治漩涡，与掌握军队的朋友合作，共同对付反对者，让他们接受合理的条件。玛丽·安托瓦内特王后偏向最后一种方案。

一天，攻占巴士底狱的人们组成了代表团出现在王室成员面前，他们为小王储带来了新年礼物——一套修建巴士底狱的石头加工成的多米诺牌。这是一个打着尊重和友善的旗号侮辱王室的天才计划。礼物的包装上写着这样的祝词：“这些石头取自围墙，围墙里关押着被专权囚禁的无辜者。现在我们将石头做成玩具送给您，阁下。这是人民对您的敬意，它将告诉您权力的边界。”

此时，路易十六的两位姑姑离开了法兰西。她们声称要去旅行，实际上是在试探。她们想知道王室成员离开法兰西会遭遇怎样的反对。这个消息被众人知晓后引起了骚乱。人群聚集在圣克劳宫前，想用暴力阻止她们离开。两位女士计划离开法兰西的消息竟引起轩然大波，军队也未能在这次事件中幸免。士兵加入了民众的队伍，要阻止两位女士离开。人们割断了马车上的缰绳，保护两位女

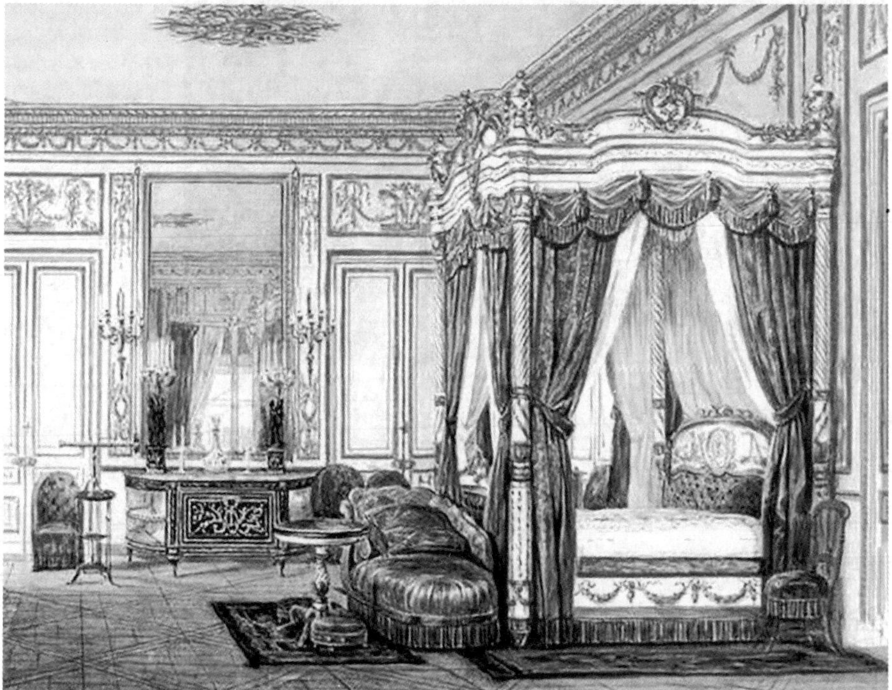

玛丽·安托瓦内特王后的寝室

路易十六的姑姑玛丽·阿德莱德

士的军官也差点被杀害。两位女士计划离开法兰西的消息在全国引起了轰动。两位女士在离巴黎不是很近的地方遭到逮捕。国民议会得知这一消息时反应非常强烈。路易十六就此事致信国民议会，说明他的姑姑们想离开法兰西，前往其他国家。虽然与她们分开让他倍感遗憾，但他认为没有人可以剥夺她们离开法兰西的权利。即使身处社会最底层的公民也有权在任何时间去任何想去的地方。是否扣留路易十六的两位姑姑成了国民议会长时间讨论的议题。一位代表说："我们有什么权力阻止这些女士旅行？"另一位说："我们有一条法律超越其他一切，那就是保护公众安全。"有一位代表羞于对此事的无尽的讨论，用一番嘲讽结束了争辩："有两位女士想在罗马听弥撒，不想留在巴黎。国民议会为她们的去留讨论了四个小时。这足以震惊整个欧洲。"讨论就此结束，两位女士获准离开法兰西。

1791年早春，在杜伊勒里宫待了一段时间的路易十六和玛丽·安托瓦内特王后想返回圣克劳宫。许多王室人员提前到达圣克劳宫，在宫殿里为王室成员准备了欢迎晚宴。马车抵达圣克劳宫外，路易十六和玛丽·安托瓦内特王后下车时，一阵骚乱引起了众人的关注。士兵担心路易十六和玛丽·安托瓦内特王后逃跑，在哗变中关上圣克劳宫的大门，宣称不会让任何人通过。路易十六的朋友们无法忍受这样的侮辱，开始与士兵交涉，竭力为路易十六和玛丽·安托瓦内特王后争取更多礼遇。他们被愤怒的士兵抓住，差点丢了性命。路易十六和玛丽·安托瓦内特王后羞愧难当，返回了杜伊勒里宫。他们终于意识到，杜伊勒里宫已经是实实在在的监狱了。私下里路易十六和玛丽·安托瓦内特王后并不十分懊恼。更多人了解他们遭受的侮辱有利于未来替他们辩护，也有利于他们逃亡。路易十六终于觉醒，意识到自己身处险境。但王室成员被严密地看管，他很难为出逃做准备。路易十六和玛丽·安托瓦内特王后自幼就在王宫生活，身边只有奢侈品和规则，对世事缺乏了解。他们只习惯在宫廷中生活，既不能自己设计逃亡方案，也不愿采纳挚友的建议。他们不顾挚友的再三反对，一直在为逃亡路上的舒适生活做着准备。朋友们向他们保证，他们想要的任何东西都可以在欧洲的任何地方购得，在警觉的对手眼下大肆地为逃亡做准备非常危险，多余的行李也都是累赘。但路易十六和玛丽·安托瓦内特王后听不进劝诫。玛丽·安托瓦内特王后坚持将她和孩子们的衣物全部寄往布鲁塞尔，方便到达后使用。她的随侍兼密友康庞夫人对这些轻率的行为表示忧心。在劝阻无效的情况下，康庞夫人只得乔装改扮，趁夜色一趟趟地采购物品带回杜伊勒里宫。她行事非常谨慎。为了不引起怀疑，她每次只在一家店挑选很少的面料，聘用不同的裁缝进行加工。为了给玛丽·安托瓦内特王后的女儿玛丽-特蕾莎·夏洛特公主做衣服，康

玛丽－特蕾莎·夏洛特公主

庞夫人找来一个身形与玛丽–特蕾莎·夏洛特公主相似的年轻女士，让裁缝按照这位女士的身形裁剪衣服。新做的衣服逐渐填满了一辆货车。这些衣服要先运至一位女士的家中，再由玛丽·安托瓦内特王后的朋友运往布鲁塞尔。

玛丽·安托瓦内特王后有一个华丽的化妆盒，价值一千二百法郎。她决定带着这个化妆盒一起离开。将这个化妆盒带出杜伊勒里宫、送出法兰西而不引起注意是不可能的。这种做法会让人们坚信玛丽·安托瓦内特王后要离开杜伊勒里宫。思想简单的玛丽·安托瓦内特王后认为，她只要说想将化妆盒送给奥地利女大公玛丽亚·克里斯蒂娜[①]就可以糊弄过去。朋友们的劝阻无济于事。玛丽·安托瓦内特王后只对原计划做了细微的调整。来自维也纳的使者在盥洗室当众表示奥地利女大公玛丽亚·克里斯蒂娜也想拥有一个同样的化妆盒。按照计划，工匠们紧锣密鼓地赶工打造化妆盒，但依旧不能如期交工，玛丽·安托瓦

奥地利女大公玛丽亚·克里斯蒂娜

① 奥地利女大公玛丽亚·克里斯蒂娜（Archduchess Maria Christina of Austria），即玛丽·安托瓦内特的姐姐玛丽亚·克里斯蒂娜·约翰娜·约瑟夫·安东尼娅（Maria Christina Johanna Josepha Antonia），1766年至1798年间的称号应为泰申女公爵（The Duchess of Teschen）。此处应为玛丽·安托瓦内特的习惯称呼。——译者注。

内特王后便将自己的化妆盒送给奥地利女大公玛丽亚·克里斯蒂娜，并表示自己可以使用新的化妆盒。但此次计划依旧以失败告终。玛丽·安托瓦内特王后身边的间谍注意到这件事情，将它汇报给了上级。玛丽·安托瓦内特王后在寝室仔细地盘点并打包珠宝。她将包装好的珠宝交给信任的理发师，请他将它们带到布鲁塞尔。理发师不负所托，完成了任务；而另一个玛丽·安托瓦内特王后非常信任的女人向国民议会倒戈，成了间谍。她趁玛丽·安托瓦内特王后离开寝室时用备用钥匙打开了密室，发现了玛丽·安托瓦内特王后的秘密，并将秘密汇报给国民议会。理发师因为忠诚命丧断头台，让我们记住他的名字伦纳德；而告密者的姓名已被历史湮灭，无需提及。

第7章

路易十六与玛丽·安托瓦内特王后逃跑

精彩看点

让-保尔·马拉的演讲——阿图瓦伯爵查理·菲利普向欧洲各国宫廷求援——欧洲多国决定出兵反对法国大革命——路易十六对逃跑计划的犹豫——危急的形势迫使路易十六逃亡——逃亡计划的策划者和实施者布耶侯爵弗朗索瓦·克劳德·阿穆尔——一波三折的逃亡——王室成员被困瓦雷讷-昂纳戈讷

国民议会越来越躁动不安，每天传出新的流言。有人说，逃亡贵族在欧洲各国军队的支持下，已做好入侵法兰西王国的准备，他们要用剑和鲜血摧毁反叛的法兰西王国。这种流言掀起了轩然大波。路易十六和玛丽·安托瓦内特王后决定逃出法兰西，加入复仇的军团，实施复仇计划。在国民议会上，在城市的街道上，愤怒的演讲随处可见。饥肠辘辘且无所事事的民众被这些演讲激怒。让-

国民议会

让－保尔·马拉

保尔·马拉声嘶力竭地呼喊："市民们，用你们鹰一般的眼睛看啊，在敌人的老巢中，在宫廷里，反对人民的阴谋正在酝酿。背信弃义的王后对徒有虚名的国王指手画脚，他们养育着残暴的狗崽子。无法无天的牧师为即将杀戮人民的军队祈祷，而他们的守护神就是奥地利的玛丽·安托瓦内特。逃亡贵族在复仇的念头的激励下，每晚带着匕首潜入宫廷。他们是手拿匕首的‘骑士’，是屠杀人民的刽子手。为什么不没收逃亡贵族的财产，烧毁他们的房屋，悬赏缉拿他们？看啊！看啊！决定结局的斗争即将来临。如果我们不迅速展开反击，人民和自由都将湮灭。”

路易十六和玛丽·安托瓦内特王后在监牢般的房间里听到这些愤怒而极具煽动性的演讲，一致认为，再不离开法兰西，他们就没有机会了。众所周知，路易十六的弟弟阿图瓦伯爵查理·菲利普，即后来的查理十世[1]奔走欧洲各国宫廷寻

让-保尔·马拉与受他蛊惑的暴民

① 查理十世（Charles X of France），即查理·菲利普（Charles Philippe），出生即享有阿图瓦伯爵（comte d'Artois）的称号，1824年继承路易十八的王位成为法兰西国王。——译者注

约瑟夫二世

求帮助，希望救出被囚禁的法兰西王室成员。玛丽·安托瓦内特王后的兄长，奥地利国王约瑟夫二世承诺派遣一支三万五千人的军队与科布伦茨的逃亡贵族会合。欧洲各国王室都惊恐不已。如果法国大革命取得胜利，他们的王权统治也会岌岌可危。西班牙王国、普鲁士王国、那不勒斯王国、撒丁王国和瑞士联邦都承诺派遣相同数量的部队帮助路易十六复辟。这些事情再次激发了法兰西人民空前的愤怒。法国大革命的领导者也意识到，在这场斗争中，失败的结果只能是死亡。

路易十六终于决定逃离，但他宣称与逃亡贵族会合、联合外国军队入侵法兰西绝非他的本意。相反，他反对逃亡贵族的行为，认为这样做只会激起人民反对王权的决心，将他的统治置于险境。路易十六还宣称，他只想离开充满暴力、耻辱和危险的巴黎，前往法兰西边境，那里有人向他效忠，他将努力在那里解决国家目前面临的困难。后世认为或许是路易十六的性格决定了他的思想。

还有一件事情困扰着路易十六。逃亡贵族为谋私利，以国王路易十六失去自由为由宣称王位空置，并任命路易十六的弟弟阿图瓦伯爵为摄政王。路易十六

阿图瓦伯爵

蒙梅迪

担心逃亡贵族会打着营救王室的幌子逼自己退位。他认为打着阿瓦图伯爵旗号的军队会立刻消灭自己和自己的家庭。逃亡是唯一可行的计划，但逃亡也可能带来最可怖的灾难。路易十六和玛丽·安托瓦内特王后考虑了八个月，那是一段漫长而痛苦的时光。他们眼见情势日渐危急，反对者的仇恨与日俱增，而他们逃跑的机会也越来越渺茫。

最终逃跑计划终于敲定。王室成员化妆后，于午夜乘两辆马车离开巴黎，前往法德边界的蒙梅迪。蒙梅迪距巴黎二百余英里，属于法兰西的领地，因此人们不能指责国王路易十六叛逃。方便快捷的路径都要经过路易十六加冕的城市兰斯。路易十六担心遇到认识他的人，因此决定绕路走小道。替换的马匹已秘密运往沿途经过的小村庄。快捷的马车已准备就绪，重要据点也将有小股军队驻扎，防止农民骚扰。路易十六为自己和家人秘密建造了一辆大马车，其他人将乘坐另一辆马车。

布耶侯爵弗朗索瓦·克劳德·阿穆尔是这次行动的策划者和实施者，他负责指挥一批忠于路易十六的军队。他曾极力奉劝路易十六调整计划，但没有成功。布耶侯爵弗朗西丝·克劳德·阿穆尔建议路易十六不要使用特制马车，改用路上常见的普通马车，以防引起怀疑；他还恳求路易十六走普通的大路，保证随时都有可替换的马匹；他告诉路易十六，如果走不常用的路线，就得在小村庄安排替换的马匹，这种反常的做法一定会招来人们的怀疑和询问。他还建议军队不要在荒芜的地方驻扎，这样做只会引来人们的好奇，进而导致反对者的怀疑。路易十六不愿接受这些建议，坚持按自己的计划行事。他要带上性格坚毅、精力充沛

布耶侯爵弗朗索瓦·克劳德·阿穆尔

小阿克塞尔·冯·费尔森伯爵

的达古尔特侯爵弗朗索瓦–爱德华–奥古斯丁–文茨拉夫–希波莱特，因为达古尔特侯爵弗朗索瓦–爱德华–奥古斯丁–文茨拉夫–希波莱特可以提出迎合路易十六态度的建议，处理妨碍出逃的种种问题。路易十六最终还是极不情愿地同意了奥地利军队向边界挺进的要求，这样他就有了在途径村庄驻军的理由。

布耶侯爵弗朗西丝·克劳德·阿穆尔利用种种借口，将路易十六逃跑路线上不忠于王室的军队调离驻地，换上效忠王室的军队。将一切安排就绪后，他派亲信勘察道路，写成报告呈给路易十六。

在杜伊勒里宫，仅有极少数的几个人知道秘密逃亡的计划，他们是国王路易十六、玛丽·安托瓦内特王后、路易十六的姐姐伊丽莎白夫人和两三个卫兵。来自瑞士的小阿克塞尔·冯·费尔森伯爵富有贵族精神，他甘愿冒险负责此次危险活动的外围工作。玛丽·安托瓦内特王后曾欢乐时，小阿克塞尔·冯·费尔森伯爵是小特里亚农宫聚会和庆典的常客。时光在这些聚会中快乐地流逝。骑士精神和对玛丽·安托瓦内特王后的崇拜让小阿克塞尔·冯·费尔森伯爵勇于冒险。三位忠诚的卫兵也义无反顾地投身于这项并无胜算的事业，毕竟失败就意味着死亡。他们化妆成仆人跟在马车后保卫王室成员。

1791年6月20日，夜晚终于来临。决定命运的时刻一点点逼近，王室成员在杜伊勒里宫心潮难平。1791年6月20日晚11时，众人依惯例告别前来拜访的朋友，遣散仆人，做出回寝室睡觉的样子。确定四周无人后，他们用颤抖的手迅速穿上为逃亡准备的衣服，乔装改扮后，分别在不同时间、从不同的通道离开杜伊勒里宫。伸手不见五指的午夜，只有路灯闪烁着微弱的灯光，街道不得清闲，还有三三两两的人群路过。玛丽·安托瓦内特王后身穿便装，一边扶着士兵的手臂，一边牵着女儿穿过杜伊勒里宫的后门，跑到卡鲁索广场后迷了路，只得从皇家港口渡过塞纳河，在昏暗的街道上徘徊了一阵，才找到两辆停在剧院码头的出租马车。路易十六带着儿子路易·查理用同样的方式离开杜伊勒里宫。他也在

卡鲁索广场

人迹罕至的街道迷了路。路易十六到达时，玛丽·安托瓦内特王后已心急如焚地等了半个小时。大家到齐后登上马车。小阿克塞尔·冯·费尔森伯爵扮作马夫跳上马车。马车在巴黎的道路上疾驰，载着法兰西王室悄无声息地离开了他们的宫殿和王位。显赫的逃亡者在危险的处境中紧张不已，大家一路无语，在黑暗中牵着彼此的手，安静地坐着。过去忧伤的记忆在每个人的心头萦绕，大家担心清晨的曙光会带来新的灾难。在沉默和忧伤中度过几个小时后，马车到达离开巴黎的第一站，邦迪。当清晨的第一束灰暗光线在东方出现时，逃亡者匆匆换上等候他们的另外两辆马车，其中有一辆是路易十六定做的巨大旅行马车。小阿克塞尔·冯·费尔森伯爵亲吻路易十六和玛丽·安托瓦内特王后手背后离去。按照计划，路易十六和玛丽·安托瓦内特王后要带领从仆走另一条线路，在晚间抵达布鲁塞尔，之后再和其他王室成员汇合。

路易十六的豪华马车奔向马恩河畔的沙隆，这是逃亡路线上的一个重镇。玛丽·安托瓦内特王后装扮成神圣罗马帝国的男爵夫人，要带着两个孩子返回

马恩河畔的沙隆

法兰克福；路易十六扮演男爵夫人的贴身男仆；路易十六的的姐姐伊丽莎白夫人扮演男爵夫人的侍女。他们伪造的护照上写着：

> 准许来自科尔夫的男爵夫人携两位爱子、一位侍女、一位贴身男仆和三位随从返回法兰克福。
>
> 外交部大臣
>
> 蒙莫兰

沿途的每个驿站都有八匹马等待替换王室马车的马匹。太阳从法兰西的山脉间缓缓升起，山谷中许多马车疾驰，马车上坐着很多来自巴黎的人。偏僻道路上的罕见的景象立刻引起了行人的注意。逃亡者在每一个小山村停下来更换马

蒙莫兰

匹时，村民都会聚集在马车周围称赞这华丽的景象。路易十六明白，在巴黎的国民议会很快会收到王室逃亡的消息，他们会立刻调集所有资源实施逮捕。因此路易十六要加速前进，在追捕行动发生之前尽量远离巴黎。遵照路易十六的命令制作的巨大马车，拉车的八匹马，三个士兵的体态，身着仆人制服却表情严肃的保镖，身材臃肿、表情傲慢却穿着男仆制服的路易十六——任何状况都会引起他人怀疑，提高他们逃亡的风险。好在他们一路行来，没有遇到任何阻碍。当逃亡车队到达马恩河畔沙隆附近的蒙米拉伊时，不幸的事情发生了。一辆马车出了故障，修理它耗费了整整一个小时。这一个小时让众人非常焦虑。大家都清楚，每过一分钟，被捕的几率就大一些。众人在马车修好后再次上路。初夏的田野绿意盎然，阳光洒在上面，生机勃勃。一行人穿过田野时，看到的不再是愤怒巴黎民众，而是与世隔绝的美景。大家的心情非常愉悦。孩子们经历了不得安眠的夜晚后，在父母的臂弯中平静地睡去。车轮每转动一次都让王室成员离边境更近一点，在那里等待他们的是挚友布耶侯爵弗朗西丝·克劳德·阿穆尔和忠于王室的军队。快乐并充满希望的曙光从众人的脸上闪过。车队在1791年6月21日下午3时30分抵达马恩河畔沙隆，每个人的脸上都绽放出笑意，大家开始为即将结束的危险旅程庆贺。为马车更换马匹时，几个游民在马车周围聚集。远离首都的路易十六终于有勇气透过马车车窗向外张望。驿站长曾经去过巴黎，他帮着车夫驾驭马车，让车队继续前行，不想引起任何恐慌。他不想成为逮捕国王的共犯。在第二个驿站撒姆瑞勒，马车周围聚集了很多人。他们看上去不安且多疑。围观者仔细地观察着马车上的人，彼此低声交谈着，还做了一些笔记。但没有人敢阻挡马车，马车继续前行。这里本应有五十名轻骑兵接应路易十六，但马车的故障耽误了行程，路易十六没能按时到达这里。轻骑兵察觉到自己引起了周围的怀疑，提前在半小时前离开了驻地。如果路易十六和车队能早到半个小时，他们的安全就有了保障。路易十六没有看到本应出现的轻骑兵，在惊讶之余谨慎地向位于圣默努的驿站前进。夏时令的傍晚七点半，太阳落下地平线，余晖仍在山峰和峡谷间流连。换马时，有人警告路易十六不要与朋友相见，他还是忍不住从车窗探出脑袋，想看一看有没有熟知的朋友能够告诉他，为什么军队没有

王室抵达圣默努驿站

及时赶来。圣默努驿站的驿站长让-巴蒂斯特·德鲁埃立刻认出了路易十六，因为眼前的人和硬币上的国王头像十分相似。这个消息很快在人群中散播开来。群众非常兴奋，但没有足够的武力扣留马车。镇子上有一支效忠王室的重骑兵，他们决定，如果人民试图逮捕路易十六，他们就立即采取行动实施营救。“国王就在那辆马车上！”重骑兵们窃窃私语。重骑兵的统帅立即命令军队上马，跟着马车保护国王路易十六。然而这个地区已经被国民自卫军占领，他们早已包围了重骑兵的营房，锁上马厩，不准重骑兵离开。路易十六对此一无所知，继续向

让－巴蒂斯特·德鲁埃

下一站前进。驿站长让－巴蒂斯特·德鲁埃认出了路易十六后，骑马以最快的速度赶往位于瓦雷讷－昂纳戈讷的驿站。他希望赶在路易十六抵达瓦雷讷－昂纳戈讷之前将消息传递给市议会，方便他们召集足够的武力逮捕逃亡者。一个重骑兵看到让－巴蒂斯特·德鲁埃离开，立即上马追赶，想追上他之后将他扣押或处死。但让－巴蒂斯特·德鲁埃发现有人跟踪自己，便跳入树林，选择了一条熟悉的小路继续前进。让－巴蒂斯特·德鲁埃在夜幕的掩护下甩掉了跟踪他的人，抵达瓦雷讷－昂纳戈讷。他选择了自己熟悉的小道，因此比路易十六提前两个小时到达。让-巴蒂斯特·德鲁埃将自己的疑虑分享给一群年轻人。这些年轻人想独占擒获逃亡者的荣誉，因此没有通知市议会，也没有叫其他民众。他们自己拿起武器埋伏起来，想抓住路易十六一行人。1791年6月21日晚7时30分，寒冷而阴郁的夜晚降临。王室成员在连续赶路二十四小时后，疲惫且焦虑地抵达位于瓦雷讷-昂纳戈讷远郊的房子。他们满怀信心地希望在这里看到布耶侯爵弗朗西丝·克劳德·阿穆尔准备的护卫队和替换的马匹。

一条穿过瓦雷讷-昂纳戈讷的小河将小城分为上城区和下城区两部分，小河上的一座小桥连接起各个村庄。出于某种误解，路易十六以为可以在桥这边的下城区为马车更换马匹，但马匹都被安置在上城区。如果马车继续全速前进，他很容易就能找到马匹，调整好马车继续赶路。但路易十六和玛丽·安托瓦内特王后在下城区没有找到马匹，便怀着纷乱的心情跳下马车，在荒芜、沉寂的街道上游荡了半个小时。他们在痛苦和焦虑中返回马车，决定渡河，希望在上城区找到马匹和他们的朋友。石头建的小桥，桥面非常狭窄。小桥的入口处有一个巨大的幽暗的拱门。这座拱门作为封建制度的遗迹，见证了小城里几个世纪的风风雨雨。而让-巴蒂斯特·德鲁埃和他的伙伴们正是在这座拱门下设下了埋伏。路易十六的马车还未进入幽暗的通道，就发现前方有大车倾覆。他只得叫停马车。此时冒出五六个全副武装的人，他们抓住马头，命令路易十六一行人下车并出示护照。三位士兵手持武器，打算牺牲自己让路易十六的马车冲过去。但路易十六不允许任何人受伤。让-巴蒂斯特·德鲁埃和另外几个人调转马头，直奔杂货店。店主索西是瓦雷讷-昂纳戈讷的市长。同时有人奔向教堂爬上钟楼敲响了警钟。庄严的钟声惊醒了沉睡的市民。很快，大家惊恐地来到杂货店门前围住了马车。路易十六的特征出卖了他自己。这是个充满喧闹和困惑的夜晚。民众在马车周围乱跑，人们拿着武器，准备随时应对紧急事件。不眠和奔波让逃亡的王室成员精疲力尽。路易十六最终鼓起勇气向市议会的人请求宽恕。他握着索西的手说：

> 是的，我是你的国王。我、我的妻子、我的妹妹和我的孩子，我们的命运都在你的手上。我的生命和这个王国的命运也都要仰仗你。请准许我继

续这段旅程。我并没有打算离开我的国家。我只是要去法兰西边境的一个小镇。我在巴黎遭人禁锢，只有在军队的保护下，我才能重获真正的自由。我希望在边境的小镇上谈判，与被恐惧笼罩的国民议会商议。我不是要废除宪法，而是要拯救和保护它。你对我的拘禁会让我和法兰西人民一同迷失。作为父亲，作为男人，作为法兰西的公民，你都应该让路。一个小时后，我们和法兰西都将获救。作为你的主人，我希望你尊重我；作为你的国王，我命令你准许我们离开。

路易十六的请求打动了杂货商人，也打动了围绕在他身边的人。许多人流下了眼泪。他们流露出犹豫的神情。平心而论，他们愿意放路易十六过去。很难想象会有比这更感人的情景。1791年6月21日午夜，火把和蜡烛闪烁着昏暗的光线，警钟急促的声音划过寂静的夜空，久久不停歇。衣冠不整的农民和工匠聚集在小酒馆。路易十六站在那里向他的臣民乞求自由和生命。他这样做不是为了自己，而是为了他的妻子和两个孩子。孩子们枕着父母亲的臂弯，突然从睡梦中惊醒。他们又累又怕，看着眼前奇怪的景象，心中的恐惧不可言喻。他们不知道自己的处境有多危险。玛丽·安托瓦内特王后坐在杂货店的货物上，与孩子们紧紧依偎在一起。她流着绝望的泪水，带着与生俱来的王后的尊严乞求同情和正义。她希望市长的妻子有一颗善良的心。玛丽·安托瓦内特王后向市长的妻子哀求着。任何人遇到这种情况都会起恻隐之心。

玛丽·安托瓦内特王后哀求道：“你是一位妻子，也是一位母亲。另一位妻子和母亲的命运就握在你的手里。想一想我为丈夫和孩子经历的一切。只要你一句话，所有的功劳都属于你。你对法兰西王后的恩情胜过她的王位和生命。”

自私而精明的市长夫人回答道：“如果没有风险，我很乐意帮助你。你为你的丈夫着想，我为想我的丈夫着想。妻子的首要任务就是为自己的丈夫着想。”

所有的努力都无济于事。玛丽·安托瓦内特王后牵着两个孩子，与伊丽莎白夫人一同上楼，来到杂货店二楼的房间。她在那里可以避开公众的视线。玛丽·安托瓦内特王后瘫坐在椅子上，泪如雨下，痛苦不已。警钟鸣叫着，没有停。

关于逮捕路易十六的电报已经送达巴黎。周边的居民都来到了瓦雷讷-昂纳戈讷。国民自卫军的士兵都憎恨路易十六，他们很快从四面八方赶来，在瓦雷讷-昂纳戈讷汇集。街道上设置了路障，防止忠于王室的士兵前来营救。时间就这样一点点流逝，令人窒息。1791年6月22日清晨，越来越多的人来到瓦雷讷-昂纳戈讷。他们在彼此的鼓励下变得更加粗暴、残忍。人们不停地诅咒、谩骂和侮辱被俘的逃亡者。玛丽·安托瓦内特王后经历了愤怒、恐惧和绝望，忍受了常人难以想象的巨大心理折磨。她的头发前一天还是褐色，这个清晨却变得雪白。这恰恰证实了路易十六和玛丽·安托瓦内特王后这一行经历了多少难以想象的悲伤。

1791年6月21日早上7时，宫廷仆役走进路易十六和玛丽·安托瓦内特王后的寝室时才发现床铺没有被动过，房间里空无一人。人们这才意识到路易十六离开了巴黎。警报如野火般在杜伊勒里宫和巴黎蔓延。警笛轰鸣，炮声震天，巴黎的大街小巷都回响着“国王逃跑了”的声音。民众非常惊恐，仿佛下一刻路易

王室在瓦雷讷－昂纳戈讷

十六就会带着复仇的军队以最恐怖的手段报复反叛的人。通向杜伊勒里宫的每一条街巷上都挤满了人。人们如洪水一般涌向空荡荡的宫殿。他们砸开了门，一拥而上，进入杜伊勒里宫。他们用尽所有粗鲁的行为和猥亵的言语玷污这座王室圣殿。市场上一个凶悍的女人躺在玛丽·安托瓦内特王后的床上，在床上撒满樱桃；她还坐在玛丽·安托瓦内特王后的沙发上大喊："今天轮到我们休息了。"玛丽·安托瓦内特王后的帽子成了一个粗野的女孩嘲讽的对象。这个女孩宣称戴着玛丽·安托瓦内特王后的帽子只会玷污了自己，于是轻蔑地将帽子踩在脚下。人们无所不用其极地羞辱王室。墙上的海报声称，如果有人能够将逃离宫殿的肮脏动物带回来，他将得到不菲的奖励。整个城市躁动不已。民众认为必须在路易十六遇到朋友、得到他们的保护之前逮捕他，即使手段激进也在所不惜。这场骚乱持续了好几个小时。直到街道上传来"抓住他了"的呼喊，骚乱才停止。

第 8 章

路易十六、玛丽·安托瓦内特王后与民众的暴行

精彩看点

路易十六的姐姐伊丽莎白夫人——王室成员返回巴黎的凄惨旅程——安托万·皮埃尔·约瑟夫·玛利·巴纳夫与热罗姆·佩蒂翁·德·维尔纳夫对待王室成员的不同态度——国民议会保护王室成员——拉法耶特侯爵吉尔伯特·德·莫蒂尴尬的立场——路易十六与安托瓦内特王后在杜伊勒里宫受到严密监视——路易十六拒绝签署迫害神职人员提案——路易十六、安托瓦内特王后遭受凌辱这一夜是多么漫长。路易十六被拘禁在瓦雷讷-昂纳戈讷的杂货店。他万分焦虑，时刻盼望着布耶侯爵弗朗索瓦·克劳德·阿穆尔派兵前来营救。但国民自卫军的人都支持革命，而且人数众多。路易十六已经失去了重获自由的希望。太阳照在瓦雷讷-昂纳戈讷的上空，也照在沮丧的路易十六身上。路易十六了解自己的处境，已经不再抱有任何希望。街道上满是愤怒的人群，他们从四面八方赶来，汇集在杂货店前。逃亡路上的孩子们在疲惫中沉沉睡去。路易十六的姐姐伊丽莎白夫人是全世界最温柔可爱的人。她在一生经历的所有考验中都显示出天使般的爱心。伊丽莎白夫人不顾自己的安危，诚挚地为路易十六和玛丽·安托瓦内特王后祈祷，希望他们能够得到救助。

为避免布耶侯爵弗朗索瓦·克劳德·阿穆尔得知路易十六被捕的消息后派人来营救，国民议会迅速完成了押送俘虏到巴黎的准备工作。路易十六极力拖延以推迟出发时间。当所有人被押往马车时，玛丽·安托瓦内特王后的一个随从假装生了重病。但人们早已不耐烦等待，不允许任何拖延。民众一边叫喊，一边恐吓着将王室成员推入马车。三四千名国民自卫军士兵护卫着这段令人忧伤的行程，国民自卫军部队后跟着极大一批群众。群众的人数在行进的途中还在不断增加。马车朝向巴黎缓慢前进。逃亡者在艰难的旅程中饱尝愤怒的敌人给予他们的羞辱，刚刚丢弃不久的恐惧情绪又回到了他们心头。道路两侧挤满了人。人们嘲笑着、用粗鄙的姿势侮辱着逃亡失败的可怜人。瓦雷讷-昂纳戈讷距离巴

王室在国民卫队的护送下返回巴黎

黎一百八十公里。行程昼夜不息，吃饭和休息的时间加起来不超过一个小时。王室成员忍受着常人无法承受的折磨。马车每前进一步，他们就被卷入新的诽谤的浪潮中。群众的愤怒让国民自卫军士兵担心自己很难保护俘虏免受杀害。人们一次次地涌向马车，一次次地被被全副武装的士兵击退。路边一位习惯向王室行礼的老先生看到如此忧伤的情景，难免心生悲痛。他脱下帽子，露出花白的头发，礼貌地向王室鞠躬，用悲悯的语调说了些什么。愤怒的人群像狮子一样扑向老先生，在路易十六和玛丽·安托瓦内特王后的眼前将他撕碎。押送王室的车轮几乎要从老先生鲜血淋漓的尸体上轧过。

队伍行进到最后，遇到了国民议会的委员们，他们被巴黎公会派来接管路易十六。安托万·皮埃尔·约瑟夫·玛利·巴纳夫委员和热罗姆·佩蒂翁·德·维尔纳夫委员对人民的残暴行为感到十分羞愧，他们走进王室成员乘坐的马车，同他们一起面对危险。国民议会的委员们虽然可以抵挡死亡，但无法制止人们对王室的侮辱和暴行。王室成员悲伤地前进时，一位受人尊敬的教士靠近马车，他的脸上流露出对颓败王室的尊敬和同情。这在精神上冒犯了群众，人们不能忍受神父对王室流露同情。他们冲向了手无寸铁的教士。如果不是安托万·皮埃尔·约瑟夫·玛利·巴纳夫委员及时并积极的干预，这位教士也会被杀死在路上。安托万·皮埃尔·约瑟夫·玛利·巴纳夫委员从车窗边向外呼喊："法兰西啊，你的子民该是勇敢的战士，难道他们要变成滥杀无辜的屠夫吗？"这位具有贵族精神的年轻人对可怜的国王一家表示同情，也因此赢得了王室对他的感激。热罗姆·佩蒂翁·德·维尔纳夫则正好相反，他生性粗鲁、野蛮。更糟糕的是，作为一个民主主义者，他对待王室非常残暴粗鲁。热罗姆·佩蒂翁·德·维尔纳夫轻蔑地躺在马车的座位上吃着西瓜和苹果。不知是不是有意为之，当他将苹果核扔向窗外时，苹果核居然碰到了路易十六的脸上。从热罗姆·佩蒂翁·德·维尔纳夫的言行中不难看出，他以伤害王室感情为乐。

队伍越靠近巴黎，马车边聚集的人就越多，人们愤怒的情绪也越高涨。国民议会的委员们当然要保护王室免遭暴民的袭击。王室成员被人当街杀害是一件非常不体面的事情，国民议会并不想让自己的国家蒙受耻辱。如果群众的情绪得不到控制，王室成员在城市中穿行时一定会喋血街头。巴黎的每一面墙上都贴有"致敬国王者遭鞭笞，侮辱国王者受绞刑"的海报。马车驶向巴黎郊区。人越来越多，场面也越来越混乱，暴力活动也随之持续升级。臭名昭著的恶棍倾巢而出，如果可以，他们会杀死被囚禁的王室成员。这一天闷热到令人窒息。挤着坐在皇家马车上的十个人各个面颊通红、呼吸困难。从街道和刺刀上涌来的热浪令人窒息，尘土随着空气的流动充斥着整个车厢。孩子们太辛苦，玛丽·安托瓦内特王后一直担心他们会生病死去。玛丽·安托瓦内特王后放下车窗，恳求窗外的人给虚弱的孩子一杯水："看看吧，先生们！我的孩子都成这样了，有一个已经上不来气。"车窗外的人蛮横地回复："我们会换一种方法掐死他们，还有你。"人群好几次冲破马车旁的警戒线将马推倒，他们还爬上踏板，将紧握的拳头从车窗口伸进来挥舞着。在铿锵军刀的掩护下，在嗜血人群的谩骂中，在因马车撞击而发出的哀叫声里，队伍坚定不移地继续行进。

1791年6月25日晚7时，可怜的车队终于通过凯旋门进入巴黎城区，再穿过街道抵达杜伊勒里宫。当所有人到达宫殿时，在失望中挣扎的王室成员已疲惫不堪，人人都是半死不活的样子。路上的人实在太多，国民自卫军的士兵费了九牛二虎之力才打开杜伊勒里宫门。此时，拉法耶特侯爵吉尔伯特·德·莫蒂前来迎接王室成员。他一直以来都采取最积极的措施保护王室。玛丽·安托瓦内特王后一看到拉法耶特侯爵吉尔伯特·德·莫蒂，就不顾自身安危，为冒死保护王室的护卫们高呼："拉法耶特先生，快救救护卫们！"路易十六和玛丽·安托瓦内特王后从马车上下来。士兵抱着孩子们穿过人群到达宫殿。一个曾对路易十六怀有敌意的国民议会代表伸出手臂想保护玛丽·安托瓦内特王后。玛丽·安托瓦内特王后看了他一眼，愤怒地拒绝了这个人的帮助。玛丽·安托瓦内特王后的朋友走上前来，扶着玛丽·安托瓦内特王后的胳膊登上通往宫殿的台阶。路易十六和玛丽·安托瓦内特王后走进了宫殿。这座豪华监狱的大门重新关闭时，外面的群众发出的雷鸣般的怒吼响彻了整个宫殿。

拉法耶特侯爵吉尔伯特·德·莫蒂是国民自卫军司令，是人民权利的坚定拥护者；同时，他也希望公众能尊重国王的权利，确立君主立宪制。天生不屈不挠的玛丽·安托瓦内特王后一进入宫殿就来到拉法耶特侯爵吉尔伯特·德·莫蒂面前，将首饰盒的钥匙交给了他。玛丽.安托瓦内特王后将拉法耶特侯爵吉尔伯特·德·莫蒂当成是监狱长，这让拉法耶特侯爵吉尔伯特·德·莫蒂非常伤心，他拒绝接受钥匙。玛丽.安托瓦内特王后愤怒地将钥匙放入他的帽子。拉法耶特侯爵吉尔伯特·德·莫蒂说："陛下会拿回钥匙的，我肯定不会染指它们。"

当时拉法耶特侯爵吉尔伯特·德·莫蒂的立场非常尴尬。他的确是王室人员的看护者，可以用生命保护王室的安全。拉法耶特侯爵吉尔伯特·德·莫蒂希望看到法兰西享有自由的制度，法兰西的人民可以和美国人民一样享有权利；同时他也希望保护王室成员免遭暴力和侮辱。人民愤怒的暴风雨已经来临，他既不知道如何控制也不知道如何引导，只能竭尽所能保护王室，同时关注事态发展，希望在法兰西确立宪法，建立君主立宪制。

路易十六的漫画形象，他在为普通民众干杯

杜伊勒里宫遵照国民议会的命令加强了戒备，通往宫殿和花园的铁门都上了锁。允许拜访王室的人员名单也得以确定，名单之外的人一概不准进入。每扇门、每条通道都有士兵把守。连接路易十六和玛丽·安托瓦内特王后寝室的走廊里也站着全副武装的士兵。路易十六和玛丽·安托瓦内特王后的寝室门在任何时候都不允许关闭。专门有一名护卫在门口盯着房间里的人。没有人会考虑到女性的羞涩。玛丽·安托瓦内特王后只好在面无表情的士兵的看守下休息。很难想象，在这样一个文明的国度，人民会放任如此野蛮的行径。人类的正常感情似乎都已远离法兰西。晚上，一个侍女将自己的床放在玛丽·安托瓦内特王后的床和敞开的大门中间。她或许想用这样的方式保护女主人。巨大的灾难裹挟着路易十六，这一次打击似乎让他彻底气馁、屈服。路易十六连续十天不与任何人沟通。他要么独自踱步，要么安静地坐着，终日在冷漠、绝望和悲伤中郁郁寡欢。后来，玛丽·安托瓦内特王后带着孩子跪在路易十六面前，恳请他看在她和孩子的份上鼓起勇气。玛丽·安托瓦内特王后说："我们都会死，但请让我们以君主的姿态死去，而不是在卧室里顺从地等着被人勒死。"漫长而恐怖的秋冬季节过去了，悄然来临的春天也在悄然离去。路易十六和玛丽·安托瓦内特王后的心头偶尔闪现希望的曙光，但革命的风暴从未停止，而且越来越黑暗、恐怖。整个法兰西陷入混乱的无政府状态，这里已经没有法律。每天都有杀人犯被宣判无罪，暴民手中拥有各种权利。路易十六和玛丽·安托瓦内特王后在任何地方都无法逃避羞辱。在国民议会上，在街道里，与暴力有关的演说召唤民众尝试新的暴行。路易十六拒绝签署迫害神职人员的提案是引发群众暴行的直接原因。悲惨、低贱但邪恶的民众挤满了巴黎的顶楼和地下室。1792年6月20日，来自四面八方的狂徒在巴黎聚集。他们无法无天，犯下的罪行足以毁掉整个巴黎。狂徒手拿旗帜，无所畏惧地展示着自己的暴行，凭直觉走向杜伊勒里宫。空气中回荡着野人般的吼叫。有的长矛上戳着血淋淋的心脏，下面写着"这是贵族的心脏"；还有的长矛上绑着玩具娃娃，玩具娃娃的脖子吊在十字架上，下面写着"绞架送给可恶的奥地利人"。如野兽一般的人群将宫殿团团围住，像是暴风雨中的海浪来回起伏。路易十六和玛丽·安托瓦内特王后站在窗边看着聚集的

暴民杀害一名神职人员

人群。愤怒的声音撕破天空，比海水咆哮更加可怖。路易十六和玛丽·安托瓦内特王后本能地与孩子们抱作一团，显得极其无助。伊丽莎白夫人拥有最圣洁的想法和天使般的灵魂。她不顾自己的安危，愿意为最挚爱的兄长献出生命。路易十六希望宫殿的围墙和驻扎在宫殿里的士兵能够保护他们。进入凡尔赛宫的大门很快被斧头破开。人群如决堤的洪水般涌入宫殿。士兵故意将手枪里的弹药退膛，以此告诉暴徒不用害怕他们。火炮手冷静地调整炮口，直指宫殿。斧头和铁棍瞬间将门从门框上剥离。愤怒的醉汉和底层人民带着棍棒、手枪和刺刀一涌而入。人流穿过大厅，穿过房间。在这宫殿里的历代国王都享有无上的声

1792 年的玛丽 · 安托瓦内特王后

势和权力。路易十六的仆人们在惊恐中四处逃窜。人群一边呼喊一边往里冲，推倒遮挡在他们面前的大门，一直到王室成员躲避的卧室前才停下。路易十六虽然精神不济，但勇气尚佳。他放开抱成一团的妻子、姐姐和孩子们，走进隔壁的房间，独自面对攻击者。路易十六刚进入房间，上了锁的门就被人群撞倒了。人们就站在路易十六面前。此时的路易十六平静而高贵，让人群不敢再前进一步。他丝毫没有紧张，冷静地看着众人。人群中后面的人推挤着前面的，整个人群还是在向前移动。正在此时，路易十六的三位朋友冲破人群走上前，挡在路易十六的面前保护他。有一个手持利矛的醉鬼打算戳破路易十六的心脏。一位英勇的市民将醉鬼绊倒，人群立即踏上醉鬼的身体继续向前进。房间里充斥着诅咒和誓言。匕首和佩刀寒光凛凛。路易十六高贵的国王气质只能暂时逼退人群。一些国民自卫军军官意识到路易十六正在面对的险境，设法来到路易十六的身边，将路易十六塞进一个窗户的射击口，军官们自己作为盾牌挡在路易十六前面。路易十六只想将人群的注意力从家人躲着的那个房间移开。他看到姐姐伊丽莎白夫人带着恳求的表情奋不顾身地挤到他身边，展开手臂想要同他一起分担危险。有人喊道："那是王后！"武器立即瞄向了伊丽莎白夫人；另外有人大喊："那是伊丽莎白夫人！"伊丽莎白夫人的友爱精神赢得了暴民的尊重。没有人袭击她。伊丽莎白夫人大喊："啊，你为什么要提醒他们？如果我能替王后去死，我就可以挽救她的性命！"伊丽莎白夫人冲过汹涌的人流，挤进另一个射击口。她毫无防备地将自己置于危险中。人群像蝗虫一样爬上阳台，站在窗边。每一寸地板上都站着人，空气中满是嘲笑声。没能闯进宫殿的人不停地问："你们杀死国王一家了吗？快把他们的头扔出来。"

来到路易十六身边的朋友们拦下了人群对他的攻击，不得不承认，这是个奇迹。有人伸出一杆长矛，长矛一端挑着代表雅各宾派的红帽。众人不约而同地喊着："让他带上帽子！这是爱国的标志！他如果是爱国者就一定会戴上帽子！"路易十六微笑着取下红帽，戴在自己头上。善变的人群中立即响起"国王万岁"的口号。权力的徽章戴在备受侮辱的国王头上，人民获得了胜利。

此时，一个年轻人站在杜伊勒里宫的庭院中目睹了群众的暴行。他愤怒到

青年时期的拿破仑·波拿巴

血脉贲张。这个年轻人走到窗前，看到路易十六戴着红帽，心中无法忍受这样的窘境。年轻人立即转身离开，边走边喊："无耻之徒，无耻之徒！他们就该吃枪子！"这是法国大革命以来拿破仑·波拿巴的第一次亮相。

路易十六在房间里忍受折磨的同时，玛丽·安托瓦内特王后在另一个房间里忍受着同样凶残的侮辱和暴行。在人民眼中，玛丽·安托瓦内特王后的所有特性都令人仇视。人们坚信，作为妻子的玛丽·安托瓦内特王后声名狼藉、傲慢专横、离经叛道；作为奥地利人，她痛恨法兰西，竭尽所能地说服外国军队侵略法兰西王国；她不仅教唆路易十六逃跑，还怂恿路易十六领导入侵法国的军队。玛丽·安托瓦内特王后对民众的仇恨心态非常了解，她明白自己的存在只会激化人民对路易十六的愤恨，因此她和孩子们一起留在了卧室。但这最后的避难所还是被攻破了。玛丽·安托瓦内特王后的朋友将房门关上、锁好，但人群还是冲破了结实的橡木板，整扇门都倒了下来。一大群身处最粗鲁、最堕落的社会底层的卑鄙女人冲进了房间，用最恶毒、最猥亵的话语侮辱玛丽·安托瓦内特王后。玛丽·安托瓦内特王后站在窗台上，身为王后的尊严让她无所畏惧。玛丽·安托瓦内特王后的朋友们围绕在她的周围，在她前面放置了一张桌子，希望可以保护她。玛丽·安托瓦内特王后的女儿玛丽-特蕾莎·夏洛特公主已经十四岁，长长的卷发垂在额头和肩上，非常漂亮。玛丽-特蕾莎·夏洛特公主紧紧地抱住母亲。她想到的不是自己，她只想用自己的身体挡住刺向母亲心脏的匕首。玛

玛丽－特蕾莎·夏洛特公主紧紧地抱住母亲玛丽·安托瓦内特王后

丽·安托瓦内特王后七岁的儿子王储路易·查理紧紧地抓着她的手，手足无措地看着这个恐怖的场景。人群的喧闹声震耳欲聋。玛丽·安托瓦内特王后和她的孩子们如此的可爱又无助，人们几乎要放下武器。人群一直在移动，后面的人难免会在推搡中推到前面的人，善良的人或许会在此时说一两句好话。一个穿着整齐、长相可人的小女孩挤了过来，用最粗俗不堪的脏话责骂玛丽·安托瓦内特王后。

玛丽·安托瓦内特王后问她："你为什么这么恨我呢？我的朋友，我做了什么事情伤害或者冒犯到你了吗？"

小女孩回答："不，你没有伤害我。但你给国家带来了灾难。"

玛丽·安托瓦内特王后反驳道："可怜的孩子，他们是这样告诉你的，他们也是这样欺骗你的。我为什么要让我的人民困苦？我是国王的妻子，王储的母亲。扪心自问，作为母亲和妻子，我是法兰西人。我再也无法见到奥地利。无论是否开心，我都只能在法兰西。只有你们爱我，我才快乐。"

小女孩的心显然有所触动，她流着眼泪说："好王后，请原谅我。我不理解你，但我知道我被骗了。你真的很好。"

长达数小时的羞辱与痛苦终于结束。国民议会召开了会议。路易十六的朋友们敦促国民议会采取措施营救王室，使王室免遭侮辱、脱离险境。但他们的努力招致多数人的嘲讽。人们希望恐怖的暴乱能使路易十六同意民众的任何提案。夜的来临让这恐怖的景色更加阴郁。最终连王室的宿敌都认为，杜伊勒里宫的走廊、大厅、议事厅中有四万名暴民，将王室成员留这里很不安全。路易十六在过去的几个小时中受尽侮辱。国民议会的主席在最后一刻挤进房间。

这位神秘的法律代表说："我刚刚才知晓国王您的处境。"

路易十六回复道："那倒是新鲜，这处境已经持续了很长时间。"

国民议会主席踩在四名掷弹兵的肩膀上向人群喊话，要求人们退散，离开杜伊勒里宫。人群在长时间的激愤后开始显露疲态。人们慢慢地从宫殿和寝室退出。1792年6月20日晚8时，杜伊勒里宫寂静而阴郁。人群退散时，路易十六拥着妹妹伊丽莎白夫人立即赶往玛丽·安托瓦内特王后的寝室。玛丽·安托瓦内特王后面对种种恐怖的情景时如英雄一般毫不退缩，但危险过去后，她扑进丈夫的怀抱大声痛哭，悲痛欲绝。当大家互相拥抱，安静地为自己的存活感到庆幸时，路易十六在镜子中看到忘记拿下的红帽。他将这屈辱的标志扔在地上，转向玛丽·安托瓦内特王后，满含泪水地叫道："夫人，我为什么要将你从奥地利带来，让你忍受这样的耻辱？！"

人群散去后，国民议会的几位代表来到杜伊勒里宫，听玛丽·安托瓦内特王后讲述过去五个小时的恐怖经历。其中有一个非常痛恨玛丽·安托瓦内特王后的人都忍不住流下眼泪。玛丽·安托瓦内特王后对这个人说："国王热爱他的子民。你也不忍心看到人民如此对待国王和他的家庭。"

这个代表恶狠狠地回答："是的，女士。我为一位美丽的女士、一位母亲、一个家庭的不幸遭遇而哭泣。但请你不要误会，我没有一滴眼泪会为国王或王后而流。我痛恨他们。这是我对他们唯一的感情，也是我的信仰。"

时间并没有停止。可怕的白天之后是恐怖的夜晚。今夜，杜伊勒里宫里无人入睡。王室成员无法在卫兵恶狠狠的监视下互诉衷肠、安慰彼此。王室成员的周围都是仇视王室的人，他们的任何言语和行为都被反对者如数掌握。逃跑完全没有可能。过去发生的事已经表明没有部队会保护他们。每个人都觉得更糟糕的事情还在后面。

以上事件都发生在1792年6月20日。1792年7月14日，战神广场上举办了大型的庆祝活动，纪念法兰西第一共和国成立一周年。路易十六和玛丽·安托瓦内特王后被迫参加活动并发表讲话，表达他们对人民胜利的庆祝。王室的一些朋友担心路易十六和玛丽·安托瓦内特王后遭人暗杀，希望他们穿上胸甲，这样可以抵挡一波攻击，为朋友们的营救争取时间。为路易十六准备的胸甲由十五层意大利塔夫绸制成。路易十六可以将它穿在马甲和宽腰带下面。胸甲在使用前通过了测试，可以抵挡刺刀和子弹。康庞夫人将这件胸甲藏在自己的衬裙下面，一连三天都在寻找机会让路易十六在不引起监视者注意的情况下穿上胸甲。一天早上，在玛丽·安托瓦内特王后的寝室，机会终于来了。路易十六一边穿胸甲一边对康庞夫人说："我这样做只是希望王后安心，因为人们改变了计划。他们不会暗杀我，而会采取其他的方式杀死我。”玛丽·安托瓦内特王后也有胸甲，但她并不知道朋友们为她做了准备，而且她也拒绝穿上它。她说：“如果我死了该有多好。我会离开这个痛苦的世界。或许我的死亡还可以拯救我的家人。”

终于到了1792年7月14日。路易十六、玛丽·安托瓦内特王后和王储路易·查理被拉去游行。他们怀着悲伤的心情，像庆祝东方大捷中的俘虏一样带着悲戚的表情走在队伍的前面，从杜伊勒里宫走到战神广场。军队很难控制住愤怒中渴望杀死王室的人群。谩骂声贯穿着整个游行过程。王室成员的泪水早已流干，失望悄无声息地笼罩着他们。路易十六一家怀着沮丧的心情回到杜伊勒里宫，再也没有出现在巴黎的街道上，直到被处决的那天。

第 9 章

玛丽·安托瓦内特王后被囚圣殿塔

精彩看点

玛丽·安托瓦内特王后差点儿被暗杀——反法联军攻入法兰西——法兰西的三股政治力量——路易十六与安托瓦内特王后无惧死亡——迅速而恐怖的屠杀——王室成员被转移到斐扬派修道院——玛丽·特蕾莎·路易丝的悲惨命运

王室遭受的侮辱和痛苦与日俱增。王室成员认为自己的食物被下了毒。他们不会碰国民议会的人端上桌的饭菜，会将食物原封不动地退回。只有寝室的侍女偷偷送食物给王室成员。有一天，玛丽·安托瓦内特王后忧伤地站在窗边看向杜伊勒里宫壮丽的花园。站在窗前手持刺刀的士兵抬头看着她说："该死的奥地利女人，我真想用刺刀挑着你的头，将它撕破后扔到墙外喂狗。"在玛丽·安托瓦内特王后的窗前保护她的就是这样一群人。玛丽·安托瓦内特王后只要在花园出现，就会受到更多侮辱。一天晚上，一个刺客手持锋利短刀，试图潜入玛丽·安托瓦内特王后的寝室。刺客与护卫在窗外打斗的声音将玛丽·安托瓦内特王后吵醒。最终刺客被捕。玛丽·安托瓦内特王后叫道："这是什么日子呀！白天辱骂，晚上暗杀。放他走吧，他是来暗杀我的。如果他能得逞，雅各宾派明天一早一定会簇拥着他在巴黎的街上炫耀。"

现在，联军和逃亡贵族的部队共十五万人进入了法兰西，试图武力营救法兰西王室成员。他们发表了一份宣言，宣言上写道："联合政权将使用武力终止在法兰西肆意蔓延的无政府状态，并恢复法兰西国王被剥夺的合法权利和自由。"这份宣言让巴黎人民认为，如果他们不立即释放路易十六并让他重掌大权，巴黎这座城市将被彻底摧毁，路易十六的反对者也会砍掉他们的脑袋。这份宣言和联军入侵法兰西的事实引起了法兰西人民更强烈的愤怒。数以万计的年轻人带着对王室的憎恨从法兰西各地涌向巴黎。路易十六宣称不赞同联军的暴行，还说他将带领法兰西军队抵抗入侵。但他的努力无济于事。

数以万计的年轻人涌向巴黎

法兰西政坛上有三股力量。第一派是保皇派，由国王和贵族组成，他们希望重新建立君主专制；第二派是吉伦特派，他们希望推翻国王的统治，由拥有智慧和财富的市民执政并建立共和国；第三派是极左民主党人即雅各宾派，他们希望劳苦大众脱离落魄、穷困、耻辱，联合中间阶级推翻王权、获得权力，消除财富和阶级差别。后两派联合起来想要推翻国王的统治。国民议会很快意识到王权必须完全废除。来到巴黎的民众叫嚣着："只有推翻王权才能保障议会代表的生命安全。"十五万人的军队向巴黎挺进。议会代表们担心曾施加给王室的耻辱未他们招致可怕的报应。笼罩着法兰西首都的困惑与惊愕没有人可以言明。暴民宣称，除非路易十六在1792年8月9日退位，否则他们将攻击王宫、屠杀王室。巴黎公会的代表意识到意见出现了分歧。他们在两难的境地摇摆不定，最终没有采取任何措施。每个人都知道充满骚乱和暴力的夜晚即将来临。数百位绅士在路易十六和玛丽·安托瓦内特王后身后聚集，发誓与王室共生死。杜伊勒里宫周围为驱散民众部署了几个军团的部队。但大家都知道，这些军队更同情人民，不会反对他们。太阳落山后，街道上昏暗的灯光从夜色中穿过。杜伊勒里宫里满是全副武装的人。路易十六周围的绅士们明白他们无力保护国王，只能与国王共同面对危险的处境。玛丽·安托瓦内特王后和伊丽莎白夫人走上杜伊勒里宫的最高处，站在阳台的角落里，从窗口向外眺望这个纷乱的城市。警钟庄严的声音如风暴一般穿过街道，越来越大，不可抵御。它压过了城市中其他的所有声音，穿透夜空，召唤法兰西的亡命之徒集合，准备向杜伊勒里宫进攻。火炮轮子移动的轰鸣和步枪频繁射击的声音都在宣示陷入兴奋的人群的决心。玛丽·安托瓦内特王后与伊莉莎白夫人在黑暗与寂静中看着炼狱般的场景，听着魔鬼降临般的声音。她们的心脏在剧烈地跳动。她们明白，这些可怕的事情都是必然的经历。玛丽·安托瓦内特王后没有哭泣。她面色苍白，带着王后的尊严走下楼梯，走进王储路易·查理的寝室。漂亮的儿子已经睡熟。玛丽·安托瓦

暴徒洗劫巴黎

暴徒包围杜伊勒里宫

内特王后凝视王储路易·查理片刻，弯腰在儿子的脸颊上印上母亲的吻。她没有哭泣。玛丽·安托瓦内特王后又来到女儿玛丽-特蕾莎·夏洛特公主的寝室。玛丽-特蕾莎·夏洛特公主多么可爱！十五岁的女儿正值含苞待放的年纪。伊丽莎白夫人在危险的环境中无法入眠。玛丽·安托瓦内特王后将女儿紧贴在胸前，王后的荣耀已经被母亲的温柔取代。玛丽·安托瓦内特王后抱着女儿放声痛哭，门外传来士兵无情的嘲笑。这一夜，时间静静地流淌。喧闹声越来越大，杜伊勒里宫周围聚集的人也越来越多，宫殿周围的躁动也越来越可怕。一切都无法用语言描述。七百名勇士来到路易十六身边，同路易十六一起分担王朝的命运。然而，在成千上万想要杀死路易十六的人面前，这些抵抗显得太微不足道！

令人战栗的午夜终于来临。玛丽·安托瓦内特王后精疲力尽地瘫坐在沙发上。此时，院子里响起了步枪的声音。玛丽·安托瓦内特王后平静而失望地说："这是第一枪，但绝不会是最后一枪。我们去陪国王待在一起吧！"玛丽·安托瓦内特王后和伊丽莎白夫人来到窗边。东方的天空渐渐变红，露出几缕阳光。伊丽莎白夫人说："过来，看看日出。"玛丽·安托瓦内特王后伤心地来到窗边，凝视着冉冉升起的太阳。她感觉太阳下山之前，她和她所爱的人都会进入另一个世界。阳光将恐怖的景象描绘得更加清晰。愤怒的人群挤满通往宫殿的所有道路，花园和庭院里布满了军队，他们在这里保护王权。军队的士兵明显更同情愤怒的民众，他们和民众交换标志，互相问候。玛丽·安托瓦内特王后担心孩子们躺在床上可能会遭遇暗杀，因此给他们穿上衣服后，将他们留在了自己和路易十六的身边。有人要求路易十六走进庭院，站在保护他的军队中间，因为他的出

路易十六来到军队中间

人们运来重炮，对准杜伊勒里宫

现可能会激起人们的热情与同情。路易十六、玛丽·安托瓦内特王后、伊丽莎白夫人和孩子们怀着激动的心情来会见他们的守卫者，迎接他们的却是嘲笑、侮辱和怒吼。有的炮手离开炮塔、伸出拳头在路易十六面前挥舞，用最恶毒的语言侮辱路易十六和玛丽·安托瓦内特王后。路易十六一家立刻在愤怒和失望中返回宫殿。很快有一位官员跑来告诉路易十六，一切抵抗都是徒劳。已经有四门大炮瞄准了宫殿的大门，人们又运来十二门重型炮。整个巴黎的人都带着武器集结在一起，准备攻击国王路易十六；在杜伊勒里宫保护王室的士兵也不值得信赖。国民议会的官员说："来不及了，你们再不去公会，都会死在这里。一定要让公会来保护你们的人身安全。"听闻要向最可恶的敌人国民议会求助，玛丽·安托瓦内特王后的心中的骄傲瞬间升起，她镇定地答道："我宁可被挂在宫殿的墙上，也不愿向国民议会求助。"玛丽·安托瓦内特王后非常勇敢，她从一位军官腰间取出两把手枪递给路易十六说："现在轮到你表态了。如果我们必须死，请让我们光荣地死去。”路易十六平静地接过手枪还给军官。国民议会的这位官员说：“夫人，如果国王、你们的孩子和在此保卫你们的人死去，你能对他们负责吗？巴黎到处都是游行的人。时间紧迫，再耽误就真的来不及了。”玛丽·安托瓦内特王后看了女儿一眼。身为母亲，为女儿担忧的心情已经占据了她的整个心灵。玛丽·安托瓦内特王后面色惨白，像是血液完全凝固。她缓缓站起身对官员说：“我们走吧。”此时是1792年8月11日早上7时。

路易十六和玛丽·安托瓦内特王后带着伊丽莎白夫人、两个孩子和几位朋友走下杜伊勒里宫的楼梯，在军队的保护下穿过愤怒的人群走向国民议会的会议厅。楼梯上，一大群人愤怒地打手势，他们拒绝王室离开杜伊勒里宫。现场非常混乱，王室人员在混乱中走散。他们混杂在人群中停了一会，听到的都是恶毒的辱骂。直到有一位代表喊道“国民议会命令王室成员参加会议”，人群中才让出一条路。悲伤的王室成员穿过一扇门进入庭院。他们在几位朋友的帮助下，穿过了警告、侮辱、闪着寒光的刺刀和数不清的危险，终于抵达国民议会大厅。路易十六费了九牛二虎之力才走进议会大厅，大厅门口都是想杀死他的人。这些人仿

暴徒在杜伊勒里宫与忠于王室的军队交战

佛被看不见的手挡在了后面。路易十六一进入国民议会大厅，就庄严地对主席说："我来到这里是为了让国家避免犯更大的错误。现在，我将我自己和我的家人都交付给你。"路易十六和家人坐在一条长凳上。悲伤和平静充斥着整个大厅。没有比这更令人更心碎的场景了。一位父亲、一位母亲、一位天使般的姑姑和两个孩子找到了暂时的避难所，免受"食人族"的威胁。议会厅周围的民众如饿狼般一边吼叫一边敲门，他们想要闯入大厅，用鲜血报复王室。大家都担心他们会一拥而入，用王室的鲜血洒满这间王室寻求庇护的圣殿。

主席的座位后面有一个约十英尺宽的隔间，里面有为记者设置的专座，专座前面有铁护栏。王室成员在包厢里抱成一团，寻求庇护。路易十六的几位朋友围在包厢周围。天气炙热得如同在屋里点燃了壁炉。箱子空间狭小，路易十六一家在里面几乎无法呼吸。王室成员刚躲进这脆弱的防御工事，外面就传来他们的朋友们被刺刀戳中、倒下的声音。这声音在警告王室，无情的群众随时会踏破房门冲进来。路易十六在如此恐怖的环境中竟异常平静、安详，他像是一名观众在漠然地观看自己不感兴趣的事情。玛丽·安托瓦内特王后潮红的脸上写满不可战胜的坚毅，她愤怒地看着眼前惊悚而令人困惑的"戏剧"。年轻的玛丽-特蕾莎·夏洛特公主一直在哭泣，脸上留下被热气熏干的泪痕。王储路易·查理像他的父亲一样冷静自若。大厅外的炮鸣和宫殿里的枪声告诉王室成员和已被吓坏的议会代表，可怕的斗争——或者叫屠杀——已经开始。路易十六和玛丽·安托瓦内特王后离开杜伊勒里宫时，民众就已经闯入了宫殿。数百名效忠路易十六的瑞士护卫仍然在杜伊勒里宫战斗。这场斗争，更准确地说，这场谋杀，迅速而恐怖。愤怒的人群闯入宏伟的宫殿，杀死他们遇到的所有王室的朋友，不分性别，无论老幼。被杀死的人的尸体从窗口投下，填满了花园、大厅和庭院。宫殿里的人四处逃窜，但躲避和逃跑一样绝望。这些可怜的人从窗口跳出，想爬上大理石雕像。民众为了不损坏雕像，没有向这些可怜人开火，而是用刺刀将他们逼下雕像，杀死在自己脚下。狼群的凶残也不过如此。没有了法律和权力的约束，浑身鲜血、一心复仇的人们便以不可抵挡的势头向宫殿的每个房间挺进。他们破坏了精美的家具、硕大的镜子和昂贵的壁画，将它们从窗口扔出去。窗外的人

暴徒冲进杜伊勒里宫

很快用扔下来的碎片点燃了篝火。醉酒的人四处晃荡，穿着带血的靴子爬上玛丽·安托瓦内特王后的床，打开她的抽屉，翻看她的便条、信件和盥洗室里的各种用品。粗鲁、猥亵的言语污染着宫殿的空气。夜幕降临时，人们点燃巨大的篝火，将保皇党的尸体扔进火堆焚烧。这是多么可怕的一天。

王室成员在狭小的避难所里待着，一动不动，直到1792年8月12日凌晨2时。谁又能知道他们在过去的十五个小时中经历了怎样的悲痛？在这段时间里，国民公会在群众的压力下通过了废黜国王的法案。又一个夜晚即将过去。王室成员仍然挤在令人局促的狭小空间，长时间的亢奋已经将他们折磨得疲惫不堪了。王储路易·查理已经在母亲怀里睡去。伊丽莎白夫人和玛丽-特蕾莎·夏洛特公主在惊惧中恸哭不已。直到后半夜，王室成员被转移到斐扬派[①]修道院，几间遭人废弃且没有家具的房子是他们的新居所。为了安置他们，修道院临时找

① 斐扬派（Feuillants）是法国大革命中的君主立宪派。1791年7月16日，君主立宪派从雅各宾俱乐部分裂出去，因在斐扬修道院举行集会而得名。——译者注

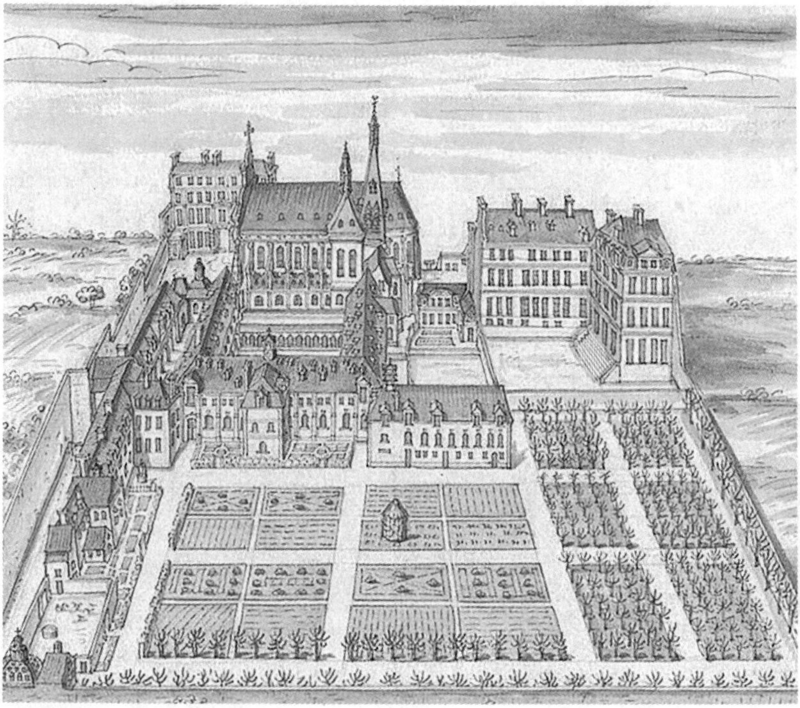

斐扬修道院

来几张床、床垫和几条破椅子。路易十六全家独自进入这毫无生气的房间，确定周围无人后，大家一同跪下祷告："上帝啊，您的考验如此可怕。请赐予我们勇气，让我们通过考验。我们敬爱那只惩罚我们，也赐福予我们的手。请怜悯为我们牺牲的人。"

终于，这不幸的一家人实在精疲力竭，在焦虑中睡了几个小时。白天太阳升起，散发出炙热的光线。阳光洒在玛丽·安托瓦内特王后的眼睑上。玛丽·安托瓦内特王后环顾四周，看到毫无生气的景象，颤抖着呐喊："啊，我真希望这都是梦！"接着便用枕头盖住了自己的脸。周围的侍者失声痛哭。玛丽·安托瓦内特王后说："你们知道吗，我不幸的朋友们，有一个女人比你们更不幸，因为是她给你们带来不幸。"她得知自己的朋友也在前一天被杀害，哭得更伤心了。王室成员身无分文，感受到了贫穷的压力。他们为孩子借了一件外套，其他人即使着装凌乱也无法更换。

1792年8月12日上午10时，一个士兵走进来，将王室成员重新带到国民议会大厅。大厅里很快被喧嚣的人群填满，他们叫嚷着要杀死国王。正在这时，外面的门被撞开。路易十六以为他的末日即将来临，因此请求他的朋友们尽快为自己找到安全的处所，不要再管他和他的家人。这一天终于在焦虑和恐惧中结束了。当夕阳的余晖再次笼罩巴黎，这些可怜的显贵又要被带回斐扬修道院。路易十六的朋友们被遣散，周围新来的侍卫用粗俗、侮辱的言语一次次地加深这些俘虏所遭受的痛苦。

国民议会决定将王室成员转移至圣殿塔。1792年8月13日下午3时，两辆马车停在国民议会大厅门前。王室成员穿过满是人群的繁华大道，来到圣殿塔广场门口。王室的反对者也来观看他们最落魄的场面。马车缓缓向前行进，围观的人群站在道路两边。马车每前进一步，周围都涌来谩骂和羞辱。两小时后，马车将王室成员带到圣殿塔黑暗的拱门前。王室成员进入拱门，终于被关在里面。

国民议会将王室成员转移至圣殿塔

路易十六被关进圣殿塔

与此同时，联军正在以最快的速度向巴黎推进。恐惧和惊惶控制着首都。愤怒的人群杀死了所有同情王室的人。监狱里都是嫌疑犯，但愤怒的民众等不及审判。他们撞开监狱的门，大屠杀由此开始。愤怒的人群对无辜的年轻人和手无寸铁的妇孺毫无同情可言。巴黎的街道被无辜的鲜血染红，充斥着杀戮的欲望、法外的放纵和仇恨。仅一天一夜时间，数千人被戕害。好在圣殿塔由岩石和钢铁建成，可以保护王室免于同样的遭遇。

圣殿塔位于巴黎市中心，承载着人们关于暴力和罪恶的恐怖记忆。它距离巴士底狱并不远。在圣殿塔广场高峻的围墙中间是一大片安静、荒芜的空地。过去，身穿斗篷的修士在宽阔的走廊间静默地穿行，他们早课和晚祷的声音在圣殿塔城堡和石拱门中回荡。如今，这座荒凉的城堡中杂草丛生，死气沉沉，只有风穿过窗户格栅和塔尖的声音。当王室成员走进空荡荡的废弃的城堡，黑夜的阴影让它更加昏暗。时间已过午夜，四周漆黑如埃及的夜晚。王室的护卫一手提着灯笼一手拔出剑，与众人一起穿过杂草丛生的城堡花园，穿过堆砌如小山般的垃圾，来到圣殿塔群的主塔。主塔总高六十英尺，每层面积约九百平方英尺①。王室成员被安排在潮湿、阴冷、死气沉沉的房间里。王室的一位忠仆问："你要带我们去哪里？"官员回答："你的主人习惯了金碧辉煌的宫殿,现在他该看一看人民的仇人住在哪里。"

伊丽莎白夫人的房间曾是厨房或盥洗室，里面只有一张小床。王室的仆从住在三楼，一张普通木床和几把旧椅子是全部的家具。路易十六、玛丽·安托瓦内特王后和他们的两个孩子住在四楼。这里曾是一个男仆的住处，墙上挂着许多污秽、下流的画报。路易十六看到这些画报便立即将它们清理掉，他面朝墙壁叫道："我不能让我的女儿看这样的东西。"路易十六和孩子们很快睡去，玛丽·安托瓦内特王后却郁郁难眠。她高贵、坚毅的性格让这些屈辱和暴行更加刻骨铭心。她独自垂泪，想到自己黯淡的前途，悲伤不已。

1792年8月14日早上，太阳升起，圣殿塔却显得更加阴郁。阳光穿过城堡窄窄的窗户照射进来。透过橡木百叶窗只能看到天空。简陋的早餐之后，众人开始环顾四周，想看看城堡中有什么东西可以打发这百无聊赖的光阴。他们找到了几本书，其中有几卷破旧的《霍勒斯》和一些虔诚的宗教文章。这些书已有很久无人翻阅，有虫蛀的痕迹。这些废弃的房间曾经是教士修行的地方。路易十六立即安排时间，像往常一样坐下来教导孩子们。在纷乱激荡中长大的孩子比较早熟。他们带着柔软而温暖的深情依靠在父母身边，全神贯注地学习，暂且忘记了恐惧。这是多么温馨的场景。玛丽·安托瓦内特王后和伊丽莎白夫人做着女红。王室成员每天早上九时用过早餐后便开始了上午的学习和阅读。他们在下

① 主塔约十八米高，每层八十四平方米。——译者注

路易十六与其子在圣殿塔

午一时有一个小时的时间可以散步。圣殿塔广场的庭院中满是杂草和垃圾。每天散步时，王室成员都要忍受士兵的残酷侮辱。午餐在下午二时进行。路易十六习惯在傍晚出声朗读。晚上，玛丽·安托瓦内特王后为孩子们铺床，听他们做祷告。王室成员每天都会遇到比前一天更严厉的限制。没过多久，纸笔被没收；之后是剪刀、刀子和缝衣针。据说这样做是为了防止有人自杀。王室成员不准同朋友交谈，不可以了解外面的情况。他们在昏暗的钢铁和巨石堆砌的城堡中被埋葬。有一个忠诚且聪明的仆人找到了一个卖报的男孩。男孩每天假装在城堡周边卖报纸，来到城堡的窗口处大声念出当天报纸上的头条文章。仆人在窗边仔细地听完，再将消息私下转告路易十六和玛丽·安托瓦内特王后。

在此，已经过世的朗巴勒王妃萨伏伊的玛丽·特蕾莎·路易丝的命运可以清晰地说明法兰西王室生活在多么恐怖的环境中。这位可爱的女士十八岁时就失去了自己的丈夫，独自寡居。玛丽·安托瓦内特王后怜悯她的不幸遭遇，与她成为密友。朗巴勒王妃萨伏伊的玛丽·特蕾莎·路易丝住在杜伊勒里宫附近，与王室一同面对灾难。她偶尔会去位于弗农的碧兹城堡探望年迈的公公德·彭提维公爵波旁的路易·让·玛利。朗巴勒王妃萨伏伊的玛丽·特蕾莎·路易丝在德·彭提维公爵波旁的路易·让·玛利的城堡住了一段时间，直到1792年6月20日。玛

德·彭提维公爵波旁的路易·让·玛利

朗巴勒王妃萨伏伊的玛丽·特蕾莎·路易丝

丽·安托瓦内特王后预感可怕的风暴即将来临，写了一封信给朗巴勒王妃萨伏伊的玛丽·特蕾莎·路易丝，劝她不要回到危险的杜伊勒里宫。朗巴勒王妃萨伏伊的玛丽·特蕾莎·路易丝过世之后，人们在她的头发中找到这封信。

我亲爱的朗巴勒，在你完全康复之前不要离开碧兹城堡，否则会让善良的德·彭提维公爵伤心。考虑到他年事已高，我们应该尊重他的德行。我时常叮嘱你照顾自己，如果你爱我，就一定要照顾好自己。在这样的时代，我们必须保存实力。不要回来，或者尽量晚一阵子。你是那么爱我，如果你因为我的不幸落泪，我也会感到伤心。如野兽一般的反对者得知我们所遭受的痛苦，一定会很开心。这种快乐即将在法兰西消失殆尽。别了，我亲爱的朗巴勒，我永远思念你。

朗巴勒王妃萨伏伊的玛丽·特蕾莎·路易丝看到这样的劝诫，义无反顾地回到了她的朋友玛丽·安托瓦内特王后身边，陪她一起面对命运。在1792年6月20日的那个恐怖的夜晚，暴民涌进了玛丽·安托瓦内特王后的房间，空气中充斥着猥亵、威胁和愤怒的言语，但朗巴勒王妃萨伏伊的玛丽·特蕾莎·路易丝始终站在玛丽·安托瓦内特王后身边。她伴随王室来到国民议会，之后同他们一起在斐扬修道院度过了惨淡的一夜，接着，又跟随王室来到圣殿塔。国民议会颁布的法令剥夺了王室成员会见朋友的权力，将朗巴勒王妃萨伏伊的玛丽·特蕾莎·路易丝赶出了圣殿塔。朗巴勒王妃萨伏伊的玛丽·特蕾莎·路易丝终日因担心玛丽·安托瓦内特王后哭泣。

朗巴勒王妃萨伏伊的玛丽·特蕾莎·路易丝被当作保皇党，很快遭到逮捕。她与最卑鄙的恶徒一起被关进拉福尔斯监狱。革命法庭要求朗巴勒王妃萨伏

拉福尔斯监狱

朗巴勒王妃萨伏伊的玛丽·特蕾莎·路易丝面对野蛮的暴徒

伊的玛丽·特蕾莎·路易丝出庭受审，因为她热爱路易十六和玛丽·安托瓦内特王后。朗巴勒王妃萨伏伊的玛丽·特蕾莎·路易丝躺在监狱的小床上，周围都是恶贯满盈的重刑犯。她甚至无法将头从枕头上抬起。朗巴勒王妃萨伏伊的玛丽·特蕾莎·路易丝恳请官员让她在监狱里死去。有一位官员弯下腰悄声告诉朗巴勒王妃萨伏伊的玛丽·特蕾莎·路易丝，参与审判的都是他的朋友，朗巴勒王妃萨伏伊的玛丽·特蕾莎·路易丝只要依照法庭和审判者的要求做事，就可以活命。朗巴勒王妃萨伏伊的玛丽·特蕾莎·路易丝听到这番话，立即起身跟着官员走下监狱的楼梯，来到门前。监狱门口有两名凶神恶煞的看守，他们浑身带着血，站在门口等着朗巴勒王妃萨伏伊的玛丽·特蕾莎·路易丝。两位看守刚抓住朗巴勒王妃萨伏伊的玛丽·特蕾莎·路易丝的胳膊，她就晕了过去。很长时间后，朗巴勒王妃萨伏伊的玛丽·特蕾莎·路易丝清醒过来，被带到法官面前。一位法官说："宣誓吧，说你热爱自由和平等，痛恨王室的一切。"朗巴勒王妃萨伏伊的玛丽·特蕾莎·路易丝回答："我愿意说第一句话，但我无法宣誓痛恨王室，因为这不是我的本意。"年轻且无辜的朗巴勒王妃萨伏伊的玛丽·特蕾莎·路易丝激发了另一位法官的同情。这位法官说："随便说点什么吧，否则我们没办法放过你。"朗巴勒王妃萨伏伊的玛丽·特蕾莎·路易丝依旧保持沉默。一位官员说："你可以走了，但你走到街上一定要喊法兰西万岁。"法庭外的院子里都是暴民。他们用矛和棍棒杀死从法庭出来但尚未定罪的人，然后肢解这些无辜的人的尸体，并将血淋淋的尸块扔在人行道上。两个士兵抓着朗巴勒王妃萨伏伊的玛丽·特蕾莎·路易丝的胳膊将她带出法庭。朗巴勒王妃萨伏伊的玛丽·特蕾莎·路易丝经过大门时被眼前恐怖的场景吓坏了，她忘了自己身处险境，喊道："啊！上帝！太可怕了！"一位好心的士兵立刻用手捂住朗巴勒王妃萨伏伊的玛丽·特蕾莎·路易丝的嘴，希望没有人听到她的感慨。街上的人一心想杀死保皇党。有一位喝得烂醉的理发师踉踉跄跄地走过，用长矛将朗巴勒王妃萨伏伊的玛丽·特蕾莎·路易丝的帽子从她的额头前挑下来。长矛将朗巴勒王妃萨伏伊的玛丽·特蕾莎·路易丝的额头切开了一个深深的口子，鲜血立刻喷涌而出。周围的暴民将这当作行动开始的信号，一股脑地扑向了朗巴勒王妃萨伏伊的玛丽·特蕾莎·路易丝，用棍棒将她打死。朗巴勒王妃萨伏伊的玛丽·特蕾莎·路易丝倒下后，有个人一手抓着她的头发，一手用尖刀割下她的头颅；其他人撕扯着她的衣服将尸身砍成碎块，用长矛戳着残破的尸块在街道上游行。暴民将朗巴勒王妃萨伏伊的玛丽·特蕾莎·路易丝的头颅带到酒馆，围着这个可怕的战利品旋转、狂欢、跳舞。他们如醉酒般失控，涌入圣殿塔所在的街道，用可

朗巴勒王妃萨伏伊的玛丽·特蕾莎·路易丝横尸街头

怕的战利品折磨路易十六和玛丽·安托瓦内特王后。路易十六循着喧闹的声音来到窗口，发现戳在利刃上的头颅是他和玛丽·安托瓦内特王后深爱的朋友朗巴勒王妃萨伏伊的玛丽·特蕾莎·路易丝，立即将玛丽·安托瓦内特王后带去了房间的另一侧。这样玛丽·安托瓦内特王后才没有看到这可怕的场景。

这是路易十六透过窗户的栅栏看到的可怕场景。想到还有更可怕的事情在等待自己，已经看到的惨案就变得更加恐怖。其实，王室成员还可以这样安慰自己：一家人还在一起，虽然大家的胳膊都被锁了起来，但依旧可以一起祷告，向彼此行礼，用同情和爱为自己日渐虚弱的心脏打气。然而，对于已经失去王位的人来说，这样的待遇都过于慷慨。几天后的一个午夜，住在圣殿塔的囚犯们被巨大的喧闹声吵醒。一群粗鲁的士兵手持灯笼闯进他们的房间，用最野蛮、最侮辱人的方式命令王室的所有的仆人和朋友立即离开。王室成员百般地奉劝、恳求，但并没有效果。这些俘虏失去了身边最后的朋友们，在失望和不眠中度过整夜。清晨的阳光照射进来，王室成员努力地鼓起勇气，准备承受新的考验。路易十六承担了一部分保姆的工作，为孩子们盥洗和穿衣服。为了孩子们的健康，全家人在晚饭前来到监狱的院子里活动，呼吸新鲜空气。一个守卫王室的士兵走到路易十六和玛丽·安托瓦内特王后面前，用烟管向玛丽·安托瓦内特王后脸上吐烟，并以此为乐。路易十六和玛丽·安托瓦内特王后在墙上看到他们孩子们的名字——活该被绞死的狗崽子。

如此难捱的痛苦的日子过去了六个星期。路易十六可怜的家人们时常依偎在一起。这是他们在痛苦中的一种安慰。一天晚上，当路易十六依偎在家人身边时，十六名市政官员走入圣殿塔，宣读了一项命令——国王必须离开他的家人。这项残酷的命令带来的痛苦无法言喻。官员们没有丝毫同情，立刻执行了这个可怕的命令，将路易十六从他的妻儿身边带走。路易十六想到他的妻儿会承受痛苦，恳请市政官员不要让自己和家人分开。但官员不理会任何商议。他们不允许路易十六与家人告别，催促着他迅速离开。这是夜晚最黑暗的时刻。灯笼发出的微光指引官员们带着路易十六走过狭窄的街道和成堆的垃圾，最终来到一个偏僻而巨大的废弃城堡的角落。路易十六被投入一个没有家具的牢房，房门在他身后紧锁。房间里只留下一盏蜡烛，烛光让房间显得更加黑暗，也让路易十六看清了自己的孤独。房间的角落里有一张破旧的小床，成堆发霉的砖块和泥浆散落在潮湿的地板上。路易十六失望地坐在破旧的床上，数着门口士兵的步子，直至天明。第二天早上，他的早饭只有一小片面包和一杯水。

经历过残忍的分离后，玛丽·安托瓦内特王后承受着世人难以想象的痛苦。她悲伤得近乎发狂。玛丽·安托瓦内特王后面色惨白，形容憔悴。她乞求监狱长允许她和孩子们见一见作为丈夫和父亲的路易十六。楚楚可怜的请求打动了铁石般的心肠。监狱长说："我承认那个可恶的女人把我惹哭了。"一段时间之后，路易十六获准偶尔与家人共进晚餐，但总有士兵在一旁监听。晚餐之后，路易十六立刻被带回他孤独的牢房。

路易十六全家就这样度过了四个月的时光。他们的待遇完全取决于看管他们的人是慈悲还是残忍。他们穿着破损的衣服，但由于没有工具，他们无法修补。反对者一直担心王室成员用剪刀和针自杀。路易十六也不可以使用剃须刀。在反对者看来，聘请理发师来做这件事实在太过奢侈。这就是滥用权力的结果：这些人凌驾于王室之上，将王室贬低到了最底层，将国王和王后枭首看成是监狱里一男一女两个恶棍应受的惩罚。

第 10 章

反法联军的胜利与路易十六之死

精 彩
看 点

路易十六被审判——纪尧姆－克雷蒂安·德·拉姆瓦尼翁·德·马勒塞布告知路易十六被判处死刑——神父亨利·埃塞克斯·埃奇沃思为临刑前的路易十六祷告——路易十六与家人诀别——断头台

1792年12月11日。路易十六全家已在圣殿塔住了四个月。有一天，路易十六一家正在吃早饭，圣殿塔周围锣鼓喧天、马匹嘶鸣、人声鼎沸。很快，有人进来通知路易十六准备接受审判。路易十六很清楚这是迈向死亡的审判。想到自己即将与家庭分离的可怕场景，路易十六双手掩面，瘫坐在椅子上，一动不动。两个小时后，他从自己痛苦的空想中起身，走到门前。门口有官员带他去见法官。路易十六对官员说："我跟你走并不是遵守宪章的规定，而是因为我的敌人比我强大。"路易十六穿上灰褐色的大衣，戴上帽子，平静地走下楼梯，来到塔楼的门前，坐上等待他的马车。由于长时间被禁止使用剃须刀，路易十六的脸颊和下巴上满是胡须；衣服松松垮垮地套在他瘦弱的身体上，残暴而屈辱的环境已经让他的尊严荡然无存。几个团的兵力沿途护送路易十六前去接受审判，每一个士兵都装备了充足的弹药，防止今晚任何人来营救他。人群在街道两侧鸦雀无声。很快，路易十六出现在审判大会上。大会主席说："路易，法兰西人民对你提出指控，你将听到如下控诉。现在请坐，路易。"路易十六平静地听着人民对他的指控：竭力维护君主政体，竭力保护自己和家人免受侮辱和死亡。这些都被定义为叛国罪。

一心想要将路易十六置于死地的人们起草了这份冗长而繁琐的诉状。后来，路易十六身心俱疲，虚弱得难以支撑，来到大会的休息室。他看到一个士兵在吃面包，走上前去轻声请求，向士兵讨要了一片面包吃下。这是统治着三千万

审判路易十六

人口、拥有无数宫殿的君主，他竟然在自己引以为荣的首都向一名贫穷的士兵讨要面包。路易十六被带回马车，返回圣殿塔。马车缓缓穿过杜伊勒里宫时，路易十六悲伤地凝视着这些宏伟的建筑，过去的辉煌和快乐再次涌现。他沉浸在自己的回忆中，没有注意周遭的谩骂。路易十六回到圣殿塔时，抬起眼向玛丽·安托瓦内特王后的房间看去，窗户上的栅栏让他们无法对视。路易十六被带回自己的牢房，不能与家人交流。他设法找到一团线、一张纸和一根针，用它们给玛丽·安托瓦内特王后留了一张便条，希望收到她的回复。路易十六预感到自己的厄运即将结束，开始渴望永生。他的遗嘱是恳请上帝保佑他的妻子、孩子和敌人。

难以描述的阴郁笼罩着整个巴黎。在边界集结的联军步步深入，法兰西军队节节败退。大家都害怕保皇党东山再起，和联军一起救出路易十六。亡命之徒在街道上制造骚乱，发誓要杀死王室成员。手持刀、棒的暴徒在国名议会外叫嚣，如果不处死路易十六，他们就杀死所有人。决定是否处死路易十六的这一天终于到来，整个巴黎似乎都在悸动。1793年1月20日，审判大会已连续进行十五个小时。喧闹的人群恐吓大会：如果国民议会赦免路易十六，厄运会降临每一个参与审判的人。参会代表按照姓名首字母的顺序逐个上前投票。处决和流放的选票在很长一段时间里不分高低。最终结果公布：共有七百二十一位代表参会，其中三百三十四票赞成流放，三百八十七票赞成处决。

路易十六独自坐在牢房，平静地等待结果。他还不知道命运是什么，但他知道今晚将决定他的命运。路易十六有一位可敬的朋友纪尧姆-克雷蒂安·德·拉穆瓦尼翁·德·马勒塞布，这位朋友自愿为路易十六辩护。纪尧姆-克

纪尧姆－克雷蒂安·德·拉穆瓦尼翁·德·马勒塞布

国民议会找到已故米拉波写给路易十六的密信，这封密信成为路易十六被判死刑的罪证

雷蒂安·德·拉穆瓦尼翁·德·马勒塞布前来将坏消息告知路易十六。他带着激动的情绪跪倒在路易十六脚下，说不出一个字。路易十六明白纪尧姆-克雷蒂安·德·拉穆瓦尼翁·德·马勒塞布安静地落泪的原因，自己说出了判决结果：死刑。过了一会，国民议会的官员在盛大仪仗的簇拥下来到路易十六的囚室宣读判决：国王路易十六将于二十四小时内接受处决。路易十六非常平静，一动不动地盯着宣判官，听他宣读判决。判决宣读完毕，路易十六交给官员一份文件，并以

君主的口吻清晰地提出要求：判决暂缓三天执行；自己要做见上帝的准备；与亲人和牧师见面。国民议会对这些请求感到非常愤怒。官员告诉路易十六，他可以会见任何牧师，也可以同家人道别，但死刑必须在宣判后二十四小时内执行。黑暗再次笼罩巴黎。神父亨利·埃塞克斯·埃奇沃斯穿过幽暗的街道，为临刑的路易十六做祷告。神父亨利·埃塞克斯·埃奇沃斯一进入路易十六的囚室就跪了下来，满眼泪水。路易十六哭了一会，恢复平静后道："原谅我一时的感性。我在敌

神父亨利·埃塞克斯·埃奇沃斯为路易十六做祷告

路易十六会见家人

人的注视下忍耐了太久，已经麻木了。看到忠诚可信的朋友让我恢复了情感，情不自禁地流泪。”路易十六专注地与神父亨利·埃塞克斯·埃奇沃斯交谈许久。二人都希望彼此尊重自己朋友的选择。路易十六平静而从容地宣读遗嘱，只有提及家人时，他的声音才有些轻微的颤抖。1793年1月20日7时，路易十六将与心爱的家人告别。对路易十六来说，这比上断头台更让他心痛。

最后的时刻终于来临。路易十六走进一间没有家具的小房间，他将在那里会见家人。房间门打开后，玛丽·安托瓦内特王后带着伊丽莎白夫人和孩子们迈着虚弱、颤抖的步伐走进来。路易十六坐在椅子上一语不发，将玛丽·安托瓦内特王后拉到他的右手边，将伊丽莎白夫人拉到左手边。玛丽·安托瓦内特王后和伊丽莎白夫人用手环绕着路易十六的脖子，将头靠在路易十六的胸膛上。王储路易·查理坐在父亲的腿上，胳膊贴着父亲的胸膛；女儿玛丽-特蕾莎·夏洛特公主跪坐在地上，头枕着父亲的腿，漂亮的长发打着卷儿垂在自己的肩头。就这样过去了半个小时。没有人说一句话，只有痛哭和悲叹可以宣泄全家人心中的痛苦。声音穿过监牢的石墙，传入街道上路人的耳朵。没有人可以忍受如此长久的痛苦。路易十六和家人筋疲力尽，脸上只剩下泪痕。全家人拥抱彼此，低声说着世间最温情的话语，不一会又开始伤心。就这样，整个会见持续了两个小时。

路易十六离开前，紧紧地拥抱了每一位家人，亲吻他们的脸颊。当他走上楼梯时，其他人抱成一团，又响起令人心碎的哭声。路易十六鼓起勇气与家人道别，用最温柔的语气说："再见了！再见了！"之后便匆忙走上楼梯，消失不见。路易十六承诺第二天早上会与家人相见。虚弱的伊丽莎白夫人晕倒在地，无法回到自己的房间。路易十六回到自己的囚室，坐在椅子上喊道："这是怎样的会见啊！为什么我要如此爱他们，他们也如此爱我呢？让我们一起毁灭吧，让我们获得永生吧！"

路易十六离开前，紧紧地拥抱每一位家人

1793年1约21日的午夜终于来临。路易十六爬上床平静、安祥地睡去。1793年1月21日早上5时，路易十六起床行过圣餐礼后，从胸前取出一个小包裹，从手指上褪下了结婚戒指，对一名侍者说："我希望在我死后，你可以将这枚戒指交给玛丽·安托瓦内特王后，将这枚印章交给我的儿子王储路易·查理。请转告玛丽·安托瓦内特王后和孩子们，虽然我承诺要在今天与他们相见，但我不会亲自赴约。我不想让他们忍受再次与我分别的痛苦。不能同他们做最后的道别，我非常遗憾。"路易十六在几度哽咽中结束了这段话。接着他要了一把剪刀，想要剪下自己的头发留给家人。路易十六站在壁炉边取暖时说："我做国王的时候一直信仰基督教，这是多么快乐的事情。如果没有这信仰，我的状况该有多糟糕！"早上的阳光穿过窗户的栅栏照进房间。这仿佛是个信号，顷刻间传来喧闹的锣鼓声、士兵的脚步声、炮车和马车车轮的滚动声和战马的嘶鸣。护卫已在圣殿塔广场的庭院里就位。听到楼梯处的喧哗声，路易十六说："他们为我而来。"他毫不胆怯地起身打开房门，却发现这些人并不是要带走他。门在各种各样的的借口被一次次打开。1793年1月21日早上9时，在楼梯处的喧闹声中走来一队全副武装的人，十二名市政官员和十二名士兵走进路易十六的房间。士兵排成两列，路易十六冷静地站在这两列士兵中间，将一卷纸交给一名市政官员，纸上写着路易十六的遗言和最后的心愿。路易十六说："我请求你将这张纸转交给王后。"这名官员粗鲁地答道："这不关我的事，我来这里的唯一目的是将你带到断头台。"路易十六回复："好的。"转身将这张纸递给另外一名官员，这名官员收下了纸条。随后，路易十六戴上帽子，不顾外面的严寒脱下了大衣，庄严地下令说："我们走吧。"一众人走下楼梯，像是路易十六带着护卫，而非护卫带着他。路易十六在楼梯上碰到了狱吏。这个狱吏前天晚上对路易十六极不尊重，路易十六就他的傲慢指责了他。现在，路易十六靠近这个无情的狱吏并对他说："马泰，昨天我对你有了一点了解，看在我即将殒命的份上请原谅我。"残忍的狱吏没有作答，脚步不停地走开了。

路易十六穿过圣殿塔广场时，焦急地看向关押玛丽·安托瓦内特王后、伊莉莎白夫人和孩子们的房间。窗户上的板条让他无法与心爱的家人对视。路易十六想到他必须路过这里，心中满是痛苦，情难自已。但他努力地恢复平静，走了过去。有一辆马车在圣殿塔门口等着路易十六。两个士兵进入马车坐在路易十六的两侧。路易十六的告解神父也在马车上。1793年1月21日，一个阴冷的冬日。黑色的乌云低垂在天空，雨烟让整个城市黯淡无光，空气极其阴冷，大自然似乎要与人类的残暴一较高低。商店门窗紧闭，市场空无一人。戒备森严的街道上禁止市民穿行，他们也不能从窗口向外探望。马车的四周是装甲兵、步兵和炮兵组成的部队。马车驶过时，六十面军鼓发出的声音震耳欲聋。巴黎的主要街道上，火炮已经上膛，导火索也被燃起，防止有人在这个时候营救路易十六。锣鼓声、马蹄声、大炮碾过道路的声音让人无法交谈。路易十六靠在马车座位上，在这段可怕的时间里陷入了沉思。路易十六超乎寻常的平静让他周围的人心生敬佩。人群中有一些人心怀怜悯，不停地说着“宽恕！宽恕！”但这些声音很快被淹没，没有引起同情的回应。马车在众人的沉默中前进。整个城市弥散着同情的气息。几个世纪以来，对王室的感情早已扎根在法兰西人民的心中。将自己的国王送上断头台的人民依旧心存敬畏；看到国王赴死，每个人心中都不免惊恐。但此时已来不及取消判决。任何人看到这一天的罪行都不免胆战心惊。七、八个年轻人看到这一幕，心中的英雄主义被唤醒。他们希望人们心生怜悯，团结起来。这几个年轻人冲破警戒线，手持佩剑奔向马车，喊道：“请帮助我们营救国王。”三千名年轻人响应号召加入他们。阻止营救路易十六的准备做得滴水不漏，这些年轻人没有丝毫成功的可能。另外几个想要这样做的人也很快被杀死在革命广场①。上万民众默默聚集在断头台前。人群上方的台子上竖着刑具：横梁和立柱组成的沾满鲜血的断头台。空气潮湿而阴郁。

断头台设在杜伊勒里宫花园前方的革命广场中心。这个引人瞩目的刑具由意大利医生约瑟夫-伊格纳斯·吉约坦发明，因此以他的名字命名。在两根垂直的柱子中间架一把铡刀。按下弹簧，铡刀可以从两个凹槽之间划下，以闪电般的

① 革命广场（Place de la Révolution），最初由法兰西国王路易十五（Louis XV of France）下令修建，因此命名路易十五广场（Place Louis XV）；1789年法国大革命时期被称为“革命广场”；1795年更名为“协和广场”（Place de la Concorde）。之后又经历数次更名，现称协和广场。——译者注

路易十六抵达刑场

速度砍下人的头颅。路易十六在杜伊勒里宫度过了他的幼年、童年和少年辉煌的时光。在杜伊勒里宫的宏伟花园里，路易十六曾经被欢呼声簇拥着。这巴黎的骄傲、天堂般的宫殿开始出现在路易十六的面前。而如今，它将见证一场血腥的杀戮。革命广场上挤满了人，很多人爬上屋顶、站在窗边；还有人爬上树，想亲眼目睹路易十六惨死的景象。断头台旁聚集着法兰西王室的反对者，他们没有丝毫同情心，不会延迟这场屠杀。当马车抵达刑场时，人群互相推挤着，四周一片寂静。死亡的气息在人群中蔓延。马车最终停在断头台下面。路易十六抬起眼，用平静的语气低声对自己的告解牧师说："我想我们到了。"神父做了一个的手势，对路易十六的话表示同意。路易十六双手扶着神父的腿，对身边的刽子手和官员说："我命令你们保护神父。请在我死后照拂他，不要侮辱他。"没有人回应路易十六。路易十六严肃地着重复了这个要求，有个人不耐烦地打断他："好的，好的。你就放心吧，这事留给我们，我们会照顾好他。"三个刽子手走过来，打算脱下路易十六的衣服。路易十六挥手让他们离开，自己脱下外套，取下领结，放低了衬衣的衣领。刽子手拿绳子，想将路易十六绑在木板上。路易十六倍感屈辱，大声问："你们这是要干什么？"刽子手回答："我们打算把你绑起来。"他们抓住路易十六的手并绑了起来。这意料之外的屈辱让路易十六气血上涌，他大声叫道："不！不！我不会屈服的。做你该做的事情，不要绑我。"面对路易十六的挣扎，刽子手不知所措。一场骚动即将发生。路易十六看着神父，像是在寻求帮助。神父说："平静地接受新的暴行吧。您将与救世主经历同样的遭遇。救世主会补偿您。"路易十六抬起头看着天空，说："除了救世主，没有什么可以劝诱我忍受这些屈辱了。"他伸出手对刽子手说："做你想做的吧，我奉陪到底。"路易十六靠在朋友的手臂上登上又陡又滑的台阶，神情坚定地走到断头台前。他看了看利刃，突然转向民众，清晰地喊道："我的子民啊，我是无辜的。所有对我的指控都是无稽之谈。我原谅杀害我的人，乞求上帝保佑法兰西不再流血。而你

路易十六登上断头台

剑子手砍下路易十六的头颅

们，不幸的子民……”路易十六的声音穿透了整个广场。此时鼓声响起，震耳欲聋，淹没了他的声音。路易十六慢慢地转向断头台，将自己交给刽子手。他被绑在木板上。刀刃一闪而过，路易十六的头颅落下。

一个刽子手抓住路易十六的头发，举着血淋淋的“战利品”向观众展示。头颅中流出的鲜血滴在断头台上。几个暴徒在军刀和矛头上沾了路易十六的血，一边挥舞一边大声喊着：“共和国万岁！”但无人响应。隆隆的炮声向城市的远方

宣告献祭完成。路易十六的躯体由一辆马车运往位于马德莱娜的公墓，他的尸体在这里埋葬。

拿破仑·波拿巴在埋葬路易十六的地方建起了伟大军队光荣庙，用来纪念路易十六和其他在法国大革命中殒命的人。伟大军队光荣庙的修建因拿破仑·波拿巴的倒台一度停止，直到波旁王朝复辟后才完工。现在叫圣马德莱娜教堂，是巴黎最美丽的建筑物之一。革命广场上，在路易十六受刑的地方竖着一块血红色的花岗岩方尖碑。这块花岗岩来自上埃及[①]的底比斯，法兰西王国于1833年获得并运回巴黎。路易十六无疑是法兰西历史上最尽职、最正直的君主。他热爱自己的人民，竭力保护法兰西人民的利益。虔诚的信念指导他在生命最后的日子里坦然接受死亡。法兰西国王路易十六的死亡让整个欧洲不寒而栗。它成为了共和党人永远的耻辱，也加快了波旁王朝的复辟。

① 上埃及（Upper Egypt），埃及南部地区，主要是农业区。包括开罗南郊以南直到苏丹边境的尼罗河谷地。——译者注

第 11 章

恐怖统治与玛丽·安托瓦内特王后之死

精彩
看点

王储路易·查理被迫与母亲分离——残暴、卑鄙的安托万·西蒙——玛丽·安托瓦内特王后被囚禁在康西尔热里监狱——玛丽·安托瓦内特王后被判处死刑——玛丽·安托瓦内特王后从容受死当路易十六殒命断头台时，玛丽·安托瓦内特王后、伊丽莎白夫人和孩子们仍在狱中饱受折磨，苦不堪言。玛丽·安托瓦内特王后听到大炮的声音就陷入了长久的昏迷，因为这声音在宣告斧刃已经落下，她的丈夫已经身首异处。玛丽·安托瓦内特王后的同伴们担心她也会随路易十六逝去。没过一会，重炮碾压的声音和人群的呼喊穿透了牢狱的栅栏。行刑的队伍已从断头台回来。玛丽·安托瓦内特王后想询问路易十六生命最后时刻的细节，但她的反对者拒绝了她的请求。随着时光的流逝，这些来自王室的俘虏也在悲惨的境遇中慢慢枯萎。王室被剥夺了更多的权利，王室成员的处境也越来越糟。除非得到准许，否则外界的任何消息都无法传入他们的耳朵。百叶窗被钉死，房间里的人看不到天空。用来打发悲惨时光的所有消遣都被禁止。

路易十六死后四个月的一个晚上，牢房门口传来一阵喧哗。一队人全副武装地走进房间，对玛丽·安托瓦内特王后宣读了一项命令：玛丽·安托瓦内特王后的儿子必须离开母亲，单独关押。可怜的王储路易·查理听到如此残酷的命令，立刻投入母亲的怀抱，疯狂地喊着："啊，妈妈！妈妈！妈妈！不要让他们带走我，他们会像对待爸爸那样杀死我。"玛丽·安托瓦内特王后痛苦得发狂。她将王储路易·查理放在床上，用自己的身体挡住他。玛丽·安托瓦内特王后的双眼露出猛虎般的目光，她歇斯底里地告诉官员，除非将她撕碎，否则休想带走她的孩子。这些人被伟大的母爱征服，没有动用武力。玛丽·安托瓦内特王后一

安托万·西蒙与王储路易·查理

再拒绝官员带走王储路易·查理，为此抗争了两个小时后，精疲力尽地昏倒在地板上。王储路易·查理最终还是被带走，交给了残暴、卑鄙的安托万·西蒙。安托万·西蒙因残忍而臭名远扬。不幸的王储路易·查理瘫倒在地板上，整整两天无人看护。玛丽·安托瓦内特王后陷入绝望，无法自拔。伊丽莎白夫人和玛丽–特蕾莎·夏洛特公主承担了囚室里的所有工作：铺床、打扫屋子和照顾玛丽·安托瓦内特王后。玛丽·安托瓦内特王后想同儿子再见一面，但她的苦苦哀求并未奏效。

就这样又过去了三个月。1793年8月初的一个午夜，一队士兵拿着灯笼闯入牢房，叫醒玛丽·安托瓦内特王后并命令她随他们一起前往康西尔热里监狱。康西尔热里监狱是法兰西王国关押即将处决的犯人的地方。玛丽·安托瓦内特王后听到命令，无动于衷。她承受了太多悲伤，已经麻木了。玛丽-特蕾莎·夏洛特公主和伊丽莎白夫人跪在官员面前，哀求他们不要带走玛丽·安托瓦内特王后，但她们的哀求都是徒劳。官员架起玛丽·安托瓦内特王后，让她在众目睽睽下穿上衣服。玛丽·安托瓦内特王后的顺从让这群人欢喜得发狂。玛丽·安托瓦内特王后将女儿玛丽-特蕾莎·夏洛特公主抱在胸前，不停地亲吻她。随后，她拼尽全力冲出房间，撞上了门框。一个官员问："你受伤了吗？"玛丽·安托瓦内特王后失望地回答："哦，没有！再没有什么能够伤害我了。"玛丽·安托瓦内特王后

康西尔热里监狱

玛丽·安托瓦内特王后的囚室

走进马车时，路灯闪烁着昏暗的光线。马车在士兵的护卫下穿过巴黎昏暗的街道，来到玛丽·安托瓦内特王后生前最后的住所——康西尔热里监狱。

康西尔热里监狱位于凡尔赛宫地下，由一系列地牢组成。无法想象这座由钢铁和石头建造的监狱有多么潮湿、黑暗。玛丽·安托瓦内特王后在昏暗的烛光下踩着湿滑的楼梯摸索前行，穿过谜宫般的走廊，来到一扇铁门前。铁门在开关时会发出吱呀的声音。玛丽·安托瓦内特王后被推进一间囚室，身后紧跟着两个士兵，他们三人进入囚室后铁门关闭。午夜昏暗的灯光让玛丽·安托瓦内特王后看清了自己的牢房。水顺着石墙流下，地上满是泥水，房间一角有一张破旧的小床，房间里还有一张旧的松木桌子和一把椅子。这是法兰西帝国能够提供给自己王后的所有物品。玛丽·安托瓦内特王后可怜的处境打动了狱吏妻子的心。她不敢安慰玛丽·安托瓦内特王后，因为站在玛丽·安托瓦内特王后身后的士兵会举报她。但她为玛丽·安托瓦内特王后准备了饭食，冒险给她了几根针和一团毛线，还设法将孩子的情况告诉玛丽·安托瓦内特王后。救国委员会的委员们得知狱吏的妻子出于同情帮助玛丽·安托瓦内特王后，立即将狱吏夫妇投入地牢。地牢是一个只有仁慈的精神可以自由进入的地方。玛丽·安托瓦内特王后的鞋子长期浸泡在水中，已经从脚上掉了下来；她的袜子和裙子也破成了碎片。玛丽·安托瓦内特王后的身边永远有两个士兵拿着短枪站岗，他们一刻不差地盯着玛丽·安托瓦内特王后，寸步不离。善良的狱吏的女儿也来到监狱，她非常同情玛丽·安托瓦内特王后。她丝毫不顾及父母的遭遇，每天早上走进玛丽·安托瓦内特王后的牢房为她梳理浸满悲伤的白发。一天，玛丽·安托瓦内特王后鼓起勇气向国民议会申请要一条床单。国民议会的检察长答道："你怎么敢提初这样的要求？你真该被送上断头台。"玛丽·安托瓦内特王后偷偷将牙签改成缝衣针，又从旧床单上扯下羊毛，织成了一个吊袜带。这是一位母亲留给孩子最后的爱。玛丽·安托瓦内特王后设法将吊袜带交给女儿玛丽-特蕾莎·夏洛特公主。敬畏和同情玛丽·安托瓦内特王后的人们将它当做圣物保管。

救国委员会的委员们

玛丽·安托瓦内特王后从容地来到法庭

经历了两个月无法忍受的关押，1793年10月12日，玛丽·安托瓦内特王后被带出地牢，来到法庭接受审判。玛丽·安托瓦内特王后的罪名是她痛恨这场革命，因为这场革命砍去了她丈夫的头颅，给她和她的家庭带来了灾难。玛丽·安托瓦内特王后没有辩驳，在控诉她的人面前平静但失望地保持着优雅、高贵的姿态，如同当年在金碧辉煌的凡尔赛宫沙龙。审判结束后，玛丽·安托瓦内特王后被叫去听候判决：死刑，二十四小时内执行。人群鼓掌、欢呼，表达着他们对玛丽·安托瓦内特王后的愤怒和她即将被处决的喜悦。对此，玛丽·安托瓦内特王后一点都不激动。当她走下楼梯来到自己的牢房，谩骂和侮辱紧随其后。1793年10月16日清晨4时，几缕阳光透过窗户的栅栏照了进来。想到这是忍受人世悲伤的最后一天，玛丽·安托瓦内特王后脸上有了快乐的表情，像是在微笑。玛丽·安托瓦内特王后要来纸笔，给伊丽莎白夫人和孩子们写了一封情感真挚的信。写完之后，玛丽·安托瓦内特王后一遍遍深情地地亲吻这封信，像是将它当作即将赴死的自己与挚爱的家人之间的最后纽带。祈祷完毕后，玛丽·安托瓦内特王后怀着平静的心情躺在床上，陷入沉睡。一两个小时后，好心的狱吏的女儿红着眼睛，心情哀恸地走进牢房，为临刑的玛丽·安托瓦内特王后更衣。

玛丽·安托瓦内特王后将自己在牢狱穿过的破衣服放在一边，穿上她仅剩的一条裙子。这条白色的裙子象征着告别人世的快乐。她将一方白色的手帕盖

玛丽·安托瓦内特王后接受审判

剑子手将玛丽·安托瓦内特王后的双手反绑在背后

在肩膀上，用黑色的绳子将白色的帽子固定在头上。这个雾霭重重的早晨有些清冷，秋风呼啸着将街道上的薄雾吹散。天还没亮就有成群的人来到监狱门口。似乎所有的巴黎人都迫不及待地想“观赏”自己的王后受难的场景。1793年10月16日上午11时，刽子手走进房间，将玛丽·安托瓦内特王后的双手绑在她的身后并将她带走。玛丽·安托瓦内特王后带着对反对者的蔑视，充满勇气地赴死。或许她最后想到的也只是人，而不是上帝。本以为可以和路易十六一样，坐在封闭的马车里前往断头台。但看到为她准备的马车时，玛丽·安托瓦内特王后莫名地畏缩。这辆车更像是运送干草的板车。车厢完全敞开，上面只有铁栏杆。玛丽·安托瓦内特王后周围的妇女愤怒地喊道：“该死的奥地利人，你去死吧！”车上只有玛丽·安托瓦内特王后一个人，但她的双手被反绑，不能坐下。马车在凹凸不平的人行道上不停地颠簸，玛丽·安托瓦内特王后无法保持平衡。她在车厢里倒来摆去，软帽已经遮住了眼睛，灰白的头发在潮湿的空气中飞舞，粗糙的裙子凌乱不堪，成了人们的笑柄。在如此颠簸的路上，玛丽·安托瓦内特王后依旧在极力保持自己的尊严。道路两旁的群众拼命喊着：“这可不是你在特里亚农宫的坐垫。”去往断头台的路要穿过如此愤怒的人群，这旅程可真是漫长。事实上，断头台就在杜伊勒里宫花园的正前方。马车在杜伊勒里宫门口停了一会，玛丽·安托瓦内特王后在这里经历过多少快乐与悲伤！想起自己辉煌的过去，她的内心一定饱受折磨。玛丽·安托瓦内特王后依靠在囚车的栏杆上，不理会身边的喧闹，目不转睛地盯着那个曾经带给她快乐的剧院。想到丈夫、孩子和他们的家，玛丽·安托瓦内特王后不能自已地流下了泪水。玛丽·安托瓦内特王后迅速恢复了往常的平静，带着战胜所有厄运的决心，威严地注视着广场上海浪般的人群。车轮又转了几圈，玛丽·安托瓦内特王后被带到断头台前。她的丈夫就在这个地方殒命。

玛丽·安托瓦内特王后平静而坚定地看着断头台，在注视中陷入沉思，脸上像是带着满足的笑容——那把闪着寒光的锋利的斧子很快会结束自己在人世

玛丽·安托瓦内特王后被押赴刑场

间的所有痛苦。两个刽子手扶着玛丽·安托瓦内特王后的胳膊，帮助她从平板车上下来。玛丽·安托瓦内特王后无需引导，迈着沉稳而坚毅的步伐走上断头台。她不小心踩到了一个刽子手的脚，立即向他道歉："对不起，我不是故意的。"玛丽·安托瓦内特王后亲切优雅地道歉，仿佛对象是参加小特里亚农宫聚会的廷臣。玛丽·安托瓦内特王后跪下仰望着天空，以低沉且心碎的声音祈祷。她已经忘记了自己，只是祈求上帝保护伊丽莎白夫人和无助的孩子们。玛丽·安托瓦内特王后对周围愤怒的喧闹充耳不闻，也不再关注自己邋遢的外表——凌乱的头发挡住了眼睛，褴褛的罩衣在颠簸中压出了皱痕。玛丽·安托瓦内特王后忘记了自己站在断头台上，忘记了绑在身后的绳索，忘记了身边站着嗜血的刽子手，也忘记了头顶上的铡刀。她的思绪回到曾经居住的地牢，盘旋在儿子路易·查理的小床周围。她孤独无依，遭人虐待的孩子将在那里埋葬。玛丽·安托瓦内特王后最后的祷告非常痛苦。她起身注视着圣殿塔的塔楼喊道："再见了，我亲爱的孩子们。我将与你们的父亲重逢。"声音穿透所有人肺腑。

玛丽·安托瓦内特王后被绑在木板上。木板缓缓下降，直到玛丽·安托瓦内特王后的脖子放在利斧即将滑落的凹槽里。刽子手虽然每天杀人，却仍旧不忍直视法兰西王后的厄运。他松开斧子的手颤抖了片刻，行刑因此延迟。最终，斧子落下，玛丽·安托瓦内特王后的头颅掉在了前面的篮子里。刽子手抓住头发，将玛丽·安托瓦内特王后的头颅举过头顶，在台上走了一周，向人群展示这血淋淋的战利品。"共和国万岁"的吼声撕碎了天空。

玛丽·安托瓦内特王后漫长而痛苦的悲剧终于谢幕。她的尸身被扔进一副松木棺材，草草掩埋。这副棺材上面有马德莱娜公墓的记录"七法郎，购买公民卡佩[①]遗孀的棺木"，由此我们可以知道棺材的价格。

① 路易十六在被处决前四个月被称作"公民路易·卡佩"（Citizen Louis Capet）。——译者注

第 12 章

波旁王室成员的曲折命运

精彩看点

伊丽莎白夫人与玛丽－特蕾莎·夏洛特公主的悲惨牢狱生活——伊丽莎白夫人被处死——王储路易·查理被虐待至死与恐怖统治终结的关系——玛丽－特蕾莎·夏洛特公主侥幸存活——1830 年革命与波旁王朝的终结

当玛丽·安托瓦内特王后从圣殿塔被带去康西尔热里监狱等待审判时，年仅七岁的王储路易·查理独自一人被关押在昏暗的监牢里，无人问津，也无法与任何人联系。伊丽莎白夫人和玛丽-特蕾莎·夏洛特公主仍然在玛丽·安托瓦内特王后被带走的那间屋子，却不知道她的下落。尽管不能从看管她们的狱卒处获得任何外界的消息，伊丽莎白夫人还是通过种种迹象推测出玛丽·安托瓦内特王后的命运。监狱就是活死人墓，伊丽莎白夫人和玛丽-特蕾莎·夏洛特公主在这里享有的唯一权利就是呼吸。伊丽莎白夫人时常用玛丽·安托瓦内特王后还活着，还会与她再次相见的希望鼓励年轻、温柔、美丽的玛丽-特蕾莎·夏洛特公主。八个月的悲惨的牢狱生活就这样慢慢过去。这个冬天，伊丽莎白夫人和玛丽-特蕾莎·夏洛特公主不能生火驱散阴暗和寒冷。所有的书籍被没收，二人也被禁止使用纸笔。漫长的冬天来临。微弱的阳光挣扎着挤过窗户栅栏，在牢房里驻足片刻。寒冷的黑夜笼罩伊丽莎白夫人和玛丽-特蕾莎·夏洛特公主每天长达十五个小时。她们数着远处教堂传来的钟声，听着巴黎街道上的嘈杂，脑海里涌现各种恐怖的想法。路易十六已死，玛丽·安托瓦内特王后要么已经死了，要么被关在不为人知的地方继续忍受痛苦的折磨。王储路易·查理独自一人被关押着。我们只知道这个温柔乖巧、惹人怜爱的孩子不得不独自忍受各种强加在他身上的暴行。等待伊丽莎白夫人和玛丽-特蕾莎·夏洛特公主的命运是什么？她们余生是否能够逃离监狱？嫉妒她们从彼此的臂腕中获得安慰的狱吏是否会

士兵闯入囚禁伊丽莎白夫人和玛丽－特蕾莎·夏洛特公主的房间

毫无人性地将她们拆散？她们是否会和她们挚爱的人一样命丧断头台？她们会被释放吗？遭受这些年的耻辱和丧亲之痛后，她们还能享受人世间的快乐吗？她们无法忘却刻骨铭心的痛苦经历。在这八个月痛苦的岁月中，伊丽莎白夫人和玛丽－特蕾莎·夏洛特公主只能看到嘲笑、侮辱她们的残暴狱吏，吃最粗糙的食物，穿从不盥洗的破烂的衣服。时间似乎已经停止，变成了疲惫和心痛的永恒。

1794年5月9日，伊丽莎白夫人和玛丽－特蕾莎·夏洛特公主即将就寝。玛丽－特蕾莎·夏洛特公主的名字源于对自己祖母的纪念。四周一片漆黑，伊丽莎白夫人和玛丽－特蕾莎·夏洛特公主搂着彼此的脖子，跪在床前祷告。门口突然发出一声巨响，随后传来连续不断的击打声。击打的力量太大，门框处开始抖动。伊丽莎白夫人立即打开扣着的门闩。几个拿着灯笼的士兵一拥而入，对伊丽莎白夫人说："你马上跟我们走！"伊丽莎白夫人此时还在想着别人，她问道："我的侄女能和我一起去吗？"士兵回答："我们只要你！她会有人照顾的。"伊丽莎白夫人知道，一直担心的分别终于来临。她伸出手臂搂住颤抖的侄女玛丽－特蕾莎·夏洛特公主痛哭不已。残酷的士兵丝毫没有被泪水打动，继续责备和侮辱她们。王室只配得到责备和辱骂。士兵们专横地命令伊丽莎白夫人立刻动身。伊丽莎白夫人轻声地鼓励绝望的侄女："我会很快回来的，我亲爱的玛丽亚·特蕾莎。"一个狱吏粗暴地打断她："不，女人，你不会！你再也不会踏上这里的楼梯，戴上帽子下来吧。"伊丽莎白夫人的泪水浸湿玛丽-特蕾莎·夏洛特公主的脸庞。她祈求上苍保佑侄女，一次次地转身与侄女做最后的拥抱。伊丽莎白夫人最终还是被士兵带走。他们穿过黑暗、潮湿的楼梯来到圣殿塔门口。门口的士兵再次粗鲁地对伊丽莎白夫人进行搜查，然后将她扔进马车。马车在午夜时分穿过荒芜的街道来到康西尔热里监狱。在这个嗜血的时代，法庭在午夜也要进行审判。需要处决的人实在太多，断头台也要不分昼夜地工作。法官问了伊丽莎白夫人几个问题后，命令她在大厅的沙发上休息。几个月前，玛丽·安托瓦内特王后也这样等到了自己的判决。

1794年5月10日快到清晨时，伊丽莎白夫人和其他二十四人被带到法庭，出身贵族是他们的罪名。这二十五人中不乏出身名门、淑德贤良的女士，她们曾让杜伊勒里宫和凡尔赛宫的聚会熠熠生辉；还有那些年轻的男子，他们仅仅因累世流传的高贵姓氏被定罪。在不知慈悲的法庭上，公起诉人残忍地讽刺道："我倒要看一看，断头台周围都是她忠实的贵族朋友，伊丽莎白夫人会抱怨些什么。她一定会回想在凡尔赛宫的快乐时光吧？"

对伊丽莎白夫人的指控是：她是暴君路易十六的姐姐，她热爱死有余辜的王室。伊丽莎白夫人说："如果我的弟弟如你们所言是一位暴君，那你不可能站在这里，我也不可能站在你的面前。"羊向狼祈求慈悲是徒劳的，伊丽莎白夫人被判处死刑。她平静而满意地听着审判，唯一的请求是见神父，接受宗教的慰藉。然而，即使这样的请求也被拒绝了。王室实在罪孽深重，他们不配享有告解。从法庭出来后，伊丽莎白夫人被带回康西尔热里监狱，同朋友们一起等待死亡降临。这真是一次悲伤的会见。这些囚犯曾享受人世间至高的荣誉；他们在王宫相逢，举目尽是宫廷的繁华壮丽。

这些王族贵胄忍受了几个月残忍的监禁，遭遇了最不人道的折磨，失去了所有的财产、荣誉，目睹自己最爱的人一个个在断头台丧命后，又被关进黑暗、肮

伊丽莎白夫人被送上断头台

脏的地牢中。在寒冷、潮湿、饥饿和疲惫中度过数小时后，这些死囚也将坐上板车前往断头台。伊丽莎白夫人非常纯洁，精神也非常温柔和神圣。知道她的每一个人都对她崇拜有加。这些可怜的人聚集在伊丽莎白夫人的周围。大家能从她的身上获得慰藉和力量。在如此恐怖的时刻，伊丽莎白夫人期待戴着贵族的光环走向断头台。她比以往更加平静、祥和，将断头台看作前往美妙、永恒的安息之所。出于信仰，伊丽莎白夫人将她的侄儿侄女交到了上帝的手上，他们是伊丽莎白夫人在人世间的唯一牵挂。想到自己已经完成了人世间的所有事情，伊丽莎白夫人毫不犹豫地走向断头台。这里将是她休息的圣殿。挚友的头颅血淋淋地落在伊丽莎白夫人的身边，即使最勇敢的心也会为之颤栗。但在灾难面前，是基督教的信仰让她挺了过去。她没有颤抖，平静地登上楼梯，仁慈地看着周围的人群，像是在祈求上帝保佑这些人。之后，她将自己交给了刽子手。在法兰西的断头台上，没有一个灵魂比伊丽莎白夫人更适合上帝的怀抱。玛丽·安托瓦内特带着王后的荣耀和决绝而死，伊丽莎白夫人则虔诚地将自己交给救世主，她将在救世主的怀中睡去。我们的思绪更愿意追随她来到休息的神殿，在那里，信仰让我们坚信，伊丽莎白夫人的灵魂已经展翅高飞，不再回到关押可怜侄儿的监狱。

王储路易·查理一个人在圣殿塔的监牢里，由残忍的安托万·西蒙看管。安托万·西蒙的任务就是除掉小路易，只因为王储路易·查理是国王路易十六的儿子。革命法庭不会愿意将一个七岁的孩子送上断头台。面对全世界的舆论，毒死这个孩子也不是这个伟大民族的一贯做法。可是只要王储路易·查理还活着，他就会号召所有同情王室的人。王储路易·查理必须死。安托万·西蒙既不能杀死王储路易·查理，也不能毒死他，但又必须除掉他。公众的安全需要他死，汹涌的民意需要他死。为了完成这个使命，年轻的王储路易·查理被独自关押。他如困兽一般，被关押在圣殿塔的最顶层。日复一日，王储路易·查理无事可做。他没有朋友可以交谈，没有精神食粮充实心智，不能出去锻炼，也无法呼吸新鲜空气。只有一个无人添补的水壶放在王储路易·查理的床边。监牢的门偶尔打开，安托万·西蒙会扔进来一些粗糙的食物。王储路易·查理从不洗漱。一年多的时间里，王储路易·查理的罩衣、衬衣和鞋子从不更换，床铺也没有人整理。这

安托万·西蒙虐打王储路易·查理

个不幸的孩子躺在肮脏的小床上，安安静静、一动不动地呼吸着布满病菌的空气。由于长时间不活动，王储路易·查理的四肢开始变得僵硬。他不再畏惧，也完全失去了活力，变得残忍、卑鄙。这个热情、高贵的孩子退化得如同野兽。十八个月后，可怜的王储路易·查理已经完全疯了。即使这样，对于每一句好话或每一件善行，他都报以感激之心。有一天，残忍的恶魔安托万·西蒙抓住王储路易·查理的头发，威胁说要拿王储路易·查理的头撞墙。安托万·西蒙总是想慢慢地折磨王储路易·查理，将他带到地狱。外科医生诺兰先生恰巧在此时经过，他救下了可怜的王储路易·查理。王储路易·查理当天晚上的晚餐是两只梨。尽管自己也在忍受饥饿，但王储路易·查理将梨子藏在了枕头下，没有吃。第二天，他将这两个梨送给了外科医生诺兰先生，非常有礼貌地表示他很遗憾，没有其他的东西可以表达自己的谢意。

断头台上血流成河。享有财富、地位或美德的人被处死，活着的人都满心恐慌。没有一个人是安全的。民众开始对恐怖的场景感到厌倦。一些人开始了行动。即使是最坚定的共和党人也害怕暴民的力量，开始秘密地寻找国王曾经给予这个国家的安宁。人们开始同情关在监狱的王储路易·查理。人性回归的第一件事就是将残暴的安托万·西蒙处以死刑。这真是大快人心。历史无法告诉我们，安托万·西蒙因罪受死时是否会颤栗，但人们无法原谅他所犯的罪孽。仁慈的狱吏接手看管王储路易·查理。王储路易·查理残破的身体、不太稳定的精神状况和精神错乱时表现出的仁慈慷慨深深地打动了狱吏，他们情不自禁地为王储路易·查理落泪。善良的狱吏为这个小囚犯做清洁，帮他更换衣服，同他和蔼地交谈。听到狱吏的安慰时，王储路易·查理茫然地看着他们。在两年仇恨、斥责和虐待的经过后，王储路易·查理不知道该如何应对仁慈、亲切的话语。然而一切都来不及了。安托万·西蒙忠心耿耿地执行任务，年轻王储路易·查理体质极差，已病入膏肓，无药可医。革命委员会对过去的事情感到羞愧，派著名的医生皮埃尔-约瑟夫·德佐为王储路易·查理诊治。病重的王储路易·查理已经经历了太多的痛苦，早已失去了活下去的希望。他身心俱疲，安静地躺了几天。最终，1795年6月8日，王储路易·查理病逝，年仅十岁。

皮埃尔－约瑟夫·德佐

公众的想法也开始发生变化。王储路易·查理的死亡为拿破仑·波拿巴清除革命恐怖统治铺平了道路。他的死亡唤起了民众的广泛同情，整个国家都沉浸在内疚中。没有什么事情比孩子的死更令人痛心。民众无法理解，为什么掌管智慧和爱的上帝会对这个孩子弃之不顾，让他遭此厄运。对于这件事和其他令人费解的事情，我们无法给出解释，只希望王储路易·查理得到永生。

我们将目光转回玛丽－特蕾莎·夏洛特公主。伊丽莎白夫人离开的那个晚上，她伤心、恐惧、几近绝望地躺在自己的小床上。磨难没有折损这位十六岁公主的美貌。痛苦的时光在慢慢流逝。在虚弱而孤独的早上，光线透过窗户的栅栏照射进来，照亮玛丽－特蕾莎·夏洛特公主的痛苦。时间就这样一天天地过去，玛丽－特蕾莎·夏洛特公主不知道母亲的下落，也不知道姑姑的命运；她只知道弟弟王储路易·查理在另一座监狱忍受折磨，却无法与他联系。向玛丽-特蕾莎·夏洛特公主施展暴力的人给她送来饭菜。快乐和希望的光线不曾穿透牢狱的黑暗来到她的身边。快乐已全部从她身上褪去，她忍受着无法描绘的孤独与痛苦。活着已成为她的磨难。时间过去了一年半，血流成河的巴黎街道上，恐怖依然盛行。在这个国家，王室的每一位朋友都被无情杀害，不分性别，无论年龄。

群众对恐怖的反感减轻了玛丽-特蕾莎·夏洛特公主遭受的折磨。王储路易·查理的死亡让民众转而同情她这个王室唯一幸存的孩子。国民议会同意将玛丽-特蕾莎·夏洛特公主视为战犯，换取关押在奥地利的四名法兰西军官。羸弱而绝望的玛丽-特蕾莎·夏洛特公主被带出监牢，送到了她母亲的亲戚家里。对失去双亲的玛丽-特蕾莎·夏洛特公主而言，这样的改变只是悲惨命运的结束，而非快乐生活的开始。人们流着泪告诉她，她的母亲和姑姑已被处决。玛丽-特蕾莎·夏洛特公主离开监牢，踏上马车，回到母亲度过童年的奥地利王宫。只有坐着马车在绿色的草场上驰骋、看着蓝色的天空、感受久违的空气拂过脸颊的时候，玛丽-特蕾莎·夏洛特公主才敢相信自己真的已经远离侮辱，重获自由。玛丽-特蕾莎·夏洛特公主不再痛苦，取代痛苦的却是永久的忧郁。她来到维也纳，被爱和尊敬环绕。关切的话语和温柔的注视涌向了这个忧伤的孩子。玛丽-特蕾莎·夏洛特公主将头埋入亲人怀中，撕心裂地肺痛哭。她的眼中时常满含泪水。玛丽-特蕾莎·夏洛特公主到达维也纳一年后，笑容才重回她的脸颊。过去遭受的痛苦绝不会如晨雾般散去。玛丽-特蕾莎·夏洛特公主的眼前总是浮现父亲、母亲和姑姑失去头颅的躯干的画面。在她的梦里，像乞丐一样承受折磨悲惨死去的爱弟正在奥地利王室的华盖下休息。过去的种种竟然如此漫长、可怕，像是永远存在的现实。她无法相信生活发生了这样的突变，只能将它当作梦里的谵妄。

时间冲淡了悲伤。玛丽-特蕾莎·夏洛特公主重新住进了豪华的宫殿。她的身边围绕着世间少有的奢华。玛丽-特蕾莎·夏洛特公主年轻、美丽，受人喜爱。每一位外国君主、王子和大使都向她致以特殊的敬意。这位诚实的年轻女子遭受了这么多不公正和痛苦，人们只想补偿她，此外再无其他想法。无论玛丽-特蕾莎·夏洛特公主出现在哪里，人们都致以爱和敬意。未曾谋面的人也愿穷尽一生，尽其所能地服侍她。玛丽-特蕾莎·夏洛特公主开始关心别人，展示内心残存的高贵情感。陌生的快乐重新回到她的心中。花朵在她眼前美丽地绽放，鸟儿在她耳边欢快地歌唱。造物主展现着她的美丽面容，连同山峰、河流、溪水照耀着她的思想。和平而美丽的景象抚慰了她心中的悲伤，也扫清了牢狱留给她的梦魇般的阴影。维也纳的早上可以看到美丽的景色，晚上可以聆听小夜曲。月光悄无声息地洒在着玛丽-特蕾莎·夏洛特公主的身上。这些景致将她的情感从尘封已久的坟墓中唤醒。虽然依旧带着忧郁和悲伤，年轻的笑容开始展现在玛丽-特蕾莎·夏洛特公主的脸上。未来的希望再次激励着她。查理十世的儿子昂古莱姆公爵路易·安托万开始追求玛丽-特蕾莎·夏洛特公主。当玛丽-特蕾莎·夏洛特公主平静、快乐地来到结婚圣殿时，比任何人都感恩于被爱的奢华。

昂古莱姆公爵路易·安托万

拿破仑·波拿巴下台后，玛丽-特蕾莎·夏洛特公主同波旁王室一起回到法兰西。她穿过人群，来到祖先曾居住过的宫殿时，只能露出苦涩的笑容。1830年的革命推翻了波旁王室的统治。玛丽-特蕾莎·夏洛特公主即昂古莱姆公爵夫人被驱逐出境。她与丈夫化名为梅因伯爵及夫人在苏格兰的霍利鲁德皇家城堡居住了一段时间，但那里的气候并不适合她的身体。玛丽-特蕾莎·夏洛特公主在维也纳重新获得尊敬和喜爱，现在她居住在布拉格的王室城堡中。这位受人尊敬的昂古莱姆公爵遗孀经历了七十年常人不曾经历的曲折的生活。即使是现在，从她布满皱纹的忧郁的脸颊仍然看得出早年痛苦的痕迹。

附录1 1789年的三级会议

三级会议是法兰西王国的等级代表会议。其中教士是第一等级，贵族是第二等级，平民是第三等级。三个等级分别派代表参加会议，故名三级会议。

1789年的三级会议由法兰西国王路易十六召开，后来演变成第三等级招揽其他两个等级一起反对国王意志的国民议会。1789年三级会议的召开标志着法国大革命的爆发。

1787年2月22日，法兰西国王路易十六成立贵族议会。该议会建议法兰西国王路易十六召开三级会议。三级会议自1614年以来再未召开过。法兰西国王的

路易十六成立贵族议会

夏尔 · 亚历山大 · 德 · 卡洛讷

法令需经巴黎议会的签署才能成为法律并生效。但在1787年，巴黎议会考虑到贵族阶级的利益，反对夏尔·亚历山大·德·卡洛讷主导的经济改革计划。法兰西国王路易十六任命夏尔·亚历山大·德·卡洛讷为法兰西王国财政总管，希望夏尔·亚历山大·德·卡洛讷可以解决法兰西王国经济赤字的问题。夏尔·亚历山大·德·卡洛讷孤注一掷，希望绕开巴黎议会，恢复古老的政体。贵族议会最初有137名贵族，其中包括许多未来的革命者，如米拉波伯爵奥诺雷·加布里埃尔·里奎蒂和拉法耶特侯爵吉尔伯特·德·莫蒂。法国大革命中的英雄拉法耶特侯爵吉尔伯特·德·莫蒂曾在美国乔治·华盛顿的军队中服役。法兰西王国因支持美国革命负债累累。打败英国查尔斯·康沃利斯侯爵的约克敦战役 很大程度上归功于法国路军和海军的增援。夏尔·亚历山大·德·卡洛讷妄图通过改变议会获得更多支持的想法是错误的。他提出无论贫富，所有土地占有者必须缴纳土地税的税收建议。该建议招致一片反对。大家纷纷指责他管理不善。最终，夏

米拉波伯爵奥诺雷·加布里埃尔·里奎蒂

埃蒂安·夏尔·德·洛梅尼·德·布里昂

尔·亚历山大·德·卡洛讷于1787年4月8日被解职，随后被流放。他只能在伦敦评议法兰西王国的政治局势了。

接替夏尔·亚历山大·德·卡洛讷的是贵族议会主席埃蒂安·夏尔·德·洛梅尼·德·布里昂。埃蒂安·夏尔·德·洛梅尼·德·布里昂被任命为首相，负责法兰西的所有部长。法兰西的贵族们非常顽固，他们提出一系列改革措施，却拒绝为实施这些计划买单。拉法耶特侯爵吉尔伯特·德·莫蒂建议召开国民议会解决国内的问题。埃蒂安·夏尔·德·洛梅尼·德·布里昂向拉法耶特侯爵吉尔伯特·德·莫蒂确认过此处“召开国民议会”即指三级会议后，将拉法耶特侯爵吉尔伯特·德·莫蒂的这一建议记录下来。法兰西国王路易十六对埃蒂安·夏尔·德·洛梅尼·德·布里昂无法解决国家赤字表示了不满。经过了一天的辩论，1787年5月25日，法兰西国王路易十六解散了贵族议会。所有议案重回巴黎议会。

法兰西国王路易十六重回巴黎议会后发现议员们还在讨论贵族议会上的议案。巴黎议会的职责是向国王提出建议、登记或记录国王的法令并使之成为法律。它一向认真履行着这一职责。法兰西国王路易十六的祖父和曾祖父都以命令、威胁或愤怒的威慑使巴黎议会让步。法兰西国王路易十六的法令也只有经过巴黎议会的登记才能合法。

1787年7月6日，埃蒂安·夏尔·德·洛梅尼·德·布里昂又向巴黎议会提议登记土地税和另一项效仿美国的新税“印花税”。巴黎议会拒绝登记这些非法新税，要求法兰西国王路易十六提供更详尽的会计报表。它的这一要求也遭到了拒绝。巴黎议会的成员宣称法兰西国王路易十六如果不提供会计报表，就要召开三级会议。法兰西国王不允许自己的权威受到任何挑衅，于是1787年8月6日，法兰西国王路易十六亲自要求巴黎议会的成员登记新税。1787年8月7日，巴黎议会宣布法兰西国王路易十六的此项命令无效，同时否决了法兰西国王路易十六提出的任何关于新税的法令。他们宣称只有三级会议有权登记新的税种。

1787年8月15日，法兰西国王路易十六第二次召集巴黎议会，将巴黎议会的成员从巴黎召集至香槟地区的特鲁瓦市。巴黎街头的人们欣喜地谈论着每个议案，但法兰西国王路易十六本人并未出现在会场。法兰西国王路易十六通过特使与巴黎议会达成协议：法兰西国王路易十六不再征收印花税，调整土地税，免除所有特权阶级的土地税；作为回报，巴黎议会承诺通过法兰西国王路易十六的专项贷款并使其合法化。巴黎议会成员获准于1787年9月20日返回巴黎。在法兰西国王路易十六的支持下，埃蒂安·夏尔·德·洛梅尼·德·布里昂越过了巴黎议会承诺法兰西国王路易十六的专项贷款的底线，提议巴黎议会向法兰西国王路易十六提供连续贷款直至1792年。这相当于为法兰西国王路易十六开了一张空额支票。得知巴黎议会延期召开后，法兰西国王路易十六想到了一个诡计。1787年11月19日，他安排了一次狩猎活动。1787年11月19日上午11时，法兰西国王路易十六同拥护他的贵族们穿着狩猎服喧闹着进入了议会的议程。他们认为只需要在会议上稍作讨论，巴黎议会就会通过并登记国王的决定。

然而，1787年11月19日，几乎整个政府的成员都出席了会议。会议进行了六个小时，直到黄昏时分，大家都还在讨论各种问题和议案。巴黎议会的会者与法兰西国王路易十六对君主制的理解有偏差，因此政府无法解决分歧，需要三级会议最终决定。法兰西国王路易十六在会议上要求巴黎议会批准并登记连续贷款。奥尔良公爵路易·菲利普·约瑟夫向法兰西国王路易十六发问："这是皇家会议还是议会会议？"得到"这是皇家会议"的回答后，他说："国王的法令不应在皇家会议上登记。"法兰西国王路易十六带着嘲讽的语气说："这关你什么事？国王的意志就是法律。"而后他带着侍从生气地离开了会场。1787年11月20日，法兰西国王路易十六发布秘密逮捕令将奥尔良公爵路易·菲利普·约瑟夫和另外两人扣押并软禁在远离巴黎的一处居所。当奥尔良公爵路易·菲利普·约瑟夫在舒适的乡间公寓"度假"时，巴黎议会开始讨论秘密逮捕令的合法性。奥尔良公爵路易·菲利普·约瑟夫也成了这一轰动事件的主角。

1787年冬天，当法兰西国王路易十六和埃蒂安·夏尔·德·洛梅尼·德·布里昂发现与巴黎议会的商议无法推进时，他们决定采取另外的方案：恢复大司法管辖区制度这一古老政体。在大司法管辖区制度下，巴黎议会失去所有法律权力，法兰西国王路易十六控制下的全体法庭将行使巴黎议会的职责，从而架空巴黎议会。法兰西国王路易十六计划突然宣布命令并解散巴黎议会，但让-雅克·杜瓦尔·德埃普雷梅内尔听到政府的印刷机在工作后便贿赂印刷工，拿到了国王颁布该项命令的证据。第二天即1788年5月3日，巴黎议会看到证据后宣誓不接受法兰西国王路易十六解散议会的命令，并决心捍卫自己的权利。

逮捕让-雅克·杜瓦尔·德埃普雷梅内尔等人的命令很快下达。1788年5月5日，让-雅克·杜瓦尔·德埃普雷梅内尔等人从房顶上逃脱来到巴黎议会寻求庇护。法兰西国王路易十六派人闯进巴黎议会并实施逮捕。巴黎议会的成员最终决定投降，他们在卫兵的看守下安静地陆续离开。巴黎议会的主席将议会大楼的钥匙交给了法兰西国王路易十六。

让－雅克·杜瓦尔·德埃普雷梅内尔

1788年5月8日，随着地方议会法令登记制度的确立，权力转移到新成立的政府。地方议会并未同巴黎议会一样关闭。如果法兰西国王路易十六的代表强行登记某议案，议会代表们会离开议会大厅并于次日返回，宣布该登记无效。暴力反抗席卷整个王国。在雷恩[1]和布列塔尼爆发了巷战，这两地派往巴黎的议会代表团也被关进巴士底狱。在巴黎的布列塔尼人组织了布列塔尼俱乐部，即后来的雅各宾俱乐部。大司法管辖区制度最终未能建立，全体法庭也只召开过一次会议。

① 雷恩（Rennes）是法国西北部第二大城市，是西部大区布列塔尼大区的首府。——译者注

法兰西国王路易十六颁布皇家法令，决定在1789年1月24号召开三级会议。皇家法令由两部分组成：国王的致信和一系列法规。

法兰西国王路易十六致信如下：

> 我们需要忠诚的臣民帮助我们解决困难，特别是财政困难。基于这一目的，我决定召集各省代表，组成三级会议。

法兰西国王路易十六承诺处理人民的申诉。在每个社区和行政区，“最高贵的人民”被召集起来“协商并记录申诉内容”。各区开始选举参加会议的代表。法兰西国王路易十六说他将致力于“摒除恶习”，并将“建立稳定和持续的社会秩序”和“共同繁荣的景象”。国王致信的署名是路易。

法兰西国王路易十六的致信和选举方案被送达各省。1788年秋天，法兰西国王路易十六的贵族顾问团认为此次三级会议应同1614年最后一次召开的三级会议保持一致。175年后，三级会议显然不再是法国社会的职能机构。法兰西国王路易十六和贵族们认为他们可以通过恢复古老的三级会议控制人民。过去的三级会议是按等级计票的，也就是说，贵族和教士两个等级共计两票，平民等级只占一票，贵族和教士等级票数超过平民等级。

如果采取另一种方式计票，每一位代表都有一次投票权，则以平民为主的普通阶级将有可能胜出。这个问题在1788年秋季的报纸上被广泛讨论。人民坚信，许多贵族和教士会站在自己一边，改变投票结果。一个全国性的政党因此形成。该党派认为法兰西王国尚未确立宪法，三级会议的功能就是立宪。保皇党则坚持建立绝对君主制。言论认为第三等级的人数应该是其他等级的两倍。法兰西国王路易十六为了重新获得人民的支持，同意将第三等级的代表人数增加一倍。他相信自己对贵族和教士拥有绝对的影响力。

第一等级代表了十万天主教神职人员。教会占有法兰西王国10%的土地，并享有在其领地上向农民征税的权利。土地控制在主教和修道院院长的手中。但三百零三名教士代表中，有三分之二是普通的神职人员，只有五十一名主教。第

法兰西的三个等级：农民、神职人员和贵族

二等级代表了约四十万贵族。贵族阶层拥有全国25%的土地，可以对其领地上的佃户收取实物和租金。在二百八十二名贵族代表中，只有约三分之一贵族拥有小块土地。第三等级代表的人数扩大到五百七十八人，他们代表了占法兰西人口总数95%的两千五百万平民。第三等级代表中有一半是接受过良好教育的律师和地方官员，三分之一是工商业从业者，五分之一是富农。

自1789年1月选举方案以布告的形式下发全国，各阶级推选阶级代表的选举活动便开始进行。每个税收区，即城市、自治市和教区选出各自的第三等级代表。在司法管辖区独立选举第一等级和第二等级的代表。选举议会有“备忘录”

让·约瑟夫·穆尼耶

记载需要由会议解决的申诉。因此具体的选举规则因选区不同而各有差异。通常来说，代表的人数由选区的人口数量决定。选区的人口越多，代表就越多，因此巴黎城的代表最多。投票人由25岁及以上的男性公民、有产者和登记纳税人组成。本地居民和入籍居民均可参加投票。

此次选举共推选出一千二百名代表，其中第三等级的代表占一半，第一等级和第二等级的代表各有三百人。法国社会自1614年至此已发生了巨大的变化，因此这次的三级会议与1614年的三级会议截然不同。贵族不再只代表第二等级投票，许多贵族成员被选入第三等级。在第三等级的代表中，贵族人数占到四百名。许多第三等级的贵族是狂热的革命分子，其中包括让·约瑟夫·穆尼耶和米拉波伯爵奥诺雷·加布里埃尔·里奎蒂。他们虽然被选入第三等级，但在恐怖统治期间也未能逃脱上断头台的命运。

第二等级的成员是全法兰西最有权有势的贵族。法兰西国王路易十六本可以依靠他们，但在随后的历史进程中，他们对法兰西国王路易十六却毫无用处。法兰西国王路易十六曾经认为，第一等级的代表都是贵族主教，但他们大多数是教区牧师，同情第三等级。第三等级主要由文官和律师组成。法国的底层人民、无土地者和工人阶级虽然是巷战的主力，但是他们无缘三级会议。他们被法兰西国王路易十六称作“最重要的人”。

申诉的内容主要与税收相关。人们认为税收是他们身上最重的负担。这样一来，人民与法兰西国王路易十六的观点在最开始就是矛盾的。贵族享受的特权也受到了攻击。税收和徭役的重负大部分落在普通民众的身上，因此人们痛恨贵族享受免除税收和徭役的特权。第三项申诉是由贵族执行的随处可见的通行费和关税，这些税费严重制约了国内商业的发展。

1789年5月5日，在美乐宫精心搭起的临时大厅中举行了三级会议的欢庆仪式。美乐宫位于凡尔赛城，邻近凡尔赛宫。贵族和教士严格按照1614年的礼仪

参加三级会议的三个等级代表

三级会议

要求，身着盛装在会场内就座；而第三等级的代表按照协议被安排在最远的一端。1789年5月6日，当法兰西国王路易十六和法兰西国玺守护人夏尔·路易·弗朗索瓦·德·保罗·巴朗坦一同颁布皇家法令时，第三等级的代表们发现皇家法令只授予传统投票权，也就是每个等级具有同等数量的投票权。

法兰西国王路易十六和夏尔·路易·弗朗索瓦·德·被勒·巴朗坦显然只想让代表关注税收问题。虽然第三等级代表的人数最多，但人数仅是一种标志，并不具备特别的权力。财政总监雅克·内克尔非常同情第三等级，因此他只谈

论了赤字问题，将三级会议如何召开的问题留给了夏尔·路易·弗朗索瓦·德·被勒·巴朗坦。

法兰西国王路易十六和夏尔·路易·弗朗索瓦·德·被勒·巴朗坦只关注税收。他们显然对形势有了错误的估计。第三等级认为三个等级应共同召开会议，而且每一位代表都应享有投票权。其他两个等级虽然对国王的专制统治有所不满，但他们判断，如果他们与第三等级在一起，他们失去的权力将多于与法兰西国王路易十六在一起得到的权力。之后的历史也证实了这一判断。雅克·内克尔在投票权这件事上非常同情第三等级。他虽然是精明的财政总监，

雅克・内克尔

但作为政治家，他却缺乏同样的智慧。面对眼前的僵局，雅克·内克尔视若无睹，任其发展，未加干预。结果，当法兰西国王路易十六同意第三等级要求时，民众将其当作君主政体作出的让步，而非法兰西国王路易十六出于善意和大度赠予第三等级的礼物。

三级会议最终形成僵局。第二等级坚持尊重三个等级的代表在不同地点开会的传统。作为贵族的米拉波伯爵奥诺雷·加布里埃尔·里奎蒂却被选举成为第三等级的代表。他提出三个等级的代表应在同一地点共同进行代表资格审查。但这一提议最终失败。三个等级的代表在不同的地点分别讨论立法机构的组织形式。直到1789年5月27日，贵族们仍坚持独立代表资格审查，第三等级的努力毫无结果。1789年5月28日，与米拉波伯爵奥诺雷·加布里埃尔·里奎蒂同为高级教士且被选举为第三等级代表的埃马纽埃尔-约瑟夫·西哀士神父劝说第三等级的代表们开始代表资格审查工作，并邀请其他两个等级的代表共同参与，不再被动等待。

1789年6月13日，第三等级的代表就三个等级应享有的权力达成共识。他们邀请教士和贵族阶级一起就此事进行协商。此邀请被另外两个等级拒绝后，

埃马纽埃尔－约瑟夫·西哀士神父

1789年6月17日，第三等级的代表独自完成了代表资格审查，并做出一个更为激进的行为：他们将自己的会议命名为国民议会。国民议会不再是三级会议，而是人民的议会。第三等级虽然邀请其他两个等级参加会议，但他们的态度很明确：无论其他两个等级是否参加，他们都将主导国家事务。因为第三等级的代表人数远超其他两个等级的代表人数之和，所以第三等级也能控制任何联合议会。

法兰西国王路易十六试图阻止国民议会的召开。他在枢密院朝臣的影响下决定亲自来到国民议会，宣布废除国民议会制订的法律，并要求议会代表按照等级分别议事。他还下令，改革问题应在重建的三级会议上进行讨论。1789年6月20日，法兰西国王路易十六下令关闭召开国民议会的大厅。国民议会代表借用邻近的网球场继续讨论议案，并发布了著名的“网球场宣言”。国民议会代表们决意在确立法国政体后解散国民议会。两天后即1789年6月22日，法兰西国王路易十六禁止国民议会使用网球场。议会地址再次移至圣·路易教堂。教士阶级的大部分代表也参加了此次会议。法兰西国王路易十六为恢复旧的等级制度所做的努力最终加速了革命的发展。

1789年6月23日，法兰西国王路易十六在皇家会议上颁布了宪章。这是一部代表贵族利益的宪法。这部宪法中再次强调，三个等级须遵循传统进行代表资格审查。这一举措很快失败——贵族代表中的顽固派在法兰西国王路易十六的要求下参加了国民议会。至此，国民议会完全取代了三级会议。1789年7月9日，国民议会更名为国民制宪议会。

附录2 国民制宪议会

国民制宪议会存在于法国大革命的第一阶段。它形成于1789年7月9日召开的国民议会，于1791年9月30日解散，并由立法议会取代。

三级会议是法兰西王国的等级代表会议，由第一等级教士、第二等级贵族和第三等级平民分别派代表参加。法兰西王国的三级会议自1614年搁置，直到1789年5月5日再次召开，却于1789年5月6日陷入僵局。第三等级的代表为了达到预期的效果，从1789年5月11日开始，决定作为一个独自团体自行举行会议。

国民制宪议会

1789年6月12日，第三等级邀请其他等级的代表参加会议，第一等级的部分成员即于1789年6月13日响应。

1789年6月17日，在第三等级举行的会议上，西哀士神父埃马纽埃尔-约瑟夫以四百九十比九十的投票结果通过了自己的提议，宣布第三等级代表独立出来的这一社团为国民议会。第三等级认为国民议会与国王具备相同的合法权威。

第一等级所代表的人群大部分是教区教士，只有少部分是主教。教区教士掌握的财富与第三等级接近，而主教掌握的财富与第二等级接近。1791年6月13日，第一等级的教区教士代表参加国民议会。1789年6月19日，第一等级投票决定全员参加国民议会，至此，一个兼具立法和政治作用的组织完全形成。

很快，国王路易十六和第二等级的代表开始阻止国民议会召开会议，双方产生了误解。1789年6月20日，由于国民议会的会议厅被查封，国民议会主席让·西尔万·巴伊不得不同议会成员一起前往附近的网球场继续召开会议。国民议会

让·西尔万·巴伊

网球场宣言

于此立下了著名的网球场宣言："如不制订出王国宪法并使之得以实施，国民议会决不解散。"国王路易十六无法驱散国民议会的议员，不得不在1789年6月27日承认国民议会的合法性。

1791年7月9日，国民议会改称"国民制宪议会"，开始行使管理和制宪的权利。但通常情况下，我们还是将国民制宪议会称作"国民议会"或"制宪议会"。

1789年7月14日，随着巴士底狱被攻陷，国民制宪议会逐渐实现了对法兰西王国的有效统治。历史学家弗朗索瓦·奥古斯特·玛利·米涅[①]说：

> 国民制宪议会拥有全部权力；政府依靠它经营；国民卫队服从它的命令。王室的权力虽仍然存在，但由于没有人服从，在某种程度上已经被废止了。国民制宪议会不得不独自行动。

① 弗朗索瓦·奥古斯特·玛利·米涅（François Auguste Marie Mignet，1796—1884），法国新闻记者和历史学家。——译者注

选举期间，三级会议的代表数量大幅增加。但许多代表都并不匆忙，甚至有些人在1791年底才抵达巴黎。据蒂莫西·塔克特[①]的考据，截至1789年7月中旬，国民制宪议会议会共有一千一百七十七名代表。其中第一等级代表二百九十五人，第二等级代表二百七十八人，第三等级代表六百零四人。在整个会议期间，被确认的代表共计一千三百一十五人，其中第一等级代表三百三十人，第二等级代表三百二十二人，第三等级代表六百六十三人。蒂莫西·塔克特特别提到，第二等级代表大部分有军事背景，第三等级代表多是法律工作者。

这一时期国民制宪议会的主要领导人物有以下几类：

一、保守的大革命反对者，即后来的“右翼”：直率的贵族代言人雅克·安托万·玛利·德·卡扎莱斯；顽固的教会代表让-西弗林·莫里神父。

雅克·安托万·玛利·德·卡扎莱斯

① 蒂莫西·塔克特（Timothy Tackett），是美国加州大学欧文分校荣誉教授，美国历史学家，专门研究法国大革命。——译者注

斯塔尼斯拉斯·玛利·阿德莱德

二、君主主义者，也叫民主保皇派。他们与雅克·内克尔结成同盟，倾向于采取英国的政制模式，在法国建立上议院和下议院。此类人物包括：马卢厄特男爵皮埃尔·维克多、德·拉莱–托伦达尔侯爵特罗菲姆–热拉尔、德·克莱蒙–托内尔伯爵斯塔尼斯拉斯·玛利·阿德莱德和让·约瑟夫·穆尼耶。

三、左翼，也叫民族党，因支持革命和民主而联合。它代表中产阶级的利益，同时对广大劳动人民报有强烈的同情。早期的著名领袖包括米拉波伯爵奥诺雷·加布里埃尔·里奎蒂、拉法耶特侯爵吉尔伯特·德·莫蒂和让·西尔万·巴伊，其中前两位有贵族阶层的背景。弗朗索瓦·奥古斯特·玛利·米涅也指出，阿德里安·迪波尔、安托万·皮埃尔·约瑟夫·玛利·巴纳夫和拉梅特伯爵亚历山大·泰奥多尔–维克多属于这一时期中“民族党内最极端的”、“时常处于革命最前沿的”领导者。拉梅特伯爵亚历山大·泰奥多尔–维克多的哥哥夏尔·马洛·弗朗索瓦·拉梅特也属于这一派别。

值得一提的是西哀士神父埃马纽埃尔-约瑟夫。他一直致力于弥合君主立宪派和革命支持者之间的分歧，对这一时期的立法提出了宝贵的建议。

1791年夏，国王路易十六前往瓦雷讷（的逃亡计划失败后，国民制宪议会决定，在国王路易十六支持宪法的前提下恢复其王位。这一决定遭到许多巴黎人的反对。其中一次大型的抗议活动演变成战神广场大屠杀。十五至五十人被国民自卫队枪杀。

1791年9月30日，国民制宪议会在经历了两年革命变迁后自行解散。1791年10月1日，1791年“宪法”生效并赋予立法议会权力。

附录3 吉伦特派

吉伦特派是法国大革命时期一个松散的政治派别。1791年至1793年，吉伦特派活跃于立法议会和国民公会。最初，吉伦特派与山岳派共同参与了雅各宾运动。吉伦特派主张并参与推翻君主制,但之后也阻碍了革命的进一步发展。在这一点上，它与激进的山岳派产生了分歧。吉伦特派一直在主导革命运动，直到1793年5月31日至1793年6月2日爆发的起义推翻了吉伦特派的统治。这场起义

雅各宾的会议

雅克・皮埃尔・布里索

导致了山岳派统治的崛起，吉伦特派成员惨遭清洗和屠杀。吉伦特派倒台标志着恐怖统治的开始。

与其说吉伦特派是一个有组织的政治团体，不如说它是松散的个人联合组织。“吉伦特”这一名称最初在私下传开，是因为这一组织中最突出的代表人物都来自法国西南部的吉伦特省，是立法议会的议员。吉伦特派领袖雅克·皮埃尔·布里索提出野心勃勃的军事计划，企图将革命推向国际。因此，1792年至

1793年，吉伦特派是主战派。吉伦特派的著名领袖还包括让-玛利·罗兰和他的夫人玛丽-让娜·罗兰。罗兰夫妇与英国出生的美国激进主义者托马斯·潘恩结成了同盟。

雅克·皮埃尔·布里索和罗兰夫人被处决。逃亡中的让-玛利·罗兰得知二人被处决的消息后自杀身亡。托马斯·潘恩被监禁后死里逃生。著名的油画《马拉之死》描绘的就是暴躁激进的记者让-保罗·马拉遇刺时的场景。让-保

玛丽-让娜·罗兰

玛丽－安妮·夏洛特·科黛刺杀让－保罗·马拉

罗·马拉是吉伦特派的告发者。同情吉伦特派的玛丽–安妮·夏洛特·科黛成功刺杀让–保罗·马拉后被处决。虽然革命废除了王室和贵族阶级联合反对农民阶级的三级投票制度，但不同派系间的斗争使得人民代表制度无法在全国范围内实现。

吉伦特派是指一群组织松散的、与山岳派争夺国民公会控制权的会议代表。它从来都不是官方的组织或政党。吉伦特派这一名称也不是来自团体内的任何成员，而是由山岳派命名的。早在1792年4月，就有传言说来自吉伦特省的国民公会代表周围聚集着反革命的团体。这些代表包括雅克·皮埃尔·布里索、让-玛利·罗兰和弗朗索瓦·尼古拉·伦纳德·比佐。当时的人根据领导者的不同，将他们各自的支持者称为“布里索派”“罗兰派”或“比佐派”。当时还有其他的说法，但最终，历史学家还是选择了“吉伦特派”。这一词汇在普拉茨骑士阿方斯·玛利·路易·德·拉马丁于1847年写的《吉伦特派史》一书中成为标准词汇。

让-玛利·罗兰

皮埃尔·维图尔尼安·维尼奥

来自吉隆特省的十二名代表中，有六人既是1791年至1792年立法议会的代表，也是1792年至1795年国民公会的代表。其中有五人是律师，他们是皮埃尔·维图尔尼安·维尼奥、玛格丽特-伊利亚·加代、阿尔芒·让索内、让·安托万·拉法格·德·戈诺文和同为新教牧师的让·热，另外一人让-弗朗索瓦·迪科是商人。他们虽然不是共和党人，但在立法议会中的许多观点还是比巴黎大多数温和的保皇派议员先进。

一些来自其他地方的代表对来自吉隆特省的代表意见表示赞同。其中著名的支持者有孔多塞侯爵玛利·让·安托万·尼古拉·德·卡塔特、克劳德·伏谢、马克·大卫·阿尔巴·苏尔斯、马克西曼·伊斯纳尔、亨利·拉里维埃和上文提到的雅克·皮埃尔·布里索、让-玛利·罗兰和热罗姆·佩蒂翁·德·维尔纳夫。1791年10月16日，热罗姆·佩蒂翁·德·维尔纳夫取代让·西尔万·巴伊成为巴黎市长。

罗兰夫人的沙龙成了吉伦特派的聚会场所。罗兰夫人对吉伦特派的思想和政策产生了巨大的影响。雅克·皮埃尔·布里索为吉伦特派的内部团结做了许多努力。他后来被当作吉伦特派在国民议会和雅科宾俱乐部的喉舌，因此，他的追

玛利·让·安托万·尼古拉·德·卡塔特

随者被称作“布里索派”。1792年9月20日，国民公会召开会议时，雅各宾派的某个分支将“布里索派”和“吉伦特派”作为辱骂对手的词汇，用来谴责对方是民主的敌人。

吉伦特派在立法议会上推行在法国国内进行民主革命、反抗欧洲列强的理念。他们支持实行对外侵略，并在1792年至1793年期间形成了主战派。当时，法国与欧洲其他列强间发生了一系列战争。

雅克·皮埃尔·布里索提出了一项雄心勃勃的军事计划，他要将革命推向国际。拿破仑·波拿巴是这一计划的积极支持者。雅克·皮埃尔·布里索在国民公会上呼吁，通过征服莱茵兰地区、波兰王国和尼德兰王国控制西欧；他还提出，截止1795年，在大不列颠王国、西班牙王国和圣神罗马帝国建立一个卫星共和国保护圈。吉伦特派呼吁对奥地利发动战争，并且宣称，战争将使爱国人士团结起来，支持革命；战争可以将被压迫的人民从专制中解放出来，还可以考验国王路易十六的忠诚。

在马克西米利安·罗伯斯庇尔尚未取代雅克·皮埃尔·布里索的影响力时，吉伦特派控制着雅各宾俱乐部。它毫不犹豫地利用雅各宾俱乐部的影响激发群众的热情，并恐吓影响大革命进程的人。吉伦特派迫使国王路易十六任命吉伦特派成员组成内阁，其中包括让-玛利·罗兰、夏尔-弗朗索瓦·德·佩里埃·迪穆里耶、埃蒂安·克拉维埃和约瑟夫·玛利·塞尔旺·德·格伯。这些人迫使国会对哈布斯堡帝国宣战。

在以上活动中，吉伦特派和山岳派之间并没有明显的区分。他们都反对君主制，推崇民主制和共和制；都同意付诸武力以实现自己的理想。无论在雅各宾俱乐部还是在国民议会上，吉伦特派和山岳派的态度从一开始就很明确：即使被指责意图削弱中央政府的权力，他们也不希望破坏法国的统一。

吉伦特派和山岳派各自的特点在很大程度上决定了它们的分歧。吉伦特派长于理论，但不是实干家。吉伦特派成员最初鼓励武力请愿，但1792年6月20日，当武力情愿演变成暴乱时，他们又感到无比沮丧。让-玛利·罗兰就是这种思想的代表。他将外事部化作宣传公民美德的出版社，而暴民则在各处肆意焚烧

夏尔－弗朗索瓦·德·佩里埃·迪穆里耶

城堡。在这一点上，吉伦特派与山岳派本质不同。山岳派是恐怖统治的组织者，是残忍的机会主义者和极端狂热分子。在革命发展的过程中，吉伦特派时常反对自己的革命成果。无论是1792年8月10日推翻君主制，还是1792年9月发生大屠杀时，吉伦特派都在名义上控制着政府，但它试图与1792年9月发生的大屠杀撇清关系。

1792年9月22日，国民公会召开第一次会议。随着让-巴蒂斯特·博耶-丰弗雷德、雅克·拉卡兹和弗朗索瓦·贝戈因的加入，即使新教牧师让·热已倒戈成

让－保罗·拉博·圣埃蒂安

为山岳派成员，吉伦特派在立法议会上依旧占有五个席位。随着前国民立宪议会代表让-保罗·拉博·圣埃蒂安和热罗姆·佩蒂翁·德·维尔纳夫重新参与国家政治，随着作家托马斯·潘恩和知名记者让·路易·卡拉的加入，吉伦特派占有了更多的席位。

吉伦特派提议暂停国王职务并召集国民大会，但他们同意在国王路易十六反抗之前不推翻君主制。1792年，君主制被推翻，共和国成立。吉伦特派却急于阻止曾帮助过自己的革命运动。吉伦特派历史学家皮埃尔·克劳德·弗朗索瓦·多努在自己的回忆录中认为，吉伦特派有教养，但太过圆滑。他们总想在动乱发生时长久地获得人民的支持，因此他们更倾向于建立秩序，因为只有秩序能保证自己的权力。曾经在立法议会上作为激进者的吉伦特派变成了国民公会的保守派。

革命并未立竿见影地呈现吉伦特派承诺的效果。在公众看来，吉伦特派很难轻易结束此次革命。此外，支持九月大屠杀的九月派，如马克西米利安·罗伯斯庇尔、让-保罗·马拉、乔治斯·雅克·丹东和他们的少量盟友，意识到了自己

乔治斯·雅克·丹东

托马斯·潘恩

的安全和影响力取决于革命是否继续。痛恨吉伦特派的马克西米利安·罗伯斯庇尔提议，将吉伦特派成员列入1792年9月的驱逐名单。雅克宾俱乐部的所有人都希望吉伦特派倒台。吉伦特派作出“吉伦特宪法草案”，在1793年年初提交国民公会审议。托马斯·潘恩是该提案的签署人之一。

危机发生在1793年3月。占国民公会多数的吉伦特派控制着执行委员会，吉伦特派成员也在各部任职。他们认为自己不可战胜。在充满敌意的阵营中，吉伦特派的演讲者没有真正的对手。他们只有纯理论的体系。但山岳派以其胆识和狂热的精力弥补了成员数量和人才质量上的不足。虽然雅各宾派和布里索派是最大的两个派别，但国民公会中有一半代表并不属于任何一个组织，因此山岳派的这一策略富有成效。雅各宾派较为激进的言论还是得到了巴黎公社革命者、各革命区域和巴黎国民自卫队的支持。山岳派成功地控制了雅各宾俱乐部，马克西米利安·罗伯斯庇尔也取代了热衷于外省工作的雅克·皮埃尔·布里索。

1792年，在对国王路易十六的审判中，吉伦特派大多数成员赞成“取计于民”，雅各宾派因此被指控为保皇党。吉伦特派谴责巴黎对地方的控制，因而被

巴黎国民自卫队

让－尼古拉·帕什

指责奉行联邦主义；他们颁布了废除革命公社的法令，但遇到民众的反对又将其废除。这在无形中加强了革命公社的力量。

在当时多疑的时代背景中，吉伦特派的优柔寡断是致命的。让-保罗·马拉从未停止对吉伦特派的的谴责，“我们被出卖了!”的呼喊在巴黎的大街小巷回荡。巴黎对吉伦特派的敌意日益增长，终于在1793年2月15日的市长选举中得到了证明。让-尼古拉·帕什曾两次担任吉伦特政府的战争部长，但他的无能使他成为吉伦特派的众矢之的。1793年2月4日，国民公会[1]在会议上罢免了战争部长

① 这时吉伦特派仍控制着国民公会。

让-尼古拉·帕什，但十天后，在1793年2月14日，让-尼古拉·帕什仍获得了足够的选票，当上了巴黎市长。山岳派想利用让-尼古拉·帕什向他过去的盟友复仇。巴黎市长让-尼古拉·帕什、公社检察官皮埃尔·加斯帕德·肖梅特和副检察官雅克·勒内·埃贝尔控制着四十八个革命区的武装民兵。他们计划以此来对付国民公会。

1793年3月10日未能得逞的暴乱事件让吉伦特派意识到了危险。他们采取了一系列防御措施包括于1793年5月18日任命“十二人委员会”、逮捕让-保罗·马拉和雅克·勒内·埃贝尔，以及一些其他的防御措施。吉伦特派无意间提高了

皮埃尔·加斯帕德·肖梅特

马克西曼·伊斯纳尔

言语犀利的让-保罗·马拉的威望。1793年4月，革命法庭不出意外地宣判让-保罗·马拉无罪。1793年5月25日，吉伦特派领导人马克西曼·伊斯纳尔发出了“法国向巴黎进军”的警告，却导致巴黎的武装力量进驻国民公会。1793年5月27日和1793年5月31的两次民众起义削弱了吉伦特派在政府中的作用。最终，1793年6月2日，巴黎国民警卫队司令对国民公会中的吉伦特派成员进行了清洗。

在让-保罗·马拉的帮助下，巴黎国民警卫队总司令弗朗索瓦·昂里奥列出了一份逮捕名单，其中包含国民公会中二十二名吉伦特派代表和“十二人委员会”中的十名成员。国民公会颁布法令批准了名单。名单上的人以保障人民安全的的名义被拘禁在自己的住所内。一些吉伦特人屈服了，另外一些人则设法连夜逃出巴黎，这些人包括雅克·皮埃尔·布里索、弗朗索瓦·尼古拉·伦纳德·比佐、让·安托万·拉法格·德·戈诺文、亨利·拉里维埃、弗朗索瓦·贝戈因和马克·大卫·阿尔巴·苏尔斯。成功逃出巴黎的人与玛格丽特–伊利亚·加代、热罗姆·佩蒂翁·德·维尔纳夫等人在外省组织运动对抗巴黎政府。这些似乎要挑起内战的行为使犹豫不安的国民公会下定了决心。国民公会召开了会议，经投票决定，下令监禁被拘留的代表，由候补成员代替吉伦特派在议会中的席位，同时采取

玛格丽特–伊利亚·加代

旺代暴乱

有力措施对抗省外的运动。1793年7月13日，玛丽-安妮·夏洛特·科黛刺杀让-保罗·马拉的事件使吉伦特派不再受欢迎。这也决定了吉伦特派的命运。

实施恐怖统治的理由是法兰西第一共和国正处于险境，迫在眉睫。在法国东侧，第一次反法同盟[①]的军队正在挺进；在法国西部，旺代的保皇党也在引发暴乱。在这种情景下，法兰西第一共和国要不惜一切代价阻止内战的爆发。1793年7月28日，国民公会颁布法令，宣布有二十一名代表背叛了国家，其中五人来

① 第一次反法同盟，即奥地利王国、普鲁士王国和大不列颠王国。——译者注

自吉伦特省。这二十一人被送去接受审判。1793年10月24日，国民公会批准了对另外三十九人的起诉。这三十九个人的罪责是背信弃义、仇视巴黎、支持联邦制、企图联合同事挑起内战。

1793年10月24日，革命法庭开始对二十二名吉伦特派成员的审判。判决结果已提前知晓。1793年10月31日，这二十二个人被送上断头台。砍掉二十二颗脑袋只需三十六分钟。

逃到外省的吉伦特人，无论是独自出走还是结伴而行，最终都被逮捕并执行死刑。其中包括孔多塞侯爵玛利·让·安托万·尼古拉·德·卡塔特、让·安托万·拉法格·德·戈诺文、玛格丽特-伊利亚·加代、热罗姆·佩蒂翁·德·维尔纳夫等。1793年11月15日，让-玛利·罗兰在妻子被处决一周后，于在鲁昂自杀。只有少如几个吉伦特人侥幸逃脱，如让-巴蒂斯特·卢韦·德·库夫莱。他在自己的回忆录中详细描述了逃亡者的遭遇。

1794年7月27日，马克西米利安·罗伯斯庇尔倒台后，吉伦特派的幸存者试图重新回到国民大会，但直到1795年3月5日，他们才正式复职。1795年10月3日，国民公会为纪念吉伦特派“自由的殉道者”，举行了一场庄严的仪式。

审判吉伦特派

让－雅克·卢梭

罗兰夫人在自传中强调了牺牲与女性美德之间的联系，重塑了她的历史形象。《罗兰夫人回忆录》写于1795年，是罗兰夫人作为吉伦特派的同情者被关入狱中时所著。这本书记录了让－玛利·罗兰担任内政部长时，罗兰夫人所做的工作。《罗兰夫人回忆录》与让－雅克·卢梭的《新爱洛伊斯》相呼应，在苦难与安慰的循环中将女性美德、母性和自我牺牲联系起来。罗兰夫人说，母亲的死是她从贞洁的女儿发展为革命英雄的的动力，让她可以坦然地面对死亡和牺牲。她最终也为自己的政治信仰牺牲了生命。罗兰夫人帮助丈夫逃出了巴黎，自己却在1793年11月8日被斩首。她的丈夫于1793年11月15日自杀身亡。

1894年至1902年，波尔多建成了一座纪念碑，用以纪念恐怖统治时期被杀害的吉伦特派代表。

吉伦特派是小贵族地主和资产阶级的代表。其成员主要来自吉伦特省的波尔多，因此该组织具有联邦主义思想。

受自由主义、自由民主、人权和孟德斯鸠男爵夏尔·德·塞孔达三权分立思想的影响，吉伦特派最初支持君主立宪。但当国王路易十六逃离巴黎，试图在瓦雷讷发动反革命运动时，吉伦特派的大部分成员演变成为共和党人只有少数成员仍是保皇党人。

夏尔·德·塞孔达

吉伦特派统治早期曾实行市场自由，支持在宪法的框架下向穷人提供公共援助、公共教育并发动对外侵略战争等一系列政策，支持拿破仑·波拿巴的对外战争。吉伦特派是法国废奴主义的主要支持者之一。以孔多塞侯爵玛利·让·安托万·尼古拉·德·卡塔特为例的一些吉伦特人支持妇女选举权和男女政治平等。

在政治上，吉伦特派通常被归入中左派，因为法兰西第一共和国的国民大会中并不存在右翼组织。吉伦特派推行激进的民主改革、世俗主义和建立强大的立法机构，结果削弱了行政和司法部门的职能。这与民粹独裁的山岳派形成了鲜明的对比。山岳派更推崇建立强大的行政权。

附录4 雅各宾派

雅各宾派，即宪法之友社，1792年更名为为雅各宾派，又称自由与平等之友社。通常称雅各宾俱乐部，或简称雅各宾派。雅各宾派是法国大革命中最著名也最有影响力的政治团体。

雅各宾俱乐部最初于1789年由来自布列塔尼的反保皇党代表成立。后来，雅各宾俱乐部举行了一系列全国范围内的共和运动，成员超过50万人。

雅各宾俱乐部的构建成分比较复杂：18世纪90年代，雅各宾派包括主张立宪的山岳派和吉伦特派。1792年至1793年间，吉伦特派控制着法兰西第一共和国，向奥地利王国和普鲁士王国宣战，最终推翻了君主制，建立了共和国。1793年5月，由马克西米利安·弗朗索瓦·玛利·伊西多尔·德·罗伯斯庇尔领导的山岳派成功地控制政府，推翻了吉伦特派的统治。山岳派统治持续到1794年7月。它坚持实施恐怖暴力统治，因此雅各宾派统治也被称为恐怖统治。

1793年8月，二十一名吉伦特派的代表人物被处决。据传，山岳派为了镇压旺代省的暴乱和联邦制拥护者的反抗，并防止进一步叛乱，先后处决一万七千余名反对者。1794年7月，马克西米利安·弗朗索瓦·玛利·伊西多尔·德·罗伯斯庇尔和山岳派控制的政府被推翻。马克西米利安·弗朗索瓦·玛利·伊西多尔·德·罗伯斯庇尔和二十一名拥护者被处决。1794年11月，雅各宾俱乐部被关闭。

如今，雅各宾派或雅各宾派主义被赋予了不同的含义。在英国，雅各宾派最初与山岳派紧密相连，因此雅各宾派被作为对极端左翼政党政治活动的蔑称，

安托万 · 皮埃尔 · 约瑟夫 · 玛利 · 巴纳夫

尤其是左翼政党中出现教条主义或使用武力镇压的时候。在法国，雅各宾派现指支持中央共和制和高度中央集权的人，也指支持政府干预以改变社会状况的人。同时，在其他一些语境背景中，雅各宾派也指支持以国家教育系统保证公民权利的人，和支持采取强硬国家措施抵制任何外来干预的人。

1789年5月至1789年6月，法国三级会议在凡尔赛宫召开。参加三级会议的布列塔尼代表组成了布列塔尼俱乐部，即雅各宾俱乐部的前身。很快，布列塔尼俱乐部吸纳了许多来自其他地区的代表。布列塔尼俱乐部在早期的代表包括米拉波伯爵奥诺雷·加布里埃尔·里奎蒂、巴黎议员埃马纽埃尔–约瑟夫·西哀士神父、多菲内代表安托万·皮埃尔·约瑟夫·玛利·巴纳夫、热罗姆·佩蒂翁·德·维尔纳夫、亨利·让-巴蒂斯特·格雷古瓦神父、夏尔·马洛·弗朗索瓦·拉梅特、拉梅特公爵亚历山大-泰奥多尔-维克多、马克西米利安·弗朗索瓦·玛利·伊西多尔·德·罗伯斯庇尔、艾吉永公爵阿尔芒-德西雷·德·维涅罗·迪普莱西·黎塞留和路易·玛利·德·拉·雷韦利埃-莱佩奥等。布列塔尼俱乐部时期的会议都在私下秘密进行，会议的地点和内容无从得知。

1789年10月之前，布列塔尼俱乐部的成员都是国民议会的代表；后来变成了参加国民立宪议会的布列塔尼代表。1789年10月，布列塔尼俱乐部租借位于圣

热罗姆·佩蒂翁·德·维尔纳夫

雅各宾俱乐部

奥诺雷大街上的雅各宾修道院的餐厅作为会议地址，此处离国民立宪议会非常近。雅各宾一词原本是指身在法兰西的多米尼亚人，因为他们最初住在圣雅克街。自此开始，成为布列塔尼俱乐部的反对者们对这一团体的戏称。自此，布列塔尼俱乐部也被称为雅各宾俱乐部。

为庆祝法国人民在国民议会的带领下获得自由并建立革命协会，伦敦的革命协会发表了演讲。之后，1789年11月，雅各宾俱乐部得以重建。

雅各宾俱乐部返回巴黎后，吸纳的成员就不再限于国民大会的代表。所有市民都可以加入，外国人也受到了欢迎。1790年1月18日，英国作家阿瑟·扬就以这种方式加入了雅各宾俱乐部。雅各宾俱乐部很快成为提倡共和、推进全民教育、争取普选权、支持政教分离及其他激进的改革措施的地方。

1790年2月8日，雅各宾俱乐部正式建成。按照由安托万·皮埃尔·约瑟夫·玛利·巴纳夫制订、议会主席艾吉永公爵阿尔芒-德西雷·德·维涅罗·迪普莱西·黎塞留署名的规定，雅各宾俱乐部的目标是：

阿瑟·扬

一、提前讨论即将在国民议会上讨论的问题；

二、致力于建立和加强宪法，使之与此前提倡的尊重法治政府、尊重人权宣言的精神相一致；

三、同法国其他同类型的社团合作。

与此同时，雅各宾俱乐部还确立了选举制度和俱乐部章程。俱乐部内每月选举一名主席、四名秘书、一名会计和监督选举、执政、通讯、管理俱乐部行为的委员会成员。任何言行背离俱乐部章程和人权宣言的成员将被开除。

按照俱乐部章程的第七条款，雅各宾俱乐部决定吸收法国其他地区的相似社团成员加入本俱乐部，以便与他们保持长期通讯。截至1790年8月10日，雅各宾派已有152个附属俱乐部。在1791年春天，反革命的过程中，雅各宾俱乐部的规模迅速扩大，成员数量急剧增长。1790年末，雅各宾派在法国建立的了分支网络。规模最大时，雅各宾派至少拥有七千个分会，人数超过了五十万。广泛的中央集权形式使雅各宾俱乐部拥有很多权力。

1791年初，类似雅各宾俱乐部的团体就已控制了法国的政治生活，如人权之友和公民协会和真理之友俱乐部。不少人加入了两个或更多俱乐部。

和其他大部分俱乐部一样，雅各宾俱乐部不接受女性成员，但它准许女性在阳台上观看、讨论。雅各宾俱乐部的成员大部分是有钱人。它自诩代表人民的利益，但吸纳的成员并不是人民。同时代的人认为，雅各宾俱乐部是资产阶级的俱乐部。

就雅各宾俱乐部在巴黎的核心组织而言，雅各宾俱乐部的成员主要是如马克西米利安·弗朗索瓦·玛利·伊西多尔·德·罗伯斯庇尔律师一样的职场人士，和如啤酒酿造商安托万·约瑟夫·桑泰尔一样的富裕资产阶级。然而在最初，雅各宾俱乐部成立的时候，俱乐部的成员背景则更丰富：奥尔良公爵路易·菲利浦·约瑟夫的幼子，未来的法国国王路易·菲利普；自由派贵族艾吉永公爵阿尔芒-德西雷·德·维涅罗·迪普莱西·黎塞留、德·布罗格利亲王夏尔·路易·维克多、德·诺阿耶子爵路易·玛利等。资产阶级才是雅各宾俱乐部的主要成员。雅各宾俱乐部也有如米歇尔·热拉尔一般被人们尊为“圣父”的人。米歇尔·热拉

路易·菲利普

尔是来自布列塔尼的一位自耕农。他粗俗的常识被人们视为神谕，他穿马甲留辫子的乡下人打扮也成了人们竞相效仿的雅各宾时尚典范。

在法兰西第一共和国成立前夕，雅各宾俱乐部还支持君主制。他们并不支持1791年7月17日废除国王的请愿书。相反，他们发表了自己的请愿书，号召路易十六退位，推选新国王。

1791年9月，保守的雅各宾俱乐部成员脱离了雅各宾俱乐部，建立了斐扬俱乐部。这一事件在一定程度上使得雅各宾俱乐部更加激进。

克劳德·伏谢

1791年底，立法议会中的雅各宾派成员主张与普鲁士王国和奥地利王国交战。其中最著名的是雅克·皮埃尔·布里索，其他还有皮埃尔·维图尔尼安·维尼奥、克劳德·伏谢，马克西曼·伊斯纳尔和普拉蒂耶尔的让-玛利·罗兰。

然而，雅各宾派的马克西米利安·弗朗索瓦·玛利·伊西多尔·德·罗伯斯庇尔极力反对与普鲁士王国和奥地利王国交战。马克西米利安·弗朗索瓦·玛利·伊西多尔·德·罗伯斯庇尔虽然是雅各宾俱乐部的成员，但他在议会中并无席位。他将主战的雅克宾派成员称作“吉伦特人”。事实上，主战的雅各宾派成员并不全都来自吉伦特省。1792年4月，议会最终采纳了雅各宾俱乐部主战派的意见，决定开战。但马克西米利安·弗朗索瓦·玛利·伊西多尔·德·罗伯斯庇尔在雅各宾派的影响也与日俱增。

雅各宾派自此开始分裂。1792年9月，一群拥护马克西米利安·弗朗索瓦·玛利·伊西多尔·德·罗伯斯庇尔的雅各宾派成员聚集起来，自称山岳派。山岳派和吉伦特派一样，并未获得官方地位，也没有正式的成员。甚至在最初，山岳派成员内部都无法取得一致的观点。大家只是出于对吉伦特派的厌恶联合在一起。

1791年8月至1792年9月，立法议会控制着法国。立法议会由雅克·皮埃尔·布里索、马克西曼·伊斯纳尔和罗兰夫妇控制。自1792年6月起，吉伦特派成员便很少出入雅各宾俱乐部。他们的对手马克西米利安·弗朗索瓦·玛利·伊西多尔·德·罗伯斯庇尔的势力则日渐壮大。

马克西米利安·弗朗索瓦·玛利·伊西多尔·德·罗伯斯庇尔

路易・安托万・德・圣茹斯特

1791年宪法颁布后，法兰西国王路易十六倒台，贵族阶级失去特权。1792年9月21日，雅各宾俱乐部将“巴黎宪法之友协会”更名为“雅格宾斯协会”，又称“自由与平等之友俱乐部”。新选举的国民公会于1792年9月21日开始统治法国。借此，马克西米利安·弗朗索瓦·玛利·伊西多尔·德·罗伯斯庇尔重回法国政治中心。他与自己二十五岁的追随者路易·安托万·德·圣茹斯特、让·保罗·马拉、乔治斯·雅克·丹东同其他参会者坐在会场最高处的左边，从此，以马克西米利安·弗朗索瓦·玛利·伊西多尔·德·罗伯斯庇尔为代表的这个组织就被称作“山岳派”。

一些历史学家将马克西米利安·弗朗索瓦·玛利·伊西多尔·德·罗伯斯庇

尔领导的议会组织称作雅各宾派。事实上，这很容易引起误解，因为不是所有的雅各宾俱乐部成员都是山岳派。山岳派的对手吉伦特派最初也来自雅各宾俱乐部。

1792年9月，马克西米利安·弗朗索瓦·玛利·伊西多尔·德·罗伯斯庇尔已成为雅各宾俱乐部最主要的领导者。

1791年，吉伦特派已经成为马克西米利安·弗朗索瓦·玛利·伊西多尔·德·罗伯斯庇尔的反对者。吉伦特派最初也属于雅各宾派，坐在国民公会的右侧。他们现在已不再出入雅各宾俱乐部。

山岳派和吉伦特派一类的组织从未获得过官方地位。但据历史学家统计，在国民公会的七百五十名代表中，有一百五十位属于吉伦特派，一百二十位属于山岳派，剩余四百八十位代表被称作“平原派”。当山岳派和吉伦特派彼此挑衅，展开辩论时，平原派的代表总是试图与双方都保持距离。

吉伦特派的成员及其盟友控制了国民公会的大部分部门。吉伦特派在外省的影响力比山岳派更强大，但在巴黎，山岳派更受欢迎。在国民公会的走廊上，总能听到有人为山岳派喝彩，也能听到有人对吉伦特派的调侃。

1793年4月6日，“公共繁荣委员会”成立。公共繁荣委员会又称“公共安全委员会”，具备行政工作职能。公共繁荣委员会开始有九位成员，后来增加至十二人。最开始，公共繁荣委员会中并没有吉伦特派代表，山岳派的成员也只有一两位。后来，山岳派在公共繁荣委员会的影响力却与日俱增。

1793年4月初，军务部长让-尼古拉·帕什提议国民公会驱除吉伦特派的二十二名领袖。1793年4月末，吉伦特派成员玛格丽特-伊利亚·加代控诉山岳派成员让·保罗·马拉“宣传掠夺和谋杀，并且试图迫害人民主权”。大部分与会者同意对让·保罗·马拉进行审判，但让·保罗·马拉很快被法院宣判无罪并得以释放。轻而易举的胜利使山岳派愈发憎恶吉伦特派。山岳派成员起草了更多方案铲除吉伦特派成员。

1793年5月18日和1793年5月25日，国民公会的执行主席、吉伦特派成员马克西曼·伊斯纳尔警告众人，在会议大厅的骚动和混乱会导致整个国家进入

朗瑞奈伯爵让・丹尼斯

无政府状态，甚至引发内战。1793年5月25日，马克西曼・伊斯纳尔威胁道："如果这个国家的议员遭遇任何不测，我以法兰西的名义宣布，巴黎的一切都会陪葬。"1793年5月26日，在雅各宾俱乐部，马克西米利安・弗朗索瓦・玛利・伊西多尔・德・罗伯斯庇尔建议号召人民共同反抗国民公会中腐败的代表。1793年5月27日，吉伦特派和山岳派同时指责对方宣扬内战。

1793年6月2日，山岳派指挥八万名武装士兵包围了位于杜伊勒里宫的国民公会。在混乱中，国民公会颁布了一项驱逐吉伦特派代表的命令，其中包括朗瑞奈伯爵让・丹尼斯、马克西曼・伊斯纳尔和克劳德・伏谢等，共二十二人。

1793年6月前后，马克西米利安·弗朗索瓦·玛利·伊西多尔·德·罗伯斯庇尔和他山岳派的追随者们在法国获得了更大的权力。其中大部分人和马克西米利安·弗朗索瓦·玛利·伊西多尔·德·罗伯斯庇尔一样，是雅各宾俱乐部的成员，如约瑟夫·富歇、让-玛利·科洛·德赫布瓦、雅克-尼古拉·比约-瓦雷讷、让·保罗·马拉、乔治斯·雅克·丹东和路易·安托万·德·圣茹斯特。另外有三位著名的山岳派成员并不是雅各宾俱乐部成员，他们是贝特朗·巴莱尔·德·维欧扎克、

约瑟夫·富歇

乔治斯·奥古斯特·库东

雅克·勒内·埃贝尔和乔治斯·奥古斯特·库东。在“文化战争”和1793年之后的史料记载中，将1793年6月至1794年7月间控制法国政治的马克西米利安·弗朗索瓦·玛利·伊西多尔·德·罗伯斯庇尔及其拥趸称作雅各宾派。

山岳派的许多成员曾是法国政府公共安全委员会的委员。1793年4月至1793年8月，贝特朗·巴莱尔·德·维欧扎克在公共安全委员会工作；1793年4月至1793年7月，乔治斯·雅克·丹东在公共安全委员会工作；乔治斯·奥古斯特·库东和路易·安托万·德·圣茹斯特于1793年5月进入公共安全委员会工作；马克西米利安·弗朗索瓦·玛利·伊西多尔·德·罗伯斯庇尔于1793年7月进入公共安全委员会工作。马克西米利安·弗朗索瓦·玛利·伊西多尔·德·罗伯斯庇尔因其坚韧和忠诚获得了“无懈可击”的称号。

数月前被国民公会免职的吉伦特派成员，如让-玛利·罗兰、雅克·皮埃尔·布里索、热罗姆·佩蒂翁·德·维尔纳夫和玛格丽特-伊利亚·加代等人离开巴黎，去了法国八十三个省中的六十个省，在各地组织暴动，抗议雅各宾派控制共和国政权。巴黎政府声称暴徒是联邦制拥护者，但这种说法其实并不正确。大多数参与暴乱的人并不寻求地方自治，而是支持建立不同的中央政府。

1793年10月，由于支持卡昂的叛乱，二十一名吉伦特派的前国民议会代表被判处死刑。1794年3月，雅克·勒内·埃贝尔及其支持者被判处死刑；1794年

雅克·勒内·埃贝尔

让-玛利·科洛·德赫布瓦

4月，乔治斯·雅克·丹东及其十三位追随者被判处死刑。这些事件都发生在马克西米利安·弗朗索瓦·玛利·伊西多尔·德·罗伯斯庇尔在国会上对“内部敌人”进行暗讽，指责他们推动暴政之后。同时，山岳派控制的政府也采取了严厉措施镇压所谓的反革命阴谋和反革命恐怖活动，打击了在身处外省的“自由的敌人”。此次镇压导致了1793年9月至1794年7月期间，一万七千余人被判处死刑。

1794年6月末，公共安全委员会成员让-玛利·科洛·德赫布瓦、雅克-尼古拉·比约-瓦雷讷和乔治斯·奥古斯特·库东将马克西米利安·弗朗索瓦·玛利·伊西多尔·德·罗伯斯庇尔称作独裁者。1794年7月，马克西米利安·弗朗索瓦·玛利·伊西多尔·德·罗伯斯庇尔和他的二十一位追随者被国民公会判处死刑。

或许是由于当时的高压暴力，或许是要败坏马克西米利安·弗朗索瓦·玛利·伊西多尔·德·罗伯斯庇尔及其追随者的名誉，历史学家遵照旧例，将1793年6月至1794年7月这段时期粗暴地归为一体，称作恐怖统治时期。当代学者这样理解暴力统治：法国当时面临内战和国外敌对势力的颠覆，在腹背受敌的局势下，需要借助高压统治政策建立法兰西共和国，以抵御双重危机。

随着马克西米利安·弗朗索瓦·玛利·伊西多尔·德·罗伯斯庇尔和其他山岳派领导人的死亡，山岳派和吉伦特派作为政治团体，在法国历史上似乎不再产生重要影响。历史学家不再提及他们。雅各宾俱乐部也不再产生决定性作用。

马克西米利安·弗朗索瓦·玛利·伊西多尔·德·罗伯斯庇尔遇袭身亡

关闭雅各宾俱乐部

1794年7月27日，路易·勒让德被派去关闭雅各宾俱乐部。这里原本每周六都会举办聚会。最终，1794年11月12日，雅各宾俱乐部终于关闭。

1799年，一批支持雅各宾主张的人为重建雅克宾俱乐部，组建了平等与自由之友集会。平等与自由之友集会的总部位于杜伊勒里宫的骑马场，因此又叫骑马场俱乐部。骑马场俱乐部由巴拉斯子爵保罗·弗朗索瓦·让·尼古拉赞助，国民议会两院的二百五十名议员都是俱乐部的成员，其中包括许多著名的前雅各宾俱乐部成员。平等与自由之友集会发行的《自由报》上称赞了马克西米利安·弗朗索瓦·玛利·伊西多尔·德·罗伯斯庇尔和格拉克斯·巴贝夫，将他们尊为革命典范；抨击了作为保皇党的督政府。但公众要么中立，要么支持保皇党，因此，平等与自由之友集会在舆论界和出版界都受到了攻击。以上现象引起了政府的注意，平等与自由之友集会不得不将自己的集会地点从杜伊勒里宫转移到雅各宾俱乐部的教堂，即巴克街的“和平圣殿”。平等与自由之友集会只维持了一个月，在1799年8月就被关闭了。集会成员对督政府充满了愤恨，转而支持拿破仑·波拿巴。

雅各宾运动激发了人们的爱国热情和自由思想。当时的人，如法兰西国王路易十六都认为：“这次革命运动不是由手拿刺刀、大炮和枪支弹药的士兵推动的，而是通过政治力量完成的。”最终，雅各宾俱乐部控制了几个重要的政治机构，特别是国家安全委员会。在国家安全委员会的作用下，国民公会不仅是一个立法机构，还承担着行政和司法的功能。雅各宾派作为一股政治力量，被当作大公无私、爱国和同情民众的政治团体，这让它拥有了组织和控制公众的地位。从这个角度说，它满足了普通百姓追求个人自由和社会进步的要求。

雅各宾俱乐部执政期间，为了实现法国共和制、追求革命纯洁，它摒弃了最初宣传的贸易自由的经济政策，实行干涉主义的经济政策。1789年8月4日，雅各宾俱乐部彻底废除了封建制度，却无法兑现补偿特权阶级的承诺。马克西米利安·弗朗索瓦·玛利·伊西多尔·德·罗伯斯庇尔在革命初期就登上了政治舞台。他在三级会议中被选为阿图瓦的代表，被认为是雅各宾派的杰出领袖。雅克宾运动将自由的利剑插入了君主专政统治。作为让·雅克·卢梭的信徒，马克西米利安·弗朗索瓦·玛利·伊西多尔·德·罗伯斯庇尔的政治观点与《社会契约论》中的阐述一致。让·雅克·卢梭推崇“人权”，因此马克西米利安·弗朗索瓦·玛利·伊西多尔·德·罗伯斯庇尔认为，广大人民实现温饱的权利比个别商人的权利更重要：“当我向你告发谋杀人民的刽子手时，你却说：‘让刺客做他们愿意做的事情。’在这样的制度下，一切都偏向了商人，一切都是反社会的。”1792年12月2日，马克西米利安·弗朗索瓦·玛利·伊西多尔·德·罗伯斯庇尔总结了自己的理念:“社会的首要目的是什么？是让人获得不会被剥夺的权利。那什么是人不可被剥夺权利呢？是生存权。”

雅各宾派最后的统治措施是通过国家公共安全委员会实行恐怖统治。公共安全委员会有权建立并净化共和国。它创立了征用制、配额制和义务兵制以巩固新市民军队；它实施恐怖统治镇压对手。马克西米利安·弗朗索瓦·玛利·伊西多尔·德·罗伯斯庇尔曾宣称："公共安全委员会的政策是最大限度地用理智领导人民，用恐怖镇压人民的敌人。"

男女爱国者联谊会是法国大革命期间受女权思想影响的贵族组织，是早期妇女参加政治运动的代表。会议地址是雅各宾俱乐部曾举行集会的修道院内，一间旧的图书室。男女爱国者联谊会的成立说明，在雅各宾俱乐部，妇女的权力不限于在指定的走廊中讨论问题。

法国大革命中，雅各宾运动的文化影响在于公民身份的确立。正如让·雅克·卢梭在《社会契约论》中所言，"公民身份是个人意志和公共意志之间崇高的互惠关系的体现"。《人权宣言》和1793年颁布的法国宪法强化了公民身份和公共意志。此后不久，雅各宾运动便不再承认这部宪法和其他的法律程序，成立了否认"无罪推定"。

根据人权宣言的第二条，雅各宾派认为自己是立宪派，是致力于制订人权宣言的一方，特别是人生而具有拥有自由、财产、安全、反压迫的权利。宪法再次重申，在法国，个人自由和社会进步都应受到保护。雅各宾运动加强了这些观点，为革命创造了有利的社会环境。大多数雅各宾派成员认为，宪法是新兴共和国稳定建立和公民身份得以确立的基石。

雅各宾派是教会和无神论的敌人。他们创造了一种新的宗教礼拜形式，企图用它代替天主教。尚未执政时，雅各宾派成员认为，政府组织用暴力代替法律镇压群众暴力的行为会威胁革命。但他们一上台就推翻了旧制度，并通过军事战争捍卫革命成果。然而，这种做法恰恰将革命推入了最血腥的阶段，毫无公平可言。雅各宾派巩固了法国的共和体制，加强了法国的世俗主义和共和国意识。时至今日，这些都是法国共和政治体制的特点。但在许多人看来，雅各宾派的无情和不公正判决足以使他们名誉扫地。

随后的热月政变中，所有雅各宾俱乐部都被关闭，所有雅各宾派的权力也都被剥夺一空，许多雅各宾派的成员都被处死或流放——不只是山岳派。

附录 5 斐扬派

斐扬派，是1791年7月16日在法国大革命期间形成的政治团体，又称宪法之友社，即人们熟知的斐扬俱乐部。斐扬派由左翼雅各宾派分裂形成。它赞成保留君主，支持建立君主立宪制。激进的雅各宾派则希望推翻路易十六的统治，建立直接民主政体。斐扬派代表了温和的君主立宪派最后一次试图从激进的雅各宾派手中扭转法国大革命的进程。

讽刺斐扬派的漫画

阿德里安·迪波尔

1791年7月16日，斐扬派分发的小册子标志着它与雅各宾派的正式分裂。小册子中提到，1791年7月17日，战神广场上将举行反对路易十六的群众示威活动，雅各宾派会参与其中，而斐扬派对此表示强烈反对。

斐扬派最初由二百六十四名前雅各宾派代表组成，其中包括大部分通讯委员会的成员。这些人在巴黎圣奥诺雷街上的前斐扬修道院集会，因此被称作斐扬俱乐部。斐扬派成员自称“宪法之友”。

斐扬派由安托万·皮埃尔·约瑟夫·玛利·巴纳夫、拉梅特伯爵亚历山大·泰奥多尔-维克多和阿德里安·迪波尔等人领导。

1791年，宪法已经初具雏形。安托万·皮埃尔·约瑟夫·玛利·巴纳夫和艾萨克·勒内·盖伊·勒·沙佩利耶等许多昔日的激进派议员希望如雅各宾俱乐部一般在法国大革命初期扮演重要角色的社团不再继续发挥作用。在国民议会成立初期，人民的积极参与对革命的推进至关重要。但目标达成之后，直接民主制就该让位于当选代表的领导了。1791年7月17日，战神广场大屠杀的爆发坚定了斐扬派议员的信念。

几天之内，大批温和派议员离开雅各宾俱乐部，转而支持新成立的斐扬俱乐部。为了争取外省机构和巴黎群众的支持，斐扬俱乐部1791年的整个夏天都

艾萨克·勒内·盖伊·勒·沙佩利耶

战神广场大屠杀

在与雅各宾做斗争，但最终还是失败了。斐扬俱乐部认为，社团是朋友聚会、私下讨论政策的地方，不应具备其他功能；社团聚会不应超出集会的限制，成为统一的公共政治行为。

艾萨克·勒内·盖伊·勒·沙佩利耶作为宪法委员会主席，在国民议会的最后一次会议上提出了一项法律，用来限制社团组织并协调统一的政治行动，包括对彼此通信权力的限制。国民议会于1791年9月30日通过了这项法律。这项法律使斐扬俱乐部开始走向衰亡。激进的雅各宾派忽略了这条法律，成为法国大革命中最重要的政治力量。

战神广场大屠杀后，巴黎掀起了一股反对群众运动的浪潮。安托万·皮埃尔·约瑟夫·玛利·巴纳夫利用自己在修订委员会[①]的影响力，成功地捍卫了王权，为国王路易十六保留了任命大使、军队领导人和大臣的权力，也为自己和盟友赢得了国王路易十六的器重。国王路易十六投桃报李，任命安托万·皮埃尔·约瑟夫·玛利·巴纳夫担任他的首席顾问。在立法会议的开幕式上，国王路

① 修订委员会负责将国民议会制订的普通法律提炼为宪法。——译者注

易十六发表的演讲由安托万·皮埃尔·约瑟夫·玛利·巴纳夫撰写。之后的六个月中，斐扬俱乐部实际控制了法兰西王国政府。

1792年3月，由于反对法兰西王国与奥地利王国开战，国民议会中的斐扬社成员被吉伦坡派驱逐。斐扬派的反对者将其称作“保皇派”。君主制垮台后，斐扬派成为众矢之的。1792年8月，斐扬社八百四十一名成员的名单被公布，这些人以叛国罪遭到逮捕和审判。1793年11月29日，安托万·皮埃尔·约瑟夫·玛利·巴纳夫被送上断头台。

安托万·皮埃尔·约瑟夫·玛利·巴纳夫被捕

作为侮辱温和派、保皇派和贵族政治论者的标签，“斐扬派”一词流传数月。

斐扬社形成的目的是保护权利的概念。其目标是获得温和右派的支持，从而中立保皇党，将民主党从大多数爱国代表中孤立出来，并抵抗雅各宾派的影响，消灭威胁国民议会独立性的社团。结果，斐扬社却被左翼和右翼同时攻击。

斐扬社反对“消极公民”[①]加入国民自卫队。他们坚信，只有精心规划，才能建立起强大的军队。1791年4月27日，斐扬派赞成清除国民自卫队中的消极公民；在有关“请愿和张贴传单的权利”的辩论中保持沉默；1791年5月11日至1791年5月15日，反对黑人的政治解放。跻身三大政治社团的斐扬社在短短数月中就失去了人民的支持。斐扬社很清楚，如果黑人政治解放法案得以通过，法国将丧失主要的收入来源。在法属圣多明各[②]的甘蔗种植园将被接管，土地也将另归他人。

① “消极公民”（passive citizens），指不符合“积极公民”条件的公民。立法议会上区分了“积极公民”（active citizens）和“消极公民”。“积极公民”指每年缴纳自己的三天工作收入作为税收的法国男性公民。——译者注

② 法属圣多明戈是法国在加勒比海地区的殖民地，即现在的海地。——译者注

附录6 路易十六和立法议会

法国大革命是法国1789年至1794年间的一段历史。在这段时期，共和党人推翻了波旁王朝，法国的罗马天主教堂被迫彻底重组。本文讲述的是1791年10月1日至1792年9月的历史。根据1791年的法国宪法规定，在1791年10月1日至1792年9月20日间，法兰西王国由立法议会执政。立法议会是国民制宪议会和国民大会之间的承转。

1791年10月1日，国民制宪议会解散。在马克西米利安·弗朗索瓦·玛利·伊西多尔·德·罗伯斯庇尔的提议下，国民制宪议会确立了一项法令，即“自我否定条例”。该法令规定，国民制宪议会成员不得在下届立法机构就职。作为国民制宪议会的遗产，1791年的法国宪法试图建立自由的君主立宪制。然而还不出一年，这一举措就以失败告终。1911的大英帝国百科全书做了这样的总结：“立法议会只留下一个空虚的国库，纪律涣散的陆军和海军，以及在暴乱中完全腐化的民族。”

雅各宾派决心继续推进革命。尽管只获得了有限的选举权，但在1791年的选举中，雅各宾派还是获得了很多席位。这是雅各宾俱乐部及其联盟在整个法兰西王国获得的胜利。

1791年10月1日，第一次立法议会召开会议。立法议会共有代表七百四十五人，其中只有极少数人是贵族和神职人员，其他绝大部分是中产阶级。由于没有人参加过国民制宪议会，因此立法议会代表普遍年轻，大多缺乏治理国家的政治经验。

纪尧姆·马蒂厄、德·卡尔博尼埃

立法议会代表中包括一百六十五位斐扬社成员，其中不乏能人，如仲马伯爵纪尧姆·马蒂厄、德·卡尔博尼埃、路易·弗朗索瓦·伊丽莎白·拉蒙男爵、沃布朗伯爵文森特-玛利·维耶诺、伯尼奥伯爵雅克·克劳德、费利克斯·朱利安·让·比戈·德·普雷阿麦内。但还是有场外无法进入议会的人对他们进行指点，如安托万·皮埃尔·约瑟夫·玛利·巴纳夫、阿德里安·迪波尔、夏尔·马洛·弗朗索瓦·拉梅特和拉梅特伯爵亚历山大·泰奥多尔-维克多兄弟。

左翼阵营中的雅各宾派成员有皮埃尔-约瑟夫·康邦、乔治斯·奥古斯特·库东、安托万·克里斯托夫·梅兰、弗朗索瓦·沙博和克劳德·巴齐尔等三百三十人。

雅各宾派中有一部分成员，在革命的过程中与雅各宾派产生了思想的分歧，逐渐从雅各宾派分离出来，自成体系。新体系中的许多成员代表来自吉伦特省，因此这一派系被称为吉伦特派。吉伦特派聚集了最杰出的演说家，如皮埃尔·维克蒂尼安·维尼奥、阿尔芒·让索纳和来自普罗旺斯的马克西曼·伊斯纳尔。雅克·皮埃尔·布里索不是一个安份的人。他是报刊《爱国者》的编辑。1911年的大不列颠百科全书中，对雅克·皮埃尔·布里索的描述为“才能低下，但在党派中具有巨大的影响力，以致后来出现了‘布里索派’。”与吉伦特派站在同一阵营的还有孔多塞侯爵玛利·让·安托万·尼古拉·德·卡塔特。

阿尔芒·让索纳

以上这些人都曾是国民制宪议会的成员，因此他们被禁止参加立法议会。后来，热罗姆·佩蒂翁·德·维尔纳夫当选了巴黎市长。

立法议会上的左翼激进阵营主要由巴黎和其他地区的政治俱乐部成员以及各类革命分子组成。

其余约三百五十名议会成员并不属于任何一个明确的党派，但在投票时，他们选择与左派保持一致。

法兰西王国国王路易十六的大臣由法兰西王国国王路易十六任命，大都是不曾参加任何议会的无名小卒。1791年10月31日，蒙莫兰伯爵阿尔芒·马克辞任外交部部长，由财政部部长安托万·克劳德·尼古拉·瓦尔代克·德·莱萨尔接任；邦-克劳德·卡耶·德·热维尔任内政部部长；路易·阿杜安·塔尔贝任财政

安托万·克劳德·尼古拉·瓦尔代克·德·莱萨尔

路易·玛利·雅克·阿马尔里克

部部长；安托万·弗朗索瓦·贝特朗·德·莫勒维尔任海运部部长。只有国防部部长德·纳博讷-拉腊伯爵路易·玛利·雅克·阿马尔里克对局势有影响。

很显然，法兰西王国国王路易十六试图从巴黎逃至瓦雷纳的计划失败后，还是接受了新宪法。然而，他不可能甘心失去绝对权力，一定会充分利用目前糟糕的局面。王后玛丽·安托瓦内特当然希望王室摆脱当前无能且受辱的状况，因此她仍对外国公使抱有希望，并继续与维也纳保持通信。

左派在政局中有三个对立的目标。首先是法兰西王国国王路易十六、王后玛丽·安托瓦内特和所有的王室成员。左派整体都希望共和制取代君主制，尽管其中大多数人的初心并非如此。第二是逃出法兰西王国的流亡者，他们被视为来自国外的威胁。第三是拒绝效忠的教士。

路易·斯塔尼斯拉斯·格扎维埃

在美因茨[1]、和特雷沃[2]和尼德兰境内武装起来的流亡者已经成了人民的公敌。流亡者的首领是法兰西王国国王路易十六的兄弟们，他们假称法兰西王国国王路易十六已被俘虏，因此法兰西王国国王路易十六的命令和行为都无效。普罗旺斯伯爵路易·斯塔尼斯拉斯·格扎维埃[3]摆出摄政王的架势，组建了各部门

① 美因茨是德国西部港市。——译者注
② 特里尔是德国最古老的城市，位于莱茵兰-普法尔茨州西南部，摩泽尔河岸，靠近卢森堡边境。——译者注
③ 普罗旺斯伯爵即日后的国王路易十八。——译者注

并成立了政府。1911年的大不列颠百科全书中说，流亡者合计也只有几千人。他们没有钱，也没有称职的领袖人物，因此，只会带来表面的威胁；他们在早期还具有某些外交意义，但也越来越不受统治者的欢迎，因为他们辜负了统治者的期望。

然而，弗朗索瓦·奥古斯特·玛利·米涅宣称，流亡者会带来实质性的威胁；流亡者的人数正在增涨，流亡政府的大使也受到了接见。法兰西王国政府的代表反而不受欢迎，他们有的被驱逐，有的被捕入狱。

拒绝效忠的教士是指拒绝效忠《教士公民组织法》的人。他们虽然被当局骚扰，但受到了大多数天主教教徒的尊敬和信任。1911年的大不列颠百科全书

弗朗索瓦·奥古斯特·玛利·米涅

报道过：“没有证据表明拒绝效忠的教士有不忠的行为。国民议会的议员向继任者报告，说信徒们只是希望不受打扰。”

在立法议会上，反教权的代表对《教士公民组织法》表示了强烈的反对。然而，弗朗索瓦·奥古斯特·玛利·米涅引用了前人的话：“教士，特别是主教，动用了一切资源鼓动镇上乡村的人们反对《教士公民组织法》。”弗朗索瓦·奥古斯特·玛利·米涅还指出，主教命令教士，不与效忠《教士公民组织法》的教士在同一个教堂执行神职工作。两派的宗教势力越来越难以和平共处。在卡尔瓦多斯、热沃当和旺代出现了一系列因宗教原因引发的暴乱。

法兰西王国国王路易十六和立法议会的关系从一开始就不太友好。法兰西王国国王路易十六拒绝亲自接见与会的代表，立法议会提案取消国王参加隆重仪式的权利①。

1791年11月9日，立法议会颁布法令：前线的流亡者如果在1792年1月1日继续聚集，将被处以死刑并没收财产。这项法令显然只针对拿起武器或从事外交活动的人，并不涉及认为国外更安全而逃亡的人群。法兰西王国国王路易十六不喜欢他的兄弟们，也讨厌他们制订的政策。这些政策没有给他带来自由，反而会威胁到他的兄弟们的生命安全。但法兰西王国国王路易十六又不愿看到自己的兄弟们被判死刑，因此他否决了法案。

然而，1791年10月30日，法兰西王国国王路易十六签署了一项法案，命令普罗旺斯伯爵路易·斯塔尼斯拉斯·格扎维埃在两个月内返回巴黎，否则将剥夺他摄政王的权力。

1791年11月21日，立法议会颁布法令，要求拒绝效忠的律师在七天内宣誓。此次宣誓的内容与过去大致相同。拒绝宣誓的人将失去养老金。拒绝宣誓的人一旦带来任何麻烦，都会被驱逐出境。出于良心的考虑，法兰西王国国王路易十六否决了该法案。他在这两件事情上使用了否绝权，正是他的反对招致立法议会中敌人的攻击。

依据“自我否定条例”，国民制宪议会的成员被禁止参加立法议会。1791年

① 议案在提交的第二天就被撤销了，国王的报告也受到了普遍的欢迎。——译者注

任国民自卫队总司令时的吉尔伯特·德·莫蒂

10月，拉法耶特侯爵吉尔伯特·德·莫蒂辞任国民自卫队总司令；让·西尔万·巴伊也辞任了巴黎市长。大多数人赞成君主立宪制，但反对成立共和的立法机构。他们希望拉法耶特侯爵吉尔伯特·德·莫蒂接替让·西尔万·巴伊，担任巴黎市长。但立法议会担心拉法耶特侯爵吉尔伯特·德·莫蒂与国王路易十六对立，因此转而支持埃马纽埃尔-约瑟夫·西哀士神父。1791年11月4日埃马纽埃尔-约瑟夫·西哀士神父在一万零六百二十三票中获得九百七十八票，成为新任巴黎市长。

利奥波德二世

流亡武装团体在神圣罗马帝国的领土上向法兰西王国提出申诉。而法兰西王国坚持只对身处阿尔萨斯的德意志诸侯进行经济补偿。这引起了神圣罗马帝国的不满。

外国政治家警惕地意识到了法国大革命对本国舆论的影响。他们痛恨法国革命者试图将其他国家的民众转化为革命者的做法。其中最具智慧的当属神圣罗马帝国皇帝利奥波德二世。他巧妙地摆脱了前任神圣罗马帝国皇帝约瑟夫二世在内政外交上留下的窘境。神圣罗马帝国皇帝利奥波德二世是法兰西国王路易十六的亲戚。作为圣神罗马帝国的皇帝，他必须保护边界上的王子们；另一方面，他了解哈布斯堡王朝的弱点。他清楚地知道，在他千辛万苦恢复了统治的尼德兰地区也满是支持革命的人。比利时人会欢迎法国军队。神圣罗马帝国皇帝利奥波德二世对软弱而愚昧的流亡者非常藐视。他的议事日程中根本没有流亡者的踪迹。他真心希望这场可能危及他的妹妹——法兰西王后玛丽·安托瓦内特和妹夫——法兰西国王路易十六的战争可以避免。

1791年8月，德雷斯顿[①]附近的皮尔尼茨城堡，神圣罗马帝国皇帝利奥波德二世与普鲁士国王腓特烈·威廉二世进行了会面。两位君主共同发表了《皮尔尼茨

腓特烈·威廉二世

① 德雷斯顿（Dresden），位于德国的东部，现是萨克森州的州府。——译者注

利奥波德二世与腓特烈·威廉二世签订《皮尔尼茨宣言》

宣言》，声明恢复法国的秩序和君主制是所有君主应关心的问题。同时还宣称，为达成这一目的，他们将与其他国家一起采取行动。1911年的《大不列颠百科全书》认为，神圣罗马帝国皇帝利奥波德二世迫于形势制订了这份宣言，他很清楚，大国之间不可能将行为协调一致，因为大不列颠王国已下定决心不干涉法兰西王国事务。事实上，法兰西国王路易十六接受宪法后，神圣罗马帝国皇帝利奥波德二世撤回了他的宣言。但是这仍然是一个严重的错误。它加速了战争到来的脚步。

在法国，出于种种原因，许多人渴望战争。德·纳博讷-拉腊伯爵路易·玛利·雅克·阿马尔里克相信，他能从战争中找到恢复王权和限制革命的方法。他希望法兰西王国只与奥地利开战。吉伦特派渴望战争，因为战争能帮助他们彻底废除君主制。他们希望发动一场全面战争，从而将革命带到其他国家，并确认在法兰西的革命可以得到普遍的保障。左翼分子的也有同样的目标，也希望为了达到目标发起战争。但他们认为，不能将战争完全委托给国王路易十六和他的大臣们——如果战争胜利，国王将恢复权力；如果战争失败，革命将被毁灭。马克西米利安·弗朗索瓦·玛利·伊西多尔·德·罗伯斯庇尔反对吉伦特派将战争作为输出革命方法，因为没有人喜欢全副武装的传教士。

马克西米利安·弗朗索瓦·玛利·伊西多尔·德·罗伯斯庇尔和拥有同样想法的人一样，渴望和平。法兰西民族通常从不赞成与奥地利联盟。他们习惯将哈布斯堡人[①]视为敌人。法兰西国王路易十六和王后玛丽·安托瓦内特在这个问题上仍然存在争议。一些历史学家认为，法兰西国王路易十六和王后玛丽·安托瓦内特害怕与奥地利发生战争；另一些人则认为，他们想要发起战争，因为他们相信法兰西王国会输给奥地利和其他侵略者，恢复绝对君主制。

法兰西王国并没有条件发动战争：执政当局彼此敌对，宪法就不允许；通货膨胀猖獗，财政状况堪忧，不到一年的时间里，立法议会就已签发面值9亿里弗的支票；军队纪律松弛，人心涣散，开小差的人数剧增；堡垒状况不佳，供给不足。

1791年10月，神圣罗马帝国皇帝利奥波德二世下令驱散集结在尼德兰的流亡者。美因茨和特雷沃的选举人随之效仿，驱散了各自土地上的流亡者。与此同时，流亡者恳请奥地利国王给予保护。奥地利大臣考尼茨-里特贝格亲王文策尔·安东通知法兰西王国大使德·诺阿耶子爵路易·玛利，奥地利将在必要的情况下提供保护。德·纳博讷-拉腊伯爵路易·玛利·雅克·阿马尔里克要求得到议会批准的信用贷款，共计两千万里弗尔。在法国北部视察后，德·纳博讷-拉腊伯爵路易·玛利·雅克·阿马尔里克向大会作了不实的报告，说所有人都在为战争做准备。1792年1月14日，外交委员会向立法议会提交报告，要求神圣罗马帝国皇帝在1792年2月10日前做出让法兰西王国满意的保证。之后，立法议会又将期限推至1792年3月1日。

1792年2月，神圣罗马帝国皇帝利奥波德二世与普鲁士国王腓特烈·威廉二世签订了一项防御条约。当时的国家之间没有信任可言，结果他们在波兰问题上采取了截然不同的政策。神圣罗马帝国皇帝利奥波德二世摇摆不定，不想发

① 哈布斯堡家族是欧洲历史上支系繁多的德意志封建统治家族。——译者注

弗朗茨二世

动战争。1792年3月1日，神圣罗马帝国皇帝利奥波德二世驾崩。神圣罗马帝国的尊严荡然无存。神圣罗马帝国皇帝利奥波德二世的儿子弗朗茨·约瑟夫·卡尔继承了奥地利王位。弗朗茨·约瑟夫·卡尔即后来的神圣罗马帝国皇帝弗朗茨二世。神圣罗马帝国皇帝弗朗茨二世是个资质平庸、经验匮乏的年轻君主，因此国家事务就落在了年长的考尼茨-里特贝格亲王文策尔·安东的身上。

在法兰西王国，德·纳博讷-拉腊伯爵路易·玛利·雅克·阿马尔里克没有成功取得国王路易十六和同僚的支持。1792年3月10日，法兰西王国国王路易十六鼓起勇气解除了他的职务。外交部部长安托万·克劳德·尼古拉·瓦尔代克·德·莱萨尔顺应并服从了奥地利王国的命令。此事引得立法议会代表大为愤怒。立法议会投票弹劾了外交部部长安托万·克劳德·尼古拉·瓦尔代克·德·莱萨尔。

法兰西王国国王路易十六发现没有别的出路，只得组建了一个由吉伦特派领导的政府。让-玛利·罗兰任内政部部长，埃蒂安·克拉维埃任财政部部长，皮埃尔·玛利·德·格拉夫任国防部部长，让·德·拉科斯特任海军部部长。新任外交部部长夏尔-弗朗索瓦·德·佩里埃·迪穆里耶才华出众，行事果敢。他曾在法

埃蒂安·克拉维埃

兰西王国国王路易十五[1]的秘密外交部任职，因此对国际政治有广泛的了解。他远离党争，也不死板地遵守规则，但他的观点与德·纳博讷-拉腊伯爵路易·玛利·雅克·阿马尔里克非常相似。夏尔-弗朗索瓦·德·佩里埃·迪穆里耶希望法兰西王国与奥地利王国开战，借此恢复法兰西王国国王的影响力，并使自己成为法兰西王国的仲裁者。

今天看来，很难想象这几位部长与他们的前任有何不同。法庭依据弗朗索瓦·奥古斯特·玛利·米涅的说法，将内政部命名为“无套裤汉部”[2]让-玛利·罗

城市平民——无套裤汉

① 路易十五(1710—1774)，法兰西国王，1715年至1774年在位。——译者注

② 无套裤汉，法国大革命时期对城市平民的称呼。当时法国贵族男子盛行穿长统袜；平民则穿长裤，无套裤。——译者注

阿尔芒·路易·德·贡托

兰第一次在法庭上出现时，鞋子上没有系着扣子，而是系着鞋带。负责礼仪的官员甚至为此拒绝让-玛利·罗兰入内。

1792年3月20日，法兰西王国国王路易十六迫于局势来到立法议会，提出向奥地利宣战的建议。这一提议立即引来满堂喝彩。夏尔-弗朗索瓦·德·佩里埃·迪穆里耶率军进入了尼德兰。这让英国嫉妒不已。夏尔-弗朗索瓦·德·佩里埃·迪穆里耶于是派人出使大不列颠王国，并向大不列颠王国保证，如果一切顺利，法兰西王国不会吞并任何领土。

法兰西王国的作战思路是，同时从三个地方入侵尼德兰：拉法耶特侯爵吉尔伯特·德·莫蒂进攻那慕尔[①]，阿尔芒·路易·德·贡托进攻蒙斯[②]，特奥巴尔

① 那慕尔（Namur），比利时的一个城市。——译者注
② 蒙斯（ Mons），比利时西南部城市。——译者注

约瑟夫·玛利·塞尔旺·德·格伯

德·狄龙进攻图尔奈[1]。然而，法军的首次行动就暴露了它的惨状。特奥巴尔德·狄龙率领的部队一看到敌人就仓皇而逃。特奥巴尔德·狄龙被己方士兵刺伤后，又被一名来自里尔[2]的暴徒杀害；阿尔芒·路易·德·贡托带领的部队在蒙斯很快被击败；拉法耶特侯爵吉尔伯特·德·莫蒂听到这些噩耗后，决定撤退。

如此充满耻辱的狼狈状况加剧了法兰西王国内部正在酝酿的一切的猜疑和嫉妒。皮埃尔·玛利·德·格拉夫不得不辞职，由约瑟夫·玛利·塞尔旺·德·格伯接任。驻扎在德黑兰的奥地利军队力量薄弱，无法发起进攻。奥地利政府依据

① 图尔奈（Tourna），比利时西南部城市。——译者注

② 里尔（Lille），法国北部城市，北部-加来海峡大区的首府和敦刻尔克省的省会。——译者注

其最近与普鲁士王国结盟的条件，向普鲁士王国寻求帮助。普鲁士王国表示了应允。普鲁士对法国宣战，由布伦瑞克公爵夏尔·威廉·斐迪南担任奥普联军司令。奥普联军由于种种原因没有采取行动。奥地利和普鲁士就波兰问题发生了冲突。奥地利政府希望留着这个对它没有威胁的邻居，而普鲁士希望再次瓜分波兰，侵吞波兰的大片土地。经过长时间的讨论，两国决定，普鲁士可以在波兰境内自由行动，作为补偿，奥地利则可以占领法兰西王国的领土。

局势的缓和使得法军有了喘息的机会。与此同时，立法议会通过了三项法令：一是驱逐拒绝效忠的教士，二是镇压国王路易十六的宪法卫队，三是在巴黎附近建立联邦营地。国王路易十六同意牺牲他的宪法卫队，但否决了其他法

夏尔·威廉·斐迪南

令。让-玛利·罗兰写了一封劝诫信给国王路易十六。信件内容有关拒绝效忠的教士，语气却很傲慢。在夏尔-弗朗索瓦·德·佩里埃·迪穆里耶的支持下，国王路易十六解除了让-玛利·罗兰、约瑟夫·玛利·塞尔旺·德·格伯和埃蒂安·克拉维埃的职务。随后，夏尔-弗朗索瓦·德·佩里埃·迪穆里耶担任国防部部长。其他部门的领导也由斐扬社成员担任。夏尔-弗朗索瓦·德·佩里埃·迪穆里耶只关心战争的胜败，因此，他敦促国王路易十六接受这些法令。但国王路易十六十分固执，不肯让步。于是，1792年6月15日，自觉无能为力的夏尔-弗朗索瓦·德·佩里埃·迪穆里耶辞任国防部部长，加入了北方军队。

拉法耶特侯爵吉尔伯特·德·莫蒂一向忠于1791年宪法，此次却冒险给国会写了一封规劝信。这封信没有激起一丁点儿浪花，因为拉法耶特侯爵吉尔伯特·德·莫蒂再也不能左右人民了。此外，这封信来自前线军队的年轻首领，这无疑暗示着拉法耶特侯爵吉尔伯特·德·莫蒂的巨大野心。法院曾经怀疑过拉法耶特侯爵吉尔伯特·德·莫蒂，而现在，左派也开始怀疑他了。

雅各宾派试图恐吓国王路易十六，让他接受法令召回大臣。1792年6月20日，平民武装起来，攻入杜伊勒里宫的议会厅和王宫。国王路易十六和王后玛丽·安托瓦内特在极其危险的环境中度过了几个小时。国王路易十六虽然被动，但他鼓起了勇气，没有向起义者作出任何承诺。

起义的失败转而鼓励了一场支持国王路易十六的运动。约两万巴黎人签署了一份请愿书，表达他们对国王路易十六的同情。声音洪亮而充满激情的演讲者从各地蜂拥而至。拉法耶特侯爵吉尔伯特·德·莫蒂本人也来到巴黎，希望重新召集立宪党。但国王路易十六和王后玛丽·安托瓦内并没有提供帮助。国王路易十六和王后·玛丽安托瓦内特对拉法耶特侯爵吉尔伯特·德·莫蒂既不喜欢也不信任。他们将希望寄托在外国人身上。拉法耶特侯爵吉尔伯特·德·莫蒂无事可做，只得回到自己的军队。

吉伦特派给国王路易十六的建议是，只要国王路易十六任命吉伦特派成员做部长，吉伦特派就支持君主制。得到国王路易十六的拒绝后，吉伦特派便联合雅各宾派，决定以武力推翻君主制。

这场新革命的领导是只有三十二岁的律师乔治斯·雅克·丹东。乔治斯·雅克·丹东虽然曾是支持共和的科德利埃俱乐部领袖，并对巴黎的平民有强大的控制力，但他从未参加过两个议会中的任何一个。出于对外敌入侵的担忧，雅各宾派和吉伦特派开始联合协助乔治斯·雅克·丹东和他朋友的工作。议会宣布，国家进入危险状态。巴黎和巴黎附近的所有军队都被派往前线。志愿者和联邦军不断地到达巴黎。尽管参军的人员众多，雅各宾派还是坚持挑选他们中意的人，于是特地从马赛招来约五百人，其中就有夏尔·让·玛利·巴尔巴鲁。与此同时，之前只招收中产阶级的国民自卫队也开始招收下层阶级人士。

夏尔·让·玛利·巴尔巴鲁

巴黎公社占领维勒旅馆

1792年7月25日，布伦瑞克公爵夏尔·威廉·斐迪南发表了著名的宣言，称盟军将进入法兰西，恢复王权；如果立法议会对国王路易十六实行暴行，盟军将血洗立法议会和巴黎城。布伦瑞克公爵夏尔·威廉·斐迪南决定，于1792年8月10日进行决定性攻击。

1792年8月9日晚，新的革命团体巴黎公社占领了维勒旅馆。1792年8月10日清晨，叛乱分子袭击了杜伊勒里宫。出于对雅各宾派准备工作的了解，杜伊勒里宫还是采取了一些防御措施。

除了几位手持武器的绅士和国民自卫军外，王宫里大约还有九百五十名瑞士卫兵。虽然力量悬殊，但还不至于抵抗完全无望。然而，国王路易十六竟被说服；他竟然背叛了自己的事业，在议会的庇护下和家人一起撤退了。国民自卫队要么解散，要么与进攻者和好。瑞士卫队依旧坚守阵地。或许是出于偶然，瑞士卫队开枪了。当国王路易十六命令瑞士卫兵停止射击并撤退时，叛乱分子继续迎了上来。大多数瑞士卫队在此时被枪杀。在被送往维勒旅馆时，约六十名投降的瑞士士兵被暴民杀害。

立法议会在讨论国王路易十六、王后玛丽·安托瓦内特以及法国君主制的命运时，国王路易十六和王后玛丽·安托瓦内特已经在记者的包厢里呆了很长时间。约三分之一立法议会的代表出席了会议，而他们几乎都是雅各宾派的成员。他们下令废黜国王路易十六并召开会议来制订一部新宪法。雅各宾派成员成立了一个执行委员会，由乔治斯·雅克·丹东、让-玛利·罗兰、埃蒂安·克拉维埃和约瑟夫·玛利·塞尔旺·德·格伯组成。

拉法耶特侯爵吉尔伯特·德·莫蒂得知巴黎发生动乱时，曾试图召集军队保卫宪法。但军队拒绝追随他。拉法耶特侯爵吉尔伯特·德·莫蒂不得不越过边境，向奥地利投降。他的职位由夏尔-弗朗索瓦·德·佩里埃·迪穆里耶接任。

新政府仍然面临很多风险：它没有法律基础，也缺乏对公众舆论的影响；它不能再指望立法议会，因为立法议会自身已破败不堪，时日无多；它只能依靠将它建立起来的巴黎革命公社。由此，巴黎革命公社事实控制着新政府。巴黎革命公社获得国王路易十六及其家人的监护权，将王室一家囚禁在圣殿塔监狱。除此之外，巴黎革命公社还获得了执法权，有权下令逮捕并监禁。于是，巴黎的监狱很快人满为患。

当国民大会的选举即将结束的时候，巴黎革命公社决定以屠杀囚犯的方式对公众进行恐怖统治。在外国入侵法兰西王国的过程，巴黎革命公社找到了机会。1792年8月19日，普奥联军进入法国；1792年8月22日，隆格维[①]投降；被包围着的凡尔登似乎也要沦陷。1792年9月1日，巴黎革命公社发布紧急声明，宣布国家进入战备，同时下令，1792年9月2日，当警钟鸣响时，所有身体健全的公民应在战神广场聚集。六万民众志愿参军保卫国家。

在集会进行的过程中，有一批刽子手被送到监狱，对狱中关押着的人进行屠杀。这便是九月屠杀事件。屠杀事件持续四天，共杀害一千四百余人。巴黎革命公社甚至向法国其他地区发出通函，要求他们对此进行效仿。一些在奥尔良[②]等待审判的囚犯被押往巴黎，但在途中就被杀害。对于这些行为，立法议会只发

① 隆格维（Longwy），法国东北部的一个小城市。——译者注

② 奥尔良（Orléans）法国中部城市，中央大区的大区首府和卢瓦雷省的省会。——译者注

出微弱的抵制声。乔治斯·雅克·丹东对此保持着纵容的态度；让-玛利·罗兰暗示了自己不赞成的态度后便不置一词。在最初的计划中，让-玛利·罗兰和许多吉伦特派代表都被定为杀害的对象。

虽然国民公会的选举几乎是普选，但是漠然或害怕使得很少人参加投票。许多参加国民制宪议会和立法议会的人再次参加了选举。1792年9月20日，国民公会举行会议，成为法国实际上的新政府。

附录 7 国民议会

法国大革命期间，1789年6月14日至1789年7月9日的国民议会由第三等级的代表组成，称为革命议会；1789年7月9日之后，直到1791年9月30日，国民议会被称为国民制宪会议；1791年9月30日后，国民议会被立法议会取代。然而，最为大众熟知的名称还是“国民议会”。

1789年5月5日，法兰西王国路易十六为商议并处理金融危机，召开了三级会议。然而，会议很快便陷入内讧。出席三级会议的成员代表法兰西王国的各个阶层：第一等级是教士；第二等级是贵族；第三等级理论上代表所有平民，但实际上代表资产阶级。第三等级的代表人数是其他等级人数的两倍。但1789年5月6日，第三等级得知三级会议上的投票要按照权力计票，而非按人头，拒绝了这一安排，决定单独开会。

1789年5月27日之前，三个等级之间的谈判一直未能顺利进行。1789年5月28日，第三等级的代表开始单独会面。他们自称“平民院”，并独立于其他的机构进行权力审查。1789年6月13日至1789年6月17日，一部分贵族、大部分神职人员和农民代表逐渐加入了第三等级的行列。1789年6月17日，第三等级自发形成的组织开始自称国民议会。

新成立的国民议会将国家债务的信贷的来源分归于资本家和普通人。它合并了公共债务，并宣布目前所有的税收都不合法，国民议会只有开会投票后，才能认可这些税收。这些措施帮助资本家恢复了信心，也引起了他们参与国民议会的浓厚兴趣。国民议会还为平民设置了“生活委员会”，专门处理粮食短缺的问题。

早些时候，法兰西国王路易十六的财政部部长雅克·内克尔曾提议举行皇家会议以协调各阶级之间的分歧。法兰西国王路易十六同意了雅克·内克尔的建议，但三个等级的代表均未接到召开皇家会议的正式通知，因此在皇家会议开始之前，争论一直在持续。

雅克·内克尔制订了详细的计划，但事情很快就超越出了预期。雅克·内克尔虽然在某些方面向第三等级作出了退让，但在其他方面却坚持己见，绝不放松。于是，法兰西国王路易十六对雅克·内克尔的建议失去了信任。在枢密院朝臣的影响下，法兰西国王路易十六决定亲自前往国民议会，废除国民议会制订的法令；下令三个等级的代表全部解散；命令任何改革必须要在重建后的三级会议上讨论。1789年6月20日，法兰西国王路易十六下令关闭召开国民议会的大厅，即政务大厅。之后几天，法兰西国王路易十六一直留在马尔利城堡，准备他的演讲。

1789年6月22日，被禁止在网球场集会的国民议会代表在圣路易教堂举行

1789 年 6 月 23 日，米拉波伯爵奥诺雷 · 加布里埃尔 · 里奎蒂打破沉默

会议。大多数教士代表都参加了会议。国王路易十六本想恢复旧制度，事情却开始朝着相反的方向发展。1789年6月23日，国王路易十六按计划向三个等级的代表做演讲，却迎来了死一般的寂静。最后，国王路易十六只得命令所有人离开。贵族和教士代表依令离开，平民代表却静坐不语。最后，米拉波伯爵奥诺雷·加布里埃尔·里奎蒂用简短的演讲打破了沉默："军队包围了议会！谁才是国家的敌人？喀提林[①]在门口吗？我命令你们用自己的尊严、立法权来捍卫自己。你们还记得自己的誓言吗？你们曾发誓，除非制订好宪法，否则不会分开。"第三等级代表的立场由此坚定 了起来。

未参加皇家会议的雅克·内克尔发现，国王路易十六已不再信任自己。但他重新获得了国民议会的青睐。在圣路易教堂参加了议会的教士继续留在了议

① 喀提林，这里指发生在共和国末期罗马的阴谋，预示着巨大变革即将发生。——译者注

会；包括奥尔良公爵在内的四十七名贵族也很快加入了议会。国王路易十六将武装镇压国民议会的消息四处流传。1789年6月27日，贵族阶级公开投降。大批法国军队开始在巴黎和凡尔赛集结。

1789年6月23日，国王路易十六在皇家会议上颁布了宪章。这是一部保护贵族利益的宪法。该宪法规定，要遵循传统，按三个等级分别审议，最终形成三个议院。此次，国王路易十六的行动以失败告终。在国王的要求下，原本已经离开的贵族代表又回到了国民议会。虽然会议都由各阶级选出的相同数量的代表参加，但国民议会最终取代了三级议会。1789年7月9日后，国民议会更名为国民制宪议会。

巴黎和法国其他的城市传来支持议会的声音。1789年7月9日，国民制宪议会温和而坚定地要求国王路易十六解散包括外国雇佣军在内的皇家部队——外国雇佣军比法国军队更忠于法兰西国王。但国王路易十六宣布，只有他可以决定军队的去留，并且保证，军队已按照预先警备措施布防。国王路易十六建议将国民制宪议会的会址移至努瓦永或苏瓦松，这就意味着要将国民制宪议会置于两个军队的中间；国民制宪议会也就得不到巴黎人民的支持。

在凡尔赛和巴黎出现的军队引起了民众的愤怒，这直接导致了巴黎人民攻占巴士底狱。法国大革命由此开始。

附录8 国民公会

在法国大革命时期，继两年的国民制宪议会和一年的立法议会后，国民公会成为法兰西第一共和国的第一个政府。国民公会是法兰西完全摒弃君主制后的第一个政府，也是只有一个议院的议会。它存续的时间为1792年9月20日到1795年10月26日。

立法议会发现无法与国王路易十六合作，于是颁布法令，宣布中止国王路易十六的统治，召开国民公会，并将起草一部没有君主制的新宪法。国民公会上颁布的法令规定，国民公会的代表应由在法兰西定居一年以上、在法兰西拥有合法劳动收入的二十五岁以上的公民担任。因此，国民公会是法兰西历史上第一个普选产生的不分阶级的议会。

虽然国民公会一直存续到1795年，但从1793年4月起，国民公会代表手中的权力就逐渐转移到了公共安全委员会成员的手中。从1793年秋至1794年春的八个月中，马克西米利安·弗朗索瓦·玛利·伊西多尔·德·罗伯斯庇尔及其党羽控制着公共安全委员会。这段时期被称为恐怖统治时期，是法国大革命中最激进、最血腥的时期。马克西米利安·弗朗索瓦·玛利·伊西多尔·德·罗伯斯庇尔倒台后，国民公会又维持了一年，直至法兰西第一共和国颁布了新的宪法，进入督政府领导时代。

1792年8月26日，初级议会选出选举团。1792年9月2日至1792年9月10日，间接选举开始。由于保皇党和反共和党人的弃权，同时出于对恐怖统治报复行为

骑马场俱乐部

的恐惧，各省的投票率都很低。尽管具有选举资格的投票人数翻了一番，但相比1791年10.2%的参选率，1792年的参选率只有11.9%。

1792年9月20日，国民公会在瑞士守卫堂举行了第一次会议。1792年9月21日，会址迁至骑马场俱乐部，这里公共空间狭小，音响效果不好。1793年5月10日，国民公会地址换到杜伊勒里宫剧院。杜伊勒里宫剧院占地空旷，国民公会的代表可以轻松落座；剧院大厅与许多走廊相连，民众可以随时评价大厅中的辩论。

国民公会的代表来自社会的各个阶级，但其中大多数是律师。在国民公会的代表中，有七十五位参加过国民制宪议会，一百八十三位参加过立法议会。不算来自殖民地的三十三位代表，国民公会共有代表七百四十九人。法国殖民地的代表也只有一部分按时抵达了巴黎。吉伦特派任命托马斯·潘恩和阿纳卡西斯·克洛茨为国民公会代表。1782年至1789年新加入法兰西王国的各省也可以派代表参加。

国民公会规定每两周进行一次选举，选出国民公会主席。任职的主席在两周后仍有资格连任。国民公会的会议通常在上午召开，有时在晚上召开，偶尔会

托马斯·潘恩

杜伊勒里宫旁边的大众安全委员会会址

延长至深夜。在极其特殊的情况下，国民公会可宣布举行常驻会议，会议会持续数日不间断。国民公会任命委员会，分别负责立法和行政。国民公会委员会的权力会不定期地调整，同时会有相应法律进行规范。其中为人熟知的委员会有公共安全委员会和大众安全委员会。

在法兰西第一共和国成立的前几年，国民公会拥有立法权和行政权。根据控制公会团体的不同，国民公会可以分为三个不同的时期：吉伦特派时期、山岳派或雅克宾派时期和热月党人时期。

1792年9月20日，国民公会第一次会议开幕。1792年9月21日，国民公会同意了在法国废除王室的提议并赢得全场欢呼。1792年9月22日，瓦尔米战役的捷报传来。同日，即1792年9月22日，国民公会颁布法令，以法兰西共和国成立第一年为元年进行纪年。1792年9月25日，国民公会再次重申：法兰西第一共和国是一个不可分割的国家。以此防止有人提议实行联邦制。法兰西共和国已宣布成立，但仍需颁布法律确立共和制政府。自瓦雷纳事件[①]后，法兰西无论出于情感还是

① 瓦雷纳事件：指国王路易十六和王后玛丽·安托瓦内特计划逃出法国，在边境瓦雷纳被认出并被捕。——译者注

作为实践，都更支持共和。然而眼下，法兰西已不再拥有国王。因此，它必须成为一个共和制国家。

国民公会召开会议时，法兰西的对外军事局势也正在经历一场不寻常的转变。这似乎印证了吉伦特派的预言：法兰西会轻松取胜。瓦尔米战役后，普鲁士人撤退到边境。1792年11月，法军占领了莱茵河左岸。1792年11月6日，热马普战役中，奥地利人战败并撤出了尼德兰。尼斯被法军占领，萨伏依宣布与法兰西第一共和国结盟。对外战争的胜利给法兰西境内的内讧提供了相对安全的环境。

大多数史学家将国民公会分为两大派别:吉伦特派和山岳派。吉伦特派是大会上较为激进的民主党派，山岳派则支持民粹主义和独裁主义。

在最初几个月，国民公会面对的三个主要问题是革命暴力、对国王路易十六的审判以及巴黎人的政治统治。

巴黎和外省之间的对立造成巴黎公民和外省公民之间的摩擦，这种摩擦恰恰成为吉伦特派和山岳派互相斗争的武器和宣传工具。

各地方省份强烈反对中央集权。他们认为，抱有中央集权的思想会将革命的资本减少到其影响力的三分之一。吉伦特派希望将煽动或奉承人民的人逐出国

热马普战役

民公会。它也不支持激进的联邦制，因为那会与吉伦特派的政治野心背道而驰。

吉伦特派一开始并没有想要审判国王路易十六。他们更希望让巴黎和巴黎代表声誉扫地。吉伦特派激怒雅各宾派的决定不仅是权衡后的选择。他们的确想放过国王路易十六。然而，国民公会必须宣布国王有罪。国民公会如果想确认自己的存在，并宣告在法兰西实行共和合理，就必须宣布国王路易十六有罪。正如1792年12月2日，马克西米利安·弗朗索瓦·玛利·伊西多尔·德·罗伯斯庇尔说过的："如果国王无罪，那么推翻国王的人就有罪。"在国王路易十六被指控勾结外国势力，且无套裤汉认定他要为杜伊勒里宫的暗杀负责的情况下，国民公会一旦认定国王路易十六有罪，就必须判他死刑。

1792年11月20日，在杜伊勒里宫找到的铁匣使得审判无法避免。在这个秘密的铁匣中发现的文件可以明确地证实国王路易十六叛国。

1792年12月10日，审判开始。山岳派将辩论提高至意识形态的层面。国王路易十六被认为是敌人，是损害国家利益的篡位者。1793年1月14日，投票开始。反对国王的议案一次性通过，吉伦特派设想的全民公决没有出现。1793年1月16日，决定是否处死国王路易十六的投票开始，并持续到了1793年1月17日。在七百二十一名国民公会代表中，三百八十七人赞成执行死刑；三百三十四人反对执行死刑；二十六人赞同死刑缓期执行。1793年1月18日，国民公会代表就死刑缓期执行的问题再次投票表决。三百八十名代表表示反对，三百一十人赞同。每次投票都会导致吉伦特派内部出现分裂。

1793年1月21日早，国民公会命令国民自卫队全体成员在通往绞刑架的路旁站成两排。最终，国王路易十六在革命广场被斩首。在法兰西第一共和国内部，在是否对国王路易十六处刑的问题上形成了"支持派"和"反对派"。这两个派别宣誓势不两立。

国民公会在初期还比较和谐。但不久后，吉伦特派便展开了对山岳派的攻击。两个派别的斗争一直持续，直到1793年6月2日，吉伦特派被逐出国民公会。

吉伦特派认为山岳派会成为嗜血的独裁者。而山岳派则相信吉伦特派为了维护现有的地位，会与保守派甚至保皇党结成联盟。这种敌对关系很快将国民公会变成了地狱。辩论变成了争吵，国民公会也无法作出决定。这种对立扩散到整个法兰西第一共和国，形成了政治僵局。最终，各派系不得不与危险的团体结盟。吉伦特派接受了保皇派，而山岳派接受了雅各宾派。

国民公会内的斗争毫无结果，其决定因素却来自公会之外。

自国王路易十六受审以来，无套裤汉不断攻击"反对派"，要求将这些人逐出国民公会。无套裤汉认为，只要将"反对派"逐出国民公会，政府就有精力成立革命法庭，逮捕嫌疑人，处理贵族的阴谋。法军在第一次反法同盟战争中战败，夏尔-弗朗索瓦·德·佩里埃·迪穆里耶叛国和1793年3月发生的旺代叛乱都

身着军装的夏尔－弗朗索瓦·德·佩里埃·迪穆里耶

讽刺《不伦瑞克宣言》不过是揩腚纸

成了山岳派和无套裤汉攻击吉伦特派软弱的证据。山岳派和无套裤汉要求吉伦特派采取措施改变这一局面，但吉伦特派不愿意采取山岳派和无套裤汉的建议。然而，吉伦特派最终不得不接受山岳派的提议，成立了公共安全委员会和革命法庭。社会矛盾和经济困窘加剧了各派之间的矛盾。对让-保罗·马拉的审判和对积极分子的逮捕成为了激化矛盾的导火索。

1793年5月25日，巴黎公社要求革命法庭释放被捕的爱国者。《不伦瑞克宣言》记载了时任国民公会主席马克西曼·伊斯纳尔发表的针对巴黎的谩骂："我以国家的名义起誓，任何人对国民公会代表的攻击都将招致巴黎的毁灭"。第二天，雅各宾派宣布引发暴乱。1793年5月28日，西提岛的雅各宾派号召其他地区的雅各宾派举行会议组织暴乱。1793年5月29日，三十三名代表开会，并推举九人组成起义委员会。

1793年6月2日，八万无套裤汉带着武器包围了国民公会。国民公会逃离未果，只得向暴民屈服，并下令逮捕二十九名吉伦特派领导人。由此，吉伦特派不再掌握政治权力。吉伦特派在不了解如何开展武装斗争的情况下宣战；推翻了君主制却不惩治君主；它加剧了经济危机，却对群众运动的呼声置之不理。

在山岳派的控制下，吉伦特派几乎被清除出国民公会。但山岳派发现它陷入了两股新的威胁中。反革命派从联邦党的反叛中获得了新的动力。被高昂的生活成本激怒的群众运动也对新一届政府产生了巨大的压力。与此同时，事实证明，政府无法控制局势。1793年7月，法兰西第一共和国似乎已临近崩溃的边缘。

在山岳派统治期间，国民公会并没有忽视农民阶级。像1789年7月14日和1792年8月10日的革命一样，1793年5月31日的革命为农民阶级带来了巨大的利好。1793年6月3日，国民公会颁布法令，将移民的财产打包出售。买主只需在十年内付清货款。1793年6月10日，国民公会将国有土地按人头进行分配。1793年7月11日，在不给予补偿的前提下，废除所有庄园特权。

为获得中产阶级的支持，山岳派拒绝了恐怖统治的理念。国民公会保护私人财产所有权，将群众运动控制在较小的范围内。山岳派试图保持平衡，但平衡很快被打破。为了摆脱独裁的指控，同时缓解其他省份的焦虑，国民公会很快通过了新的宪法。

在宪法之前出现的人权宣言再次强调国家不可分割，重申了舆论自由、平等和反压迫的原则。与1789年的人权宣言相比，新宪法体现出了极大的进步。新宪法中增加了获得公共救助、工作、教育和起义的权利。任何人都不能将自己的意志强加于他人。所有的政治和社会暴政都被废除。虽然山岳派拒绝在民主的道路上继续前行，但这部宪法成了所有民主党人的圣经。

这部宪法的主要目的是确认代表在国民公会的主要作用。国民公会被看作是民主政治的基石。立法议会由获得简单多数票的直选代表组成，将举行为期一年的会议。各省全体男性选民中选出八十三名候选人，立法议会从中选取二十四人组成执行委员会。执行委员会对国民公会代表负责。全民投票的制度扩大了国家主权的行使范围。宪法将由人民批准通过。在某些规定明确的情况下，法律也是如此。

宪法已提交人民批准，并以一百八十万一千九百一十八对一万七千六百一十的巨大差额获得通过。1792年8月10日，人民投票的结果得以公布。宪法的文本被放置在国民公会的议会厅里，宪法的实施却要等到国内实现和平。

事实上，山岳派面临着巨大的挑战：联邦党人的叛乱、旺代战败和日益恶化的经济形势。此外，新的内战也在所难免。1793年6月中旬，约六十个省爆发了大大小小的叛乱。幸运的是，处于边境的省依旧对国民公会效忠。叛乱虽然波及甚广，但暴乱活动的程度都不深。真诚的共和党人对外敌入侵和旺代战争感到越来越不安。被人民所抛弃的人只好联合温和派、斐扬社甚至贵族。

1793年7月和1793年8月，时常有坏消息从边境传来。在三个星期内，过去代表胜利的美因茨向普鲁士投降，奥地利人攻占了法兰西北部孔代和瓦朗谢讷的堡垒，西班牙军队已越过庇里牛斯山脉进入佩皮尼昂 。皮埃蒙特人[①]利用法军在里昂分兵的机会，预谋从东边进攻法兰西。在科西嘉岛，巴斯夸·帕欧里借助不列颠王国的军队，将法国人从岛上驱逐出去。1793年8月，不列颠王国的军队开始围攻敦刻尔克。1793年10月，反法联军进入阿尔萨斯[②]。法兰西第一共和国的军事形势已濒临绝境。

奥地利人攻陷瓦朗谢讷

① 皮埃蒙特人（ Piedmontese）即撒丁王国（14世纪早期至19世纪中叶）的臣民，位于现在的意大利。——译者注

② 阿尔萨斯（Alsace）法国东北部地区名及旧省名，隔莱茵河与德国相望。——译者注

巴斯夸·帕欧里

此外，还有另外的事情加剧了革命者的愤怒。这些事情使革命者相信，他们的对手已不再是文明人。1793年7月13日，玛丽-安妮·夏洛特·科黛谋杀了套裤汉的精神领袖让-保罗·马拉。玛丽-安妮·夏洛特·科黛与诺曼底的吉伦特派成员保持着联系。因此，人们认为是诺曼底的吉伦特派利用了她。

国民公会在最初的几天显得缺乏远见，但它用组织和镇压的能力和技巧弥补了这一点。国民公会签署了逮捕令，批准逮捕反革命的吉伦特派领导人。参与过反叛的各省的行政部门官员都被免职。叛乱发生的地区恰好有保皇党聚集。

在代表共和的山岳派和兴起叛乱的保皇党之间再没有其他政治组织存活的

空间。旺代发生的保皇党叛乱将国民公会向恐怖统治推进了一步。国民公会即将开启中央集权的独裁统治，开始镇压自由。

制宪议会通过委员会行使立法权。国民公会通过委员会实施行政管理。其中，公共安全委员会大众安全委员会是非常重要的两个委员会。大众安全委员会不如公共安全委员会有名气，但它拥有强大的权力。公共安全委员会最早成立于1793年4月，1793年夏被重新改组。它是拥有巨大特权的行政机构。

1793年，无套裤汉拉着“限制价格”和“恐怖统治”的巨大横幅，将叛乱活动推上了一个新的高潮。此外，土伦及其军队叛国的消息让整个事件达到了巅峰。以雅克·鲁克斯为首的“忿激派”领导人以穷苦人民的名义号召国民公会实行计划经济。此前，国民公会对计划经济体制一直保持不积极的态度。国民公会通过国家独裁调动资源的革命逻辑远比经济理论强大。1793年8月，国民公会颁布了一系列法令，规定政府可以对粮食的生产和流通进行自由裁量；对欺诈行为可以处以严厉惩治。“富饶的粮仓”已经就绪，等待储藏从各个地区征集到的粮食。1793年8月23日，全民动员法案得以通过。该法案要求每一位身体健康的公民必须参军。

1793年9月5日，巴黎人试图复制1793年6月2日的起义。武装部队再次包围国民公会，要求建立国内革命军，用来逮捕嫌疑犯，并且对委员会进行清洗。这或许是革命政府成立过程中最关键的一天。国民公会最终让步，但仍控制着事态的发展。国民公会将恐怖统治列入议程。1793年9月6日，让-玛利·科洛·德赫布瓦和雅克-尼古拉·比约-瓦雷讷经选举加入公共安全委员会。1793年9月9日，国民公会成立了革命军队。1793年9月11日，国民公会颁布宪法，规定了谷物和饲料的最高售价，以平抑市场价格。1793年9月29日，规定了最高工资以平衡收支。1793年9月14日，国民公会重新组织革命法庭。1793年9月17日，投票通过惩治嫌疑犯的法律。1793年9月20日也通过了一项法律，要求各地革命委员会起草嫌疑犯的名单。国民公会和委员会的独裁统治主要受巴黎人民的支持和控制的。1793年6月至1793年9月，国民公会通过1793年3月成立的一系列机构实现独裁统治。其中包括革命法庭和派往各省的代表。1793年4月，国民公会代表入驻军

雅克－尼古拉·比约－瓦雷讷

队。国民公会还规定“指券”为唯一合法货币并强制流通，制订了粮食的最高价格，并强制富人提供贷款，价值高达十亿里弗尔。

最终，一个新的政府在法兰西第一共和国形成。1793年7月10日，乔治斯-雅克·丹东辞去职务。乔治斯·奥古斯特·库东、路易·安托万·德·圣茹斯特、让·邦·圣安德烈、皮埃尔·路易·普里厄形成山岳派的绝对核心。1793年7月27日，马克西米利安·弗朗索瓦·玛利·伊西多尔·德·罗伯斯庇尔加入。1793年8月10日，卡诺伯爵拉扎尔·尼古拉·玛格丽特和普里厄-迪韦努瓦伯爵克劳德·安托万加入。1793年9月6日，让-玛利·科洛·德赫布瓦和雅克-尼古拉·比约-瓦雷讷加入。这些人的想法都很明确：指挥，战斗，并且征服。他们团结一致，共同承担风险，共同享有权力。最终，他们将委员会变成了自治机构。

让－巴蒂斯特·罗伯特·兰代

委员会成员虽各有分工，但大家要共同行使权力。热月政变中，为了让马克西米利安·弗朗索瓦·玛利·伊西多尔·德·罗伯斯庇尔为恐怖统治负责，政客和工作人员被区分开来。事实上，委员会的十二位成员之间存在对立：伯特兰·巴莱尔与平原派关系密切，他更像是国民公会代表，而非委员会成员。让－巴蒂斯特·罗伯特·兰代对恐怖统治心怀不安。但对于无套裤汉支持的新秀让－玛利·科洛·德赫布瓦和雅克－尼古拉·比约－瓦雷讷而言，恐怖统治是他们永恒的话题。与马克西米利安·弗朗索瓦·玛利·伊西多尔·德·罗伯斯庇尔及其盟友不同，卡诺伯爵拉扎尔·尼古拉·玛格丽特只是出于国家利益的考虑开始向人民让步。虽然大家的意见各不相同，但1793年夏季的局势迫使他们结盟。公共安全委员会将自己置于所有机构之上，并选择了最适合实现国民公会目标的民众要求：粉碎共和国的敌人，粉碎贵族的最后希望。公共安全委员会以国民公会的名义治理国家，同时还要控制国民公会。再不抑制人民热情的情况下约束人民，这是一场赌博。

1793年12月4日，国民公会将各项机构、措施和程序都编入法案。该法案确定了建立在恐怖统治基础上的中央独裁统治。国民公会处于核心地位。公共安全委员会作为执行机构，被赋予了巨大的权力。公共安全委员会具有对国民公会制订的法律的解释权和执行权。公共安全委员会管理所有机构及公务人员。从1794年4月开始，政府各部不再设置部长。经国民公会批准，由公共安全委员会指挥军事和外交活动，任命将军和其他委员会成员。公共安全委员会负责战时的公共秩序维护和人员调度。在公共安全委员会的控制下，著名的无套裤汉堡垒——巴黎公社被瓦解。

行政集中和经济集中齐头并进。内忧外患迫使法兰西第一共和国自给自足。为了拯救共和国，政府调动了全国所有的生产力。国民公会不情愿地接受了计划经济。这是在紧急情况下临时采取的经济体制。法兰西第一共和国需要在很短的时间内发展军工制造，恢复对外贸易，并在本国找到新的资源。大环境迫使政府采取这种经济政策，与之匹配的是对军队的管理，这是革命政府工作的最初特征。

所有的物资都被征用。农民放弃了自己的谷物、饲料、羊毛、亚麻和大麻；工匠和商人放弃了自己的制成品。人们小心翼翼地寻找各种金属原料，教堂的钟、破布、羊皮、纸、草、灌木，甚至是用来制盐的家用灰烬都被征用。森林、矿山、采石场、熔炉、锻造厂、制革厂、造纸厂、布厂和制鞋车间都由国家支配。人的劳动和物品的价格都受到严格管制。当祖国陷入危难，没有人可以投机。军备引起了更多的关注。早在1793年9月，巴黎就建成了一个生产枪械的工厂。佩吕斯伯爵加斯帕尔·蒙日、亚历山大-泰奥菲尔·范德蒙、克劳德·路易·贝托莱、让·达塞特、富克鲁瓦伯爵安托万·弗朗索瓦等擅长冶金和武器制造的科学家也收到了特别呼吁。

对挣工资的人来说，最高工资限额也是有利的。工资与1790年比较，增长了二分之一，但物价只增长了三分之一。然而，除了面包，公共安全委员会并没有将限价措施执行下去。无法从现有环境中获得好处的人们会有上当的感觉。巴黎人依旧非常平静，因为无套裤汉找到了应对方式：人们可以在革命军队服役，可以在武器和装备商店工作，也可以在迅速扩编的委员会谋职。

1793年6月，征兵工作完成。1793年7月，军队人数达到六十五万。然而，国内依旧困难重重：1793年9月，军工生产刚刚开始，军队就开始大清洗。1794年春，军队重组正式开始。两个营的志愿者加入一个营的正规军就能组成一个团。于是，刚开始的重组又被叫停。大清洗将大部分贵族排除在军队外。年轻人开始领导军队。战争大学从每个地区挑选六名年轻男子担任工作人员。军队指挥官由国民公会委任。

最终，一批高质量的军事指挥官得以显现：弗朗索瓦·塞弗林·马尔索–德斯格拉维、路易·拉扎尔·奥什、让–巴蒂斯特·克莱伯、安德列·马塞纳、让–

弗朗索瓦·塞弗林·马尔索–德斯格拉维

路易·拉扎尔·奥什

让 - 巴蒂斯特 · 儒尔当

巴蒂斯特·儒尔当等。具有公民责任感和健全的军事素质的军官们非常支持他们。

这是法兰西历史上第一次国民自卫队参战，也是法兰西第一次养活了如此大规模的军队。这是共和二年军队的新特征。军队技术上的革命源于其庞大的数量及由此延伸的战略。古老的警戒线制度失去了威力。在联军的军队之间，法国人可以沿内线机动，沿边境部署分队，并利用任何敌人的不作为来击败敌人。群策群力，以绝对数量压倒敌人——这就是卡诺伯爵拉扎尔·尼古拉·玛格丽特的原则。然而，这些原则并没有经过考验。直到拿破仑·波拿巴出现，这些原则才起到了作用，获得了伟大的胜利。

1793年9月前，革命者中间存在两个截然不同的派系。尽管雅克·阿贝尔本人从来不是一个政党的正式领导人，但后来被称为阿贝尔派成员的人都主张将战争进行到底。他们采用了“忿怒派”的计划。这在表面上看是很好的，因为无套裤汉对这一计划表示赞同。阿贝尔派倾向于站在山岳派一边，因为他们希望借由山岳派控制国民公会。阿贝尔派控制着科德利埃俱乐部，让·巴普斯特·诺埃尔·布绍的办公室里到处都是科德利埃俱乐部的人。另一个派别是丹东派，包括乔治斯-雅克·丹东、让-弗朗索瓦·德拉克洛瓦和卡米耶·德穆兰。他们是在革命政府权力日益集中，委员会专政日益严重的状况下集结在一起的。

让-弗朗索瓦·德拉克洛瓦

夏尔－菲利普·罗森

公共安全委员会将国防需求置于第一位，不打算向人民运动或温和派屈服。跟随阿贝尔派会危害革命团结；然而对温和派的要求作出让步将削弱恐怖主义和对经济的控制。但团结中央集权以及恐怖统治都被认为是对外战争的必要措施。为了平衡两派的矛盾，革命政府试图在温和的丹东主义和极端的阿贝尔派之间保持中立态度。

1793年到1794年冬，食物短缺导致法兰西国内状况急转直下。在阿贝尔派的鼓动下，无套裤汉要求采取更严厉的措施。最初，国民公会还试图调解。经过投票，国民公会决定发放一千万里弗救济款。之后，伯特兰·巴莱尔提出新的全国最高价格限令。路易·安托万·德·圣茹斯特颁布法令，没收嫌疑犯的财产，将财产送给需要的人。阿贝尔派认为，持续施压会为他们带来永久的胜利。1794年3月12日，安全委员会认为雅克·阿贝尔的行为已构成威胁，决定将雅克·阿贝尔、夏尔－菲利普·罗森、弗朗索瓦－尼古拉·文森特、安托万－弗朗索瓦·莫莫洛

阿纳卡西斯·克洛茨

等人与移民阿纳卡西斯·克洛茨等人联系在一起，认为定阿贝尔派参与外国阴谋。1794年3月24日，阿贝尔派所有领导人被执行死刑。这一举措不仅使阿贝尔派悄无声息，还成功制止了左派的异议。国民公会会又倒向了丹东派。丹东派的一些领导人涉嫌经济贪污，公共安全委员会要求国民公会剥夺这九名丹东派代表的豁免权，以确认这些人可以接受审判。1794年4月5日，丹东派领导人乔治斯-雅克·丹东、让-弗朗索瓦·德拉克洛克、卡米耶·德穆兰、皮埃尔·菲利波被执行死刑。

对两派领导人的处决使有些人变得清醒。对雅克·阿贝尔的处决使许多无套裤汉震惊。传统由无套裤汉担任的职位都被清除。革命军队被解散。负责食物囤积的巡视官被解职。政府在压力下关闭了三十九个知名俱乐部。由无套裤汉控制的巴黎公社被清洗并由国民公会任命的官员管理。由于丹东党被处决，国民工会的许多代表不再信任公共安全委员会，开始担心自己的人身安全。

丹东派和阿贝尔派都支持公共安全委员会，因此，两派领导人被处决使得公共安全委员会失去了他们的支持。公共安全委员会强迫国民公会颁发逮捕阿贝尔派和丹东派的命令。公共安全委员会认为，自己已经消灭了最主要的对手。但此次审判证明，公共安全委员会缺乏对国民公会成员的尊敬。许多在1794年倒向公共安全委员会的国民公会成员不再支持公共安全委员会。事实上，作为调节国民公会和无套裤汉的组织，公共安全委员会必须得到国民公会和无套裤汉

皮埃尔·菲利波

富基奥 · 坦维尔

的支持。既然已经清除了阿贝尔派并且远离了无套裤汉，对国民公会而言，公共安全委员会已经没有存在的必要了。

恐怖统治在1793年9月开始组织，但直到1793年10月才开始执行。这是一系列群众运动的结果。1793年9月5日，革命法庭开始了新的时期。公共安全委员和大众安全委员会都推举了法官和陪审员。富基奥·坦维尔任法院公诉人；马夏尔·赫尔曼提名主席。恐怖统治通过谴责山岳派的批评者来阻止人民对革命敌人的支持。

1793年8月发生了最大规模的审判。1793年10月16日，法兰西王国王后玛丽·安托瓦内特被处决。

1793年10月31日，吉伦特派的二十一名代表被处决，其中包括皮埃尔·维克蒂尼安·维尼奥和雅克·皮埃尔·布里索。

领导恐怖统治的机构是一般安全委员会。一般安全委员会是当时法兰西第一共和国的第二大组织，其中包括每月由国民公会选举的十二名代表。代表们拥有安全监督和警察的职能，权力在其他各个部门之上。随着各地革命委员会逐渐壮大，一般安全委员会雇佣了大批人员担任各地革命委员会的领导者，通过筛选告发信和逮捕嫌疑犯来实行法律对敌人的打击。

公共安全委员会派出“执行代表”执行各项任务。执行代表全副武装，根据当地的情况和自己的心情决定行动。

君主制统治下的法国本土和在法国控制下的殖民地是有区别的。在法国本土，奴隶制是非法的。但在殖民地，奴隶制依旧存在。

法属圣多明戈要求，按照人口和贡献，当地应有二十一名代表参加国民公会。但这一提议被国民公会否决了，因为法属圣多明戈的主要的人口是奴隶，奴隶没有公民权，也不存在有“贡献”。1792年，国民公会同意法属圣多明戈派出三名代表。其中，莱热· 费利西泰·松索纳克斯和埃蒂安·波尔韦尔呼吁有色人种与白种人行使同样权力的政策。1793年5月5日，莱热· 费利西泰·松索纳克斯和埃蒂安·波尔韦尔首先攻击种植园制度，要求种植园主善待奴隶，为奴隶提供更好的待遇；接着，他们攻击奴隶制，并要求解放“危险奴隶”——这些奴隶的主人要求他们从军，他们因此再也无法回到平静的庄园生活。1793年6月21日，埃蒂安·波尔韦尔发表了一份宣言，呼吁解放所有愿意为法兰西第一共和国抵御内在和外在危险的奴隶。法兰西第一共和国的代表们决定为嫁给自由人的女奴隶的主人支付补偿金，保证该婚姻关系下产生的子女可以成为自由人。国民公会允许殖民地有六名代表。黑人之友要求结束殖民地的奴隶贸易，但国民公会以“奴隶制是法国经济财富的核心”为由拒绝了这一要求。委员会认为，六百万法兰西人要靠殖民地生存，因此继续支持这一观点。

1790年8月12日，国民公会宣布，殖民地委员会是唯一能够决定殖民地人民身份的机构。这就意味着，解放黑人满足了积极公民权的要求。但是白人殖民者是不会准许。国民公会此举是为了取悦白人殖民者，说服他们不要与英国人结盟。这一举措也使殖民地有权控制自己有关奴隶制的法律，国民公会不再插手这一问题。

法属圣多明戈的三名代表来到法兰西本土，试图游说国民公会废除奴隶制。1794年1月4日国民国会听取代表发言后，废除了奴隶制。然而，公共安全委员会却将向殖民地发布废除奴隶制宣告的时间推迟了两个月，因为马克西米利安·弗朗索瓦·玛利·伊西多尔·德·罗伯斯庇尔反对废除奴隶制。最终，公共安全委员会绕过马克西米利安·弗朗索瓦·玛利·伊西多尔·德·罗伯斯庇尔，下令将废除奴隶制的法令发往法属圣圣多明戈。但拿破仑·波拿巴试图恢复奴隶制的做法使法国没有成为第一个废除奴隶制的国家，也使得法国失去了最繁荣的殖民地。

只要雅各宾独裁统治能够成功处理国家紧急状况，它就有可能持续。但当政敌被消灭，外敌被打败，雅各宾独裁统治就失去了继续下去的理由。党内分歧的出现导致雅各宾派倒台的速度比预期快了很多。只要雅各宾派保持团结，公共安全委员会一定无懈可击。但公共安全委员会还未到达权力的巅峰，就已出现内讧。公共安全委员会从来都不是统一的机构，而是一个联合内阁。它的成员不是靠同志情谊或共同理想聚集，而是靠例行公事和算计走到一起。最初的紧张局势虽然避免了个人争吵，但也令人疲惫不堪。后来，小小的争端使他们彼此疏远，细碎的差异被扩大成生死问题。尤其令卡诺伯爵拉扎尔·尼古拉·玛格丽特恼火的是，马克西米利安·弗朗索瓦·玛利·伊西多尔·德·罗伯斯庇尔和路易·安托万·德·圣茹斯特对他的计划提出了批评。于是，公共安全委员会爆发了接二连三的争论。卡诺伯爵拉扎尔·尼古拉·玛格丽特指责马克西米利安·弗朗索瓦·玛利·伊西多尔·德·罗伯斯庇尔和路易·安托万·德·圣茹斯特是“可笑的独裁者”；让-玛利·科洛·德赫布瓦则含蓄德抨击“不可腐败者”[①]。从1794

① “不可腐败者”指的是马克西米利安·弗朗索瓦·玛利·伊西多尔·德·罗伯斯庇尔。——译者注

年6月底到1794年7月23日，马克西米利安·弗朗索瓦·玛利·伊西多尔·德·罗伯斯庇尔不再参加公共安全委员会。

雅各宾派意识到分裂的威胁，试图和解。路易·安托万·德·圣茹斯特和乔治斯·奥古斯特·库东赞成和解，但马克西米利安·弗朗索瓦·玛利·伊西多尔·德·罗伯斯庇尔怀疑对手的诚意，并最终促成了国民公会的致命干预。1794年7月26日，马克西米利安·弗朗索瓦·玛利·伊西多尔·德·罗伯斯庇尔公开谴责他的反对者，并要求实现政府的统一。然而，当被要求说出他所指控的人的名字时，马克西米利安·弗朗索瓦·玛利·伊西多尔·德·罗伯斯庇尔拒绝了。这一举动毁了马克西米利安·弗朗索瓦·玛利·伊西多尔·德·罗伯斯庇尔，因为人们认为他是在要求一张空白支票。1794年7月26日晚，受到威胁的代表和平原派成员形成了一个联盟。1794年7月27日，马克西米利安·弗朗索瓦·玛利·伊西多尔·德·罗伯斯庇尔和他的朋友们被禁止发言，并将面临起诉。在这次运动中，极左人士让-玛利·科洛·德赫布瓦和雅克-尼古拉·比约-瓦雷讷发挥了重要作用。

听到这样的消息，巴黎公社中忠于马克西米利安·弗朗索瓦·玛利·伊西多尔·德·罗伯斯庇尔的人号召起来，要组织暴乱，要求释放马克西米利安·弗朗索瓦·玛利·伊西多尔·德·罗伯斯庇尔。

1794年7月27日至1794年7月28日的晚上，巴黎一片混乱。巴黎公社和国民议会都在争取军队的支持。国民公会宣布反叛是非法行为，授权巴拉斯子爵保罗·弗朗索瓦·让·尼古拉召集武装力量。保守派支持国民公会的此项决定。国民自卫军和炮兵聚集在德·维尔旅馆外，没有得到指示后逐渐离开广场。1794年7月28日凌晨2时后，莱昂纳德·布尔东带领士兵闯入旅馆并逮捕了叛乱分子。

1794年7月28日，马克西米利安·弗朗索瓦·玛利·伊西多尔·德·罗伯斯庇尔和十九名政治盟友在未经审判的情况下被处决。1794年7月29日，又有七十一人被处决。这是大革命中最大规模的处决。

无论策划热月政变的阴谋家怀着怎样的意图，后来发生的事情都超出了他们本意。很明显，公共安全委员会的其余人员都希望继续留任，希望获得雅各宾专政的青睐。然而，他们呢很快就打消了这个念头。罗伯斯庇尔派可以离开，丹东派也可以进来。国民公会已恢复了主动权。它将彻底结束独裁委员会政府。

国民公会立法规定，执政委员任期不得超过四个月。三天后，牧月22日法律[①]被废除。革命法庭失去了所有权力。公共安全委员会由国民公会代表组成的民政委员会成员取代。1794年11月，雅各宾派俱乐部被关闭。反罗伯斯庇尔和雅各宾派的运动都充满了血腥。1794年9月初，雅克-尼古拉·比约-瓦雷讷、让-玛利·科洛·德赫布瓦、伯特兰·巴莱尔离开了公共安全委员会。但1794年年底，他们都被关进了监狱。

政府非常不稳定。接下来要解决权力集中的问题。1794年8月24日，公共安全委员会和行政当局在战争和外交部门开展的身份查验工作结束。大众安全委员会现有十六名委员，控制着警察部门。国民公会担心国家产生分裂，更担心如过去一般，出现权力垄断。几个星期后，革命政府被解散。

最终，这些措施影响了实行恐怖统治的工具，并造成镇压工具出现许多漏洞。“牧月22日法令”被废止。监狱大开，嫌疑犯被释放。一周内，巴黎就有五百人被释放。革命法院只进行了几次公开审判后，便不再启用。

革命政府统治的结束带来了经济“恐怖统治”的完结。1794年7月27日前，最高限价令就不再被严格执行。或者说，现在已没有人相信最高限价令。黑市上有足够的供给，控制价格则意味着物品短缺。自由贸易会重新带来充足。坚持自由贸易的经济学家认为，物价会上升；但由于竞争的存在，物价最终会下降。1794年至1795年春，这种幻觉被打破。1794年12月24日，圣诞节前夜，国民公会废除了最高限价法。

1794年冬国民公会放弃经济控制引发了一场可怕的灾难：物价飞涨，汇率下跌。法兰西第一共和国被指控造成经济膨胀，货币体系紊乱。1795年春，指券的价值只有其面值的百分之三。除了现金，农民和商人不再接受任何货币。经济崩溃如此迅速，法兰西的经济生活似乎陷入了停滞。

---

① 牧月22日法律是恐怖统治时期的法律。是由乔治斯·奥古斯特·库东提议 。有人认为是马克西米利安·弗朗索瓦·玛利·伊西多尔·德·罗伯斯庇尔写成的。——译者注

饥荒加剧了经济危机。最终，农民不再将产品带入市场，因为他们不再接受指券。政府虽然继续在向巴黎提供供给，但再也无法提供承诺的口粮。地方政府采取了一系列措施避免强制供应。在农村做临时工的人遭受了更加深重的苦难。通货膨胀导致债权人破产，使债务人受益，投机买卖大行其道。1795年3月至1795年4月，物资匮乏严重。几乎所有地方都爆发了更多骚乱。巴黎再次“活跃”起来。

1795年3月30日，各地召开国民大会。巴黎的政治地理优势显露无疑。大会讨论的焦点是伯特兰·巴莱尔、让-玛利·科洛·德赫布瓦 、雅克-尼古拉·比约-瓦雷讷和马克-纪尧姆·莱克西斯·瓦迪尔的命运，以及1793年宪法的实施。坐

马克－纪尧姆·莱克西斯·瓦迪尔

在国民公会中间和西边的代表要求惩罚这四个人，忽略了食物短缺的问题；坐在东边的和周围的代表则要求采取措施应对粮食危机，并执行1793年宪法，还要求重新开放俱乐部，释放在押的爱国者。

1795年4月1日早，聚集在西提岛的群众推开皇宫警卫，冲进国民会的会议厅。各部门的发言人在一片哗然中表达了人民的不满。国民卫队前来维持秩序，没有武器的示威者和领导人只得被迫撤退。对大多数人来说，1793年宪法像是解放的乌托邦，能够解决所有邪恶。还有人公开宣称，结束马克西米利安·弗朗索瓦·玛利·伊西多尔·德·罗伯斯庇尔的恐怖统治的是一种遗憾。

动荡还未结束，新的动乱即将爆发。1795年5月20日，近郊响起了警笛声，武装军队到达宫殿并进入会议厅。在一个小时的喧嚣后，有人宣读“人民的起义”。混乱中竟没有一个人想到此次起义的目的是推翻政府。山岳派的余党山冠派通过了一部有利于起义的法案。1795年5月20日晚11时30分，两支武装纵队进入房间，清除了叛乱者。1795年5月21日，起义分子犯了同样的错误。最终，他们得到代表们的允诺，承诺将迅速采取措施应付饥荒。之后，起义分子返回了各自的地区。

1795年5月24日，政府召集军队，包围了福宝郊区，并于1795年5月25日解除了乱党武装。行动缓慢，缺乏策略和领导人的人民革命运动失去了最后的机会。

1795年5月25日在大革命时期是非常重要的一天。人民群众不再是历史参与者，不再是政治力量，他们只是受害者和旁观者。

胜利者重新确立了宪法。制订宪法也是最初选举国民公会的目的。十一人委员会起草了一份新的宪法，它反映了各方权力的新平衡。1795年6月23日，新宪法被提交。1795年8月22日，新宪法获得通过。

新宪法将1791年宪法作为统治国家的治国理念，再次确认了平等的原则。但是在公民平等的范围内，1793年宪法规定的许多权利，如工作权利、救济的权利、和受教育的权利等都没有提及。国民公会想要重新定义权益，同时摒弃旧秩序下的特权和社会等级。

宪法重新确立了积极公民和消极公民。宪法规定，只有年龄在二十五岁以上并拥有至少二百天工作收入的城市居民才有资格成为选民。实际具备选举资格的公民只有约三万人，是1791年选民人数的一半。鉴于最近的经历，国民公会要建立新的机构，使共和国免受全能议会和独裁统治的危害。

为防止政治上的突然动荡，两院立法机关形成。“五百人议会”有权提出法律，并推选二百五十人组成的“元老议会”。“元老议会”有权通过或否决“五百人议会”提出的法律议案。“元老议会”从“五百人议会”提出的名单中选出五名理事分享行政权。在议会距离六百英里的地方不得设置军队，当议会遇到危险时可变换会议地点。五名理事拥有巨大的权力，包括在紧急情况下禁止出版和结社。

这一决定受到右翼的广泛支持。他们寄希望于即将到来的大选。令他们开心的是，他们痛恨的立法机构将不复存在。

然而，如何确保新选出的机构不会像立法议会一样颠覆宪法？1795年8月22日，热月党人投票通过了新立法机构的形成法案。法案规定，目前国民公会的代表都有资格再次参选。选举机构中，至少三分之二的席位要留给原国民公会代表。这就是著名的“三分之二法”。

1795年9月23日，投票结果显示，宪法得高票，得以通过；而“三分之二法”获得的票数暧昧不清。法兰西第一共和国各地又开始爆发大大小小的暴乱。

国民公会宣布自己是永久性组织。它对当前的局势和暴乱非常清楚。巴拉斯子爵保罗·弗朗索瓦·让·尼古拉在内的五名督政官受命应对此次危机。

1795年10月4日至1795年10月5日的晚上，雅克·德芒乌·德·布赛缴获了保皇党叛军的武器，并阻止他们进攻国民公会。他召集了包括拿破仑·波拿巴在内的多名将军前来镇压此次暴乱。叛军的人数比政府军多出几千人，但在此之前，政府军已做好了准备：拿破仑·波拿巴率领军队在通往巴黎的路上设岗，并从萨布隆军营调来了大炮。由于无法进入巴黎，叛军只得在1795年10月5日国民公会投降。雅克·德芒乌·德·布赛和国民公会准许军队射击，仅仅四十五分钟，三百多名贵族反叛者就死在了圣洛克教堂的门前，其他人四处逃窜。

随后，国民公会展开了温和镇压，南部的白色恐怖也被制止。1796年5月4日，国民公会在解散前组织投票，对与大革命相关的人实施了赦免。

1911年的《大不列颠百科全书》这样评价国民公会："国民公会的工作庞杂，几乎涉及了公共事务的所有方面。客观地说，人们应该记住这个组织，因为它使法国免遭内战和入侵。它建立了公共教育系统；建立了最为重要的机构，如公共债务机构。它巩固了大革命的社会和政治成果。"

译名对照表

Abbé de Vermond	阿贝·德·佛蒙德
Adrien Duport	阿德里安·迪波尔
Alexandre-Théodore-Victor	亚历山大·泰奥多尔－维克多
Alexandre-Théophile Vandermonde	亚历山大－泰奥菲尔·范德蒙
Alsace	阿尔萨斯
American Revolution	美国革命
Amis de la liberté et de l'égalité	自由与平等之友俱乐部
Amis de la Verité	真理之友俱乐部
Anacharsis Cloots	阿纳卡西斯·克洛茨
ançois-Nicolas Vincent	弗朗索瓦－尼古拉·文森特
André Masséna	安德列·马塞纳
Anne of Austria	奥地利的安妮
Antoine François	安托万·弗朗索瓦
Antoine Joseph Santerre	安托万·约瑟夫·桑泰尔
Antoine Simon	安托万·西蒙
Antoine-François Momoro	安托万－弗朗索瓦·莫莫洛
Archduchess Maria	玛丽亚·克里斯蒂娜
Archduke Maximilian	马克西米利安大公
Armand Gensonné	阿尔芒·让索内
Armand Louis de Gontaut	阿尔芒·路易·德·贡托
Armand Marc	阿尔芒·马克
Arthur Young	阿瑟·扬

Assembly of Notables	贵族议会
Assignat	指券
Axel von Fersen the Younger	小阿克塞尔·冯·费尔森伯爵
Baron de Montesquieu	孟德斯鸠男爵
Baron Malouet	马卢厄特男爵
Bastille	巴士底狱
Battle of Jemappes	热马普战役
Battle of Valmy	瓦尔米战役
Battle of Yorktown	约克敦战役
Bondy	邦迪
Bordeaux	波尔多
Bourbons	波旁王朝
Brissotins	布里索派
Brunswick Manifesto	《不伦瑞克宣言》
Brussels	布鲁塞尔
Buzotins	比佐派
Caesars	恺撒大帝
Calvados	卡尔瓦多斯
Camille Desmoulins	卡米耶·德穆兰
Cardinal de Rohan	枢机主教德·罗昂
Catharine the Great	叶卡捷琳娜大帝
Châlons-sur-Marne	马恩河畔沙隆
Champ de Mars Massacre	战神广场大屠杀
Champagne	香槟
Charles Alexandre de Calonne	夏尔·亚历山大·德·卡洛讷
Charles Auguste Boehmer	夏尔·奥古斯特·伯默尔
Charles Cornwallis	查尔斯·康沃利斯侯爵
Charles de Secondat	夏尔·德·塞孔达
Charles Malo François Lameth	夏尔·马洛·弗朗索瓦·拉梅特
Charles Philippe	查理·菲利普
Charles VI	查理六世

Charles William Ferdinand	夏尔·威廉·斐迪南
Charles X	查理十世
Charles-Louis-Victor	夏尔·路易·维克多
Charles-Philippe Ronsin	夏尔－菲利普·罗森
Château de Bizy in Vernon	弗农的碧兹城堡
Château de Saint-Cloud	圣克劳宫
Christina of Austria	奥地利女大公
Church of Saint Roch	圣洛克教堂
Cité	西提岛
Civil Constitution of the Clergy	《教士公民组织法》
Claude Antoine	克劳德·安托万
Claude Bazire	克劳德·巴齐尔
Claude Louis Berthollet	克劳德·路易·贝托莱
Cloude Fauchet	克劳德·伏谢
Club Breton	布列塔尼俱乐部
Club du Manège	骑马场俱乐部
Comite de Salut Public	救国委员会
Commission of Twelve	十二人委员会
Committee of Public Prosperity	公共繁荣委员会
Committee of Public Safety	公共安全委员会
Commons	平民院
Compiègne	贡比涅
Comte d'Artois	阿图瓦伯爵
Comte de Fourcroy	富克鲁瓦伯爵
Comte de Lameth	拉梅特伯爵
Comte de Péluse	佩吕斯伯爵
Comte Lanjuinais	朗瑞奈伯爵
comte Prieur-Duvernois	普里厄－迪韦努瓦伯爵
Comtesse du Barry	杜巴利夫人
Conciergerie	康西尔热里
Constituent Assembly	制宪议会

Controller-General of Finances	法兰西王国财政总管
Convent of the Feuillants	斐扬修道院
Cordeliers Club	科德利埃俱乐部
Corsica	科西嘉岛
Council of Five Hundred	五百人议会
Council of the Ancients	元老议会
Count d'Inisdal	因尼斯达尔伯爵
Count of Mirabeau	米拉波伯爵
Countess de Noailles	德・诺阿耶伯爵夫人
Countess La Motte	拉莫特伯爵夫人
Countess of Provence	普罗旺斯伯爵夫人
Culture wars	文化战争
Dame d'honneur	女官
Dauphiné	多菲内
Death of Marat	《马拉之死》
Dresden	德雷斯顿
Duc de Choiseul	舒瓦瑟尔公爵
Duchess d'Angouleme	昂古莱姆公爵夫人
Duchess d'Orleans	奥尔良公爵夫人
Duke de Lauzun	洛赞公爵
Duke of Angoulême	昂古莱姆公爵
Duke of Normandy	诺曼底公爵
Duke of Orléans	奥尔良公爵
Dunkirk	敦刻尔克
Edit du Timbre or "Stamp Act	印花税
Emmanuel-Joseph Sieyès	埃马纽埃尔－约瑟夫・西哀士
Encyclopædia Britannica	《大英帝国百科全书》
Enragés	忿激派
Estates-General	三级会议
Étienne Clavière	埃蒂安・克拉维埃

Étienne Polverel	埃蒂安·波尔韦尔
Faubourg Saint-Antoine	福宝郊区
Feuillants Club	斐扬俱乐部
First Coalition	第一次反法同盟
Fouquier-Tinville	富基奥·坦维尔
Francis	弗朗索瓦
Francis Duke of Lorraine	洛林公爵弗朗索瓦
Francis I	弗朗茨一世
Francis II	弗朗茨二世
François Auguste Marie Mignet	弗朗索瓦·奥古斯特·玛利·米涅
François Bergoeing	弗朗索瓦·贝戈因
François Chabot	弗朗索瓦·沙博
François Claude Amour	弗朗索瓦·克劳德·阿穆尔
François Hanriot	弗朗索瓦·昂里奥
Franz Joseph Karl	弗朗茨·约瑟夫·卡尔
Frederick William II	腓特烈·威廉二世
Friends of the Blacks	黑人之友
Garden of Marly	马尔利花园
Gaspard Monge	加斯帕尔·蒙日
Georges Auguste Couthon	乔治斯·奥古斯特·库东
Georges Jacques Danton	乔治斯·雅克·丹东
German princes	德意志诸侯
Gévaudan	热沃当
Girondin constitutional project	吉伦特宪法草案
Girondins	吉伦特派
Gracchus Babeuf	格拉克斯·巴贝夫
Guillaume Mathieu	纪尧姆·马蒂厄
Habsburgs	哈布斯堡人
Hébertists	阿贝尔派
Henri Larivière	亨利·拉里维埃
Henry Essex Edgeworth	亨利·埃塞克斯·埃奇沃斯

Herculean	赫拉克勒斯
History of the Girondins	《吉伦特派史》
Honoré Gabriel Riqueti	奥诺雷・加布里埃尔・里奎蒂
Horace	《霍勒斯》
Hôtel de Ville	巴黎市政厅
Hôtel de Ville	维勒旅馆
Innsbruck	因斯布鲁克
Jacobin Club	雅各宾俱乐部
Jacobin movement	雅各宾运动
Jacobins	雅各宾派
Jacques de Menou de Boussay	雅克・德芒乌・德・布赛
Jacques Lacaze	雅克・拉卡兹
Jacques Necker	雅克・内克尔
Jacques Pierre Brissot	雅克・皮埃尔・布里索
Jacques René Hébert	雅克・勒内・埃贝尔
Jacques Roux	雅克・鲁克斯
Jacques-Nicolas Billaud-Varenne	雅克－尼古拉・比约－瓦雷讷
Jean Antoine Laffargue de Grangeneuve	让・安托万・拉法格・德・戈诺文
Jean Baptiste Noël Bouchotte	让・巴普斯特・诺埃尔・布绍
Jean Darcet	让・达塞特
Jean Denis	让・丹尼斯
Jean Jay	让・热
Jean Joseph Mounier	让・约瑟夫・穆尼耶
Jean Louis Carra	让・路易・卡拉
Jean Sylvain Bailly	让・西尔万・巴伊
Jean-Baptiste Drouet	让－巴蒂斯特・德鲁埃
Jean-Baptiste Jourdan	让－巴蒂斯特・儒尔当
Jean-Baptiste Kléber	让－巴蒂斯特・克莱伯
Jean-Baptiste Robert Lindet	让－巴蒂斯特・罗伯特・兰代
Jean-François Delacroix	让－弗朗索瓦・德拉克洛瓦
Jean-François Ducos	让－弗朗索瓦・迪科

Jean-Jacques Rousseau	让－雅克・卢梭
Jean-Marie Collot d'Herbois	让－玛利・科洛・德赫布瓦
Jean-Marie Roland	让－玛利・罗兰
Jean-Nicolas Pache	让－尼古拉・帕什
Jean-Paul Marat	让－保尔・马拉
Jean-Paul Rabaut Saint-Étienne	让－保罗・拉博・圣埃蒂安
Jean-Sifrein Maury	让－西弗林・莫里
Jemmie	杰米
Jérôme Pétion de Villeneuve	热罗姆・佩蒂翁・德・维尔纳夫
Joseph Fouché	约瑟夫・富歇
Joseph II	约瑟夫二世
Joseph Marie Servan de Gerbey	约瑟夫・玛利・塞尔旺・德・格伯
Joseph-Ignace Guillotin	约瑟夫－伊格纳斯・吉约坦
Journal des Libres	《自由报》
Julie or the New Héloise	《新爱洛伊斯》
Kell	凯尔
King of Naples	那不勒斯国王
Koblenz	科布伦茨
Korf	科尔夫
La Fayette	拉法耶特
La Force Prison	拉福尔斯监狱
Lamartine	拉马丁
Léger-Félicité Sonthonax	莱热・ 费利西泰・松索纳克斯
Legislative Assembly	立法议会
L'église Sainte-Marie-Madeleine	圣马德莱娜教堂
Leonard	伦纳德
Léonard Bourdon	莱昂纳德・布尔东
Léopold II	利奥波德二世
Levée en masse	全民动员法案
Liberal democracy	自由民主
Liberalism	自由主义

Lille	里尔
L'Insurection du Peuple	人民的起义
Louis Antoine	路易·安托万
Louis Antoine de Saint-Just	路易·安托万·德·圣茹斯特
Louis Jean Marie	路易·让·玛利
Louis Lazare Hoche	路易·拉扎尔·奥什
Louis Legendre	路易·勒让德
Louis Philippe	路易·菲利普
Louis Philippe Joseph	路易·菲利普·约瑟夫
Louis XIV	路易十四
Louis XV	路易十五
Louis XVI	路易十六
Louis-Charles	路易·查理
Louis-Marie	路易·玛利
Luciennes	卢西恩
Lyons	里昂
M.Luzerne	卢泽恩先生
M.Naulin	诺兰先生
Madame Campan	康庞夫人
Madame Etiquette	爱提库特夫人
Mainz	美因茨
Marc David Alba La Source	马克·大卫·阿尔巴·苏尔斯
Marc-Guillaume Alexis Vadier	马克－纪尧姆·莱克西斯·瓦迪尔
Marguerite-Élie Guadet	玛格丽特－伊利亚·加代
Maria Theresa	玛丽亚·特蕾莎
Marie Antoinette	玛丽·安托瓦内特
Marie Thérèse Louise	玛丽·特蕾莎·路易丝
Marie-Anne Charlotte de Corday	玛丽－安妮·夏洛特·科黛
Marie-Jeanne Roland	玛丽－让娜·罗兰
Marie-Thérèse Charlotte	玛丽－特蕾莎·夏洛特
Marquis d'Agoult	达古尔特侯爵

Marquis de Bouillé	布耶侯爵
Marquis de Favras	法夫拉斯侯爵
Marquis de Lafayette	拉法耶特侯爵
Marquise de Pompadour	蓬帕杜侯爵夫人
Marseille	马赛
Martial Herman	马夏尔·赫尔曼
Mathey	马泰
Maximin Isnard	马克西曼·伊斯纳尔
Mémoires de Madame Roland	《罗兰夫人回忆录》
Michel Gérard	米歇尔·热拉尔
Minister of War	军务部长
Ministry of the Exterior	外事部
Mons	蒙斯
Montagnards	山岳派
Montmedy	蒙梅迪
Montmirail	蒙米拉伊
Namur	那慕尔
Napoléon Bonaparte	拿破仑·波拿巴
National Assembly	国民议会
National Constituent Assembly	国民制宪议会
National Guard	国民自卫队
National Guard of Paris	巴黎国民自卫队
National Party	民族党
Nice	尼斯
Noyon	努瓦永
Old Duke de Brissac	布里萨克老伯爵
Oriental triumph	东方大捷
palace of Schoenburn	美泉宫
Paris Commune	巴黎公社
Parlement of Paris	巴黎议会
Pasquale Paoli	巴斯夸·帕欧里

Patriote	《爱国者》
Paul François Jean Nicolas	保罗·弗朗索瓦·让·尼古拉
Pavillon de Luciennes	卢西恩公馆
Pentecost	降临节
Perpignan	佩皮尼昂
Piedmontese	皮埃蒙特人
Pierre Gaspard Chaumette	皮埃尔·加斯帕德·肖梅特
Pierre Philippeaux	皮埃尔·菲利波
Pierre Victor	皮埃尔·维克多
Pierre Victurnien Vergniaud	皮埃尔·维图尔尼安·维尼奥
Pierre-Joseph Cambon	皮埃尔－约瑟夫·康邦
Pierre-Joseph Desault	皮埃尔－约瑟夫·德佐
Pillnitz Castle	皮尔尼茨城堡
Place de la Révolution	革命广场
Place du Carrousel	卡鲁索广场
Plain	平原派
Plenary Court	全体法庭
Port-Royale	皇家港口
Princess Louise	路易丝公主
Pyrenees	比利牛斯山脉
Quai des Theatins	剧院码头
Reign of Terror	恐怖统治
Revolutionary Commune	革命公社
Rheims	兰斯
Rhineland	莱茵兰
Rolandins	罗兰派
Rouen	鲁昂
Royalist	保皇派
Rue du Bac	巴克街
Rue Saint-Honoré	圣奥诺雷大街
Rue Saint-Jacques	圣雅克街

Sablons Camp	萨布隆军营
Saint Domingue	圣多明戈
Sainte Menehould	圣默努
Salle des États	政务大厅
Salle des Machines	杜伊勒里宫剧院
Sausee	索西
Savoy	萨伏依
Seine	塞纳河
Separation of powers	三权分立
Septembriseurs	九月派
Société de la Révolution	革命协会
Société des Jacobins	雅格宾斯协会
Soissons	苏瓦松
Sommeville	撒姆瑞勒
St. Cloud	圣克劳德
St.Germain	圣日耳曼区
Stanislas Marie Adelaide	斯塔尼斯拉斯・玛利・阿德莱德
Subvention Territoriale	土地税
Sultan of Constantinople	君士坦丁堡的苏丹
Temple of Peace	和平圣殿
Tennis Court Oath	网球场宣言
Thebes	底比斯
Théobald Dillon	特奥巴尔德・狄龙
Thermidorian	热月党人时期
Thomas de Mahy	托马斯・德・梅伊
Thomas Paine	托马斯・潘恩
Timothy Tackett	蒂莫西・塔克特
Tour du Temple	圣殿塔
Tournai	图尔奈
Treves	特雷沃
Trophime-Gérard	特罗菲姆－热拉尔

Troyes	特鲁瓦市
Tuileries	杜伊勒里宫
Tyrol	提洛尔
Upper Egypt	上埃及
Valenciennes	瓦朗谢讷
Varennes	瓦雷纳事件
Varennes-en-Argonne	瓦雷讷－昂纳戈讷
Vendée	旺代
Vicomte de Barras	巴拉斯子爵
Wenzel Anton	文策尔·安东